간문화주의를 통한
사회통합과
국가정체성 확립

이 저서는 2011년도 정부재원(교육과학기술부 사회과학연구지원사업비)으로 한국연구재단의 지원을 받아 연구되었음(NRF-2011-330-B00204).

This work was supported by the National Research Foundation of Korea Grant funded by the Korean Government (NRF-2011-330-B00204).

간문화주의를 통한
사회통합과
국가정체성 확립

허영식 · 정창화 지음

이 주 노 동 자
결 혼 이 민 자
그 들 의 자 녀
그 리 고 . . . 한 국 인

이담
Books

▌머리말

　최근 세계화·국제화가 전개되면서 인적·물적 자원의 국제적인 교류와 이동이 점점 더 강화되고 있다. 이런 경향과 더불어 사회통합 및 국가정체성과 관련된 문제가 세계 도처에서 중요한 정책의제로 부상하고 있다. 또한 공적 담론에서 세계화와 문명충돌에 대한 논의가 이루어지고 있으며, 이와 관련하여 사회통합과 평행사회(혹은 평행문화, 평행세계)의 긴장관계가 거론되고 있다. 세계화의 빛과 그림자를 고려할 때, 기본적인 과제는 한편으로 가능하면 긍정적인 측면을 살려 나가고 부정적인 측면을 감소시키며, 다른 한편으로 가능한 한 문명충돌의 여지를 줄여 나가고, 간문화적 대화와 실천의 폭을 넓혀 나가는 데 놓여 있다.

　특히 다문화사회로의 전개과정을 고려해볼 때, 사회통합·정체성정책의 과제는 다양성과 통일성 또는 다양성과 시민성의 긴장관계를 고려하면서 평화로운 공동생활을 가능하게 만들고 확보하기 위하여 공동체적 연대의식을 확고하게 수립하는 데 놓여 있다. 이 맥락에서 다문화와 국가정체성(즉, 국가 수준의 집단정체성)의 긴

장관계를 둘러싼 정책과제에 대한 논의를 활성화·구체화해야 한
다. 다시 말하면 다문화성과 집단정체성의 긴장관계를 어떻게 설정
할 것인가 하는 근본문제에 대한 해결방안을 탐색하지 않으면 안
된다.

해외동향을 살펴볼 때 기존의 여러 이주국가에서는 최근 정치적·공
공적 담론 및 정책과정에서 이주운동, 이주와 관련된 규정과 조정, 그
리고 이주배경을 가진 시민의 사회통합 및 국가정체성 확립의 문제
가 핵심적인 주제로 다루어지고 있다. 이 과정에서 특히 이주배경을
가진 사람들에게서 통합을 하려는 의지가 부족하다는 것이 널리 알
려지게 되었다. 이런 사례는 모두 사회통합과 국가정체성 재정립을
지향한 노력과 시도를 강화해야 한다는 점, 그리고 문제에 적합한 사
회통합·정체성정책을 위하여 적절하고 효과적인 접근방안을 모색
해야 한다는 점을 잘 보여 주고 있다.

물론 사회통합·정체성정책은 각국 혹은 각 지역이 처한 맥락과
상황 혹은 여건에 따라 양상이 서로 다르게 나타날 수 있다. 하지

만 최근 유럽의 동향을 살펴보면, 다문화사회에서 국가 수준의 집단정체성 확립의 문제를 다른 이주국가에 비해 상대적으로 더 많이 안고 있는 프랑스와 독일은 말할 것도 없고, 특히 그동안 모범적인 다문화주의 정책을 표방해왔던 영국과 네덜란드에서 2000년대에 들어와 반전이 이루어졌으며, 이 맥락에서 관용적 다문화주의에서 국가통합정책으로 방향을 선회하거나 아니면 다문화주의에서 적어도 부분적으로 간문화주의로 방향을 돌리는 경우가 발생하고 있다.

어쨌든 이와 같은 반전이나 방향전환이 이루어진 사실을 일단 진지하게 받아들이고, 그 배경과 근거에 대한 보다 더 자세한 탐구를 통해, 그러한 사례를 타산지석(他山之石)으로 삼고, 말하자면 미리 알아서 사전대책을 강구하는(proactive) 자세로 적절한 사회통합·정체성정책을 모색할 필요가 있다고 본다. 이러한 문제의식에서 출발하여, 이 책에서는 미래지향적이고 지속 가능한 정책·담론을 위한 하나의 대안적 접근방안으로 간문화주의를 통한 사회통합과 국가정체성 확립을 제시하고자 한다.

이러한 목적에 접근하기 위하여 우선 간문화성의 개념 및 이와 연관된 패러다임을 비교분석의 관점에서 다루고, 실체적 문화개념과 구성적 문화개념의 구분을 간단히 살펴본다(제1장). 이어서 간문화주의로의 방향 전환과 간문화프로그램에 초점을 맞추어, 다문화주의 모형의 한계와 수용문제, 사회통합 및 국가정체성을 위한 주도문화논쟁의 함의, 그리고 간문화와 간문화주의에 관해 논의한다(제2장).

그다음 특히 유럽연합 수준에서 최근에 중요한 의제로 부각되고 있는 시민교육(혹은 시민교육으로서의 간문화교육)과 다양성관리에서 단서를 찾아, 이 두 가지 범주를 간문화주의의 제도적 착근을 위한 매개변수로서 중점적으로 다룬다(제3장). 여기에 이어서 특히 다문화사회에서 사회통합의 착근을 위한 다양성관리에 대하여 더 자세하게 기술한다. 이 부분에서는 다문화사회에서 사회통합의 문제, 그리고 평행사회와 사회통합의 문제를 이론적 배경으로 다루고, 이에 기초하여 다양성관리의 개념·특징과 더불어 실행사례에 관해 논의한다(제4장).

이미 앞에서 언급한 사항과 밀접한 연관성이 있지만, 다문화주의에서 국가통합정책으로의 전환이 이루어진 네덜란드의 경우와 이와 같은 맥락에서 다문화주의의 실패에 관한 논쟁이 벌어지고 있는 독일의 경우를 사례로 삼아, 다문화주의와 공화주의적 주도문화의 긴장관계에 초점을 맞추어, 사회통합 및 국가정체성의 관건으로서 공화주의적 주도문화에 대해 상술한다(제5장). 사회통합·정체성정책 비교분석의 사례와 관련해서는 이 정책영역의 새로운 위상, 담론, 프로그램에 대해 언급하고 지방자치단체 수준의 정책에 관해 특기한다(제6장). 마지막으로 시야를 더 확장하여, 이주·사회통합정책 비교분석의 사례를 소개한다. 여기서는 비교분석 방법론, 과정과 내용, 그리고 결과와 적용의 하위주제가 다루어진다(제7장).

이 책의 발간을 맡아주신 한국학술정보(주) 대표이사님과 편집 및 교정을 담당해주신 편집진에게 진심으로 감사의 말씀을 드린다. 또한 이 책의 원고를 쓰는 동안 옆에서 필자를 격려해주고 도움말을 주신 박영무·강현석·신두철·장준호 교수님에게도 감사드린다. 공동연구와 국제협력 차원에서 도움을 주신 김재일·이종희·최치원·스테판 크래머(Stefan Kraemer)·게오르크 바이세노(Georg Weisseno) 교수님, 그리고 박푸름·이경은·최용민 선생님에게도 고마운 마음을 전하고 싶다.

2012년 10월
허영식·정창화

CONTENTS

07 이주 · 사회통합정책 비교분석의 사례

01

간문화성의 개념과
패러다임

이 장에서는 간문화성의 개념과 관련하여 오늘날 중요한 키워드 혹은 코드로 작용하고 있는 간문화·다문화·초문화를 명료화하는 차원에서 이 세 가지 개념에 대한 해설을 시도한다. 그다음 다문화사회에서 사회통합 및 국가정체성 확립의 문제와 관련된 세 가지 패러다임(다문화주의, 초문화주의, 간문화주의)을 비교분석한다. 여기에 더하여 이러한 키워드 혹은 패러다임과 밀접한 연관성이 있으면서 또한 그 기초로 고려해야 할 실체적 문화개념과 구성적 문화개념에 대한 비교분석의 결과를 제시한다.

# 1. 간문화·다문화·초문화에 대한 개념 해설

지난 1970년대에 문화와의 연관성 속에서 청년문화, 노동자문화, 하위문화, 문화재, 문화산업과 같은 개념이 자주 사용되었다. 그때와 비교해볼 때 오늘날에서는 세계 도처에서 다문화사회가 거론되면서 문화의 개념은 대개 이주현상을 연상시키는 경향이 있다. 이 맥락에서 사람들은 예를 들면, 출신문화, 이주자문화, 문화갈등, 주도문화(Leitkultur), 다수(집단)문화와 소수(집단)문화, 문화의 만남, 간문화적 상호이해에 대해 이러저러한 방식으로 말을 한다.

그리고 이주와 다문화성(Multikulturalitaet)이 수반하는 현실적인 결과와 부수현상 혹은 거꾸로 상상적인 결과와 부수현상은 상당 부분 간문화학습(interkulturelles Lernen)이나 간문화교육(interkulturelle Bildung/Erziehung)을 통하여 처리해야 할 것 즉 교육적으로 다루어야 할 것으로 간주되곤 한다. 이러한 과정에서 간문화교육학(interkulturelle Paedagogik)이라는 새로운 전공분야가 등장하기도 하였다. 이주와 관련된 문화의 개념에 대해서는 그동안 여러 가지 다른 관점에서 연구가 되고, 부분적으로 이른바 '구성개념(Kostrukt)'이라는 점이 밝혀짐으로써 해체(Dekonstruktion)의 작업을 거치기도 했지만, 그럼에도 불구하고 여전히 이주와 관련된 의미로 사용되는 경우가 많다.

이러한 배경에서 그동안 간문화·다문화·초문화(Inter-, Multi-, Transkultur)와 같이 조합된 단어가 특히 빈번하게 사용되고 있다. 하지만 여기서 유럽대륙에서는 간문화라는 용어가 가장 많이 통용되고 있으며 교육, 학습, 훈련, 교육학, 교육연구와 관련하여 흔히 거론되고 있다. 독일의 경우를 살펴보면, 간문화와 관련된 전공분야나 모듈, 총서를 관찰할 수 있으며, 독일교육학협회(DGfE: Deutsche Gesellschaft fuer Erziehungswissenschaft) 산하에 간문화교육위원회(Kommission Interkulturelle Bildung)와 같은 학술단체가 설립되어 운영되고 있다.

간문화와 다문화 사이의 구별과 관련해서는 전문가들 사이에서 다음과 같은 해설 혹은 논증이 대체로 합의에 도달한 것으로 보인다. 간문화는 규범적인 프로그램으로의 성격이 더 강하며, 다문화는 주어진 현상에 대한 기술적(記述的)인 함의가 더 강하다. 하지만 실제로 용어의 사용방식을 관찰해보면, 그 두 가지 용어를 서로 엄격하게 구별하지 않고 혼용해서 사용하는 경우도 적지 않다. 어쨌든 다문화는 사실적 수준에서 존재하는 다문화사회가 처한 상태 혹은 현상을 기술하고 분석하는 데 주안점이 있다. 예를 들면 어느 지역·지방이나 도시가 다문화적으로 구성되어 있다거나, 어느 학교·학급 혹은 기업·조직의 구성이 다문화적인 특징을 보일 경우, 그 주어진 상태를 일단 기술하려는 경향이 더 강하다. 이와는 대조적으로 간문화는 다문화성을 어떻게 다룰 것인가의 질문과 관련하여 규범적인 목표와 과제에 대해 사고·성찰하는 데 중점을 두고 있다. 이러한 함축의미는 간문화교육, 학습, 훈련에 관한 여러 문헌과 자료에서 확인할 수 있다(Adick, 2010: 105~107).

간문화·다문화 이외에 최근에는 초문화성(Transkulturalitaet)에 대한 관심도 역시 증가하고 있다. 초문화성의 개념은 우선 18세기 말에 헤르더(Herder)가 『인류의 역사철학에 대한 사상』(1784·1791)에서 제시했던 문화개념과 작별을 고한다. 헤르더가 이해한 문화의 개념에 따르면, 그것은 세 가지 계기 혹은 요인(즉, 민족적 근거 또는 토대, 사회적 동질화, 그리고 외부에 대한 구획 혹은 경계 짓기)을 특징으로 한다. 초문화성의 개념을 강조한 벨슈(Welsch)의 견해에 따르면 민족, 영토, 언어의 측면에서 서로 구획된 구(球) 또는 섬(島)의 형상으로 헤르더가 이해했던 문화의 개념은 오늘날 더 이상 시의적절하지 못하거나 근거가 박약하다는 것이다.

그리고 그러한 구 혹은 섬으로 비유된 문화의 개념이 다문화사회와 간문화소통에 대한 여러 가지 담론에서 여전히 근거로 사용되고 있다는 것이다(Welsch, 1995: 39; Adick, 2010: 107). 이러한 전제에서 출발하여 벨슈는 자신의 입장, 즉 문화는 초문화적 관점에서 비로소 경험적으로 주어진 것이며, 이와 동시에 규범적으로 사고할 수 있다는 주장을 내세운다. 서로 구획된 문화, 민족적 토대를 가진 문화, 그리고 사회적으로 동질적인 문화는 실제로 들여다보면 대내적으로 다원적이며 대외적으로 경계를 넘나든다는 것이다. 그러나 초문화의 개념도 역시 문화개념이 내재적으로 안고 있는 문제점을 속 시원하게 해결하지 못한다는 비평이 다른 한편에서 제기되고 있다(Mecheril and Seukwa, 2006: 12~13; Adick, 2010: 107~108).

첫째, 오늘날 문화의 혼합(혼성)이라는 사실을 초문화성을 위한 근거로 제시할 경우, 개념의 논리 측면에서 바라볼 때, 적어도 초문화 이전(以前)의 무엇, 즉 초문화에 선행하는 문화를 일단 상정하지 않으면 안 된다.

둘째, 초문화성에 비추어볼 때, 자(自)문화와 타(他)문화를 둘러싸고 벌어지는 논쟁과 대립이 시대에 뒤떨어졌다고 하는 주장은 민족적·국민적·문화적 소속을 둘러싸고 사실적으로 벌어지고 있는 일상적·정치적·군사적 투쟁·충돌을 무시하는 것이며, 오히려 배타적인 세계시민주의적 시각을 반영하고 있는 것이다.

셋째, 초문화적인 것의 규범적 소박성(praeskriptive Naivitaet)에 대하여 비판이 제기될 수 있다. 왜냐하면 도대체 누가 초문화성, 문화적 네트워킹, 문화적 혼성(Hybriditaet)을 통해 이득을 보는 것이며, 도대체 누가 그렇지 않은 것인가의 질문에 대한 성찰이 메타 수준에서 충분히 이루어지지 않고 있기 때문이다. 즉, 여기서는 '누구에게 이익이 되는가?' 혹은 '누가 그것으로 이익을 보는가?(cui bono?)' 하는 질문에 대하여 문제가 제기되고 있는 것이다. 이러한 문제 제기는 자문화와 타문화를 넘어서서 문화를 생각하고 생활할 수 있는 권리나 권한이 도대체 누구에게 부여되어 있으며, 그럴 수 있는 가능성이 도대체 누구에게 열려 있으며 누구에게 닫혀 있는가 하는 질문에 대해서도 역시 이루어질 수 있다.

이상에서 거론된 세 가지 키워드 혹은 코드와 관련하여, 시야를 확장하여 주로 탈문화(문화제거, 문화말살)나 문화변용(문화접변, 합병, 용해, 융합)으로 점철되었던 인류의 오랜 역사에 비추어볼 때, 다문화·초문화·간문화의 관점과 측면에서 사회문화의 변동을 분화시켜 파악하려는 시도가 나타난 것은 그렇게 오래된 일이 아니다. 제2차 세3계대전이 종료되는 시점과 맞물려 국제연합이 설립되고, 세계 여러 곳에서 탈식민주의의 관점과 운동이 작용하기 시작하고, 유럽연합의 설립을 준비하기 시작하고, 과거 식민지에 살고 있던 사람들이 이주에 들어오던 사회적·시대적 배경과 궤를 같이 하면서, 비로소 다문화·초문화·간문화와 같은 키워드가 본격적으로 거론되기 시작하였다(Demorgon and Kordes, 2006: 28; 허영식, 2010: 16~17).

그리고 사회과학자들이 이론을 통하여, 교육자·정치가들이 여러 가지 활동을 통하여 나름대로 해석을 하고 실천방안을 제안하면서 이 핵심용어들에 대하여 이러저러한 방식으로 풀이를 하기 시작하였다. 이 맥락에서 기존의 경향과 대조적으로 이제 새로운 문제해결방안으로 다문화주의 프로그램, 초문화적 관점·비전, 간문화적 선택으로 분화된 대안이 제기된 것이다. 다시 말하면 다문화사회와 간문화성의 역사적 전개과정(Kordes and Demorgon, 2006: 55~62; 허영식, 2010: 143~154 참조)에 비추어볼 때, 다문화·초문화·간문화의 개념과 구상은 결국 사회집단이나 사회 전체를 문화적으로 파괴·합병하려는 경향을 막아보려는 근대의 관점과 전망이라고 특징지을 수 있다.

이러한 전제에서 출발하여, 이제 다문화사회 및 간문화성(Interkulturalitaet)과 관련된 기본개념과 그 상호관계를 도식화하면 다음과 같다. 여기서 동화와 통합의 개념은 이론과 실천 양쪽 측면에서 실제로 엄격하게 서로 구별하기 어려운 경우가 있지만, 이념형(Idealtypus) 수준에서 일단 구분해 본다면, 통합은 통일을 이루면서도 상이한 점들을 보존하는 관계, 상이한 체제 사이의 관계를 가리킨다. 이와는 대조적으로 동화는 다른 한쪽이 그들 고유의 정체성을 포기하고 우리 쪽과 같이 되어야 한다는 요구를 함축하고 있다. 이때 물론 편협한 통합개념, 즉 외견상 통합을 말하지만, 자세히 들여다보면 사실상 동화를 의미하는 통합의 개념에 대하여 유의할 필요가 있다. 진정한 통합이란 상이한 상태에서 가능하면 동등한 권리와 동등한 인정을 가능하게 만드는 상호관계를 의미한다(허영식, 2010: 38~39).

탈문화 (deculturation, Dekulturation, 문화 제거, 문화 말살)		
문화변용 (acculturation, Akkulturation 문화 접변, 합병, 용해, 융합)	동화 (assimilation, Assimilation)	
	통합 (integration, Integration)	다문화 (multiculture, Multikultur)
		초문화 (transculture, Transkultur)
		간문화 (interculture, Interkultur)

출처: 허영식, 2010: 41 재구성.

〈그림 1-1〉 다문화사회 및 간문화성 관련 기본개념 사이의 관계

 # 2. 사회통합 및 국가정체성과 관련된 패러다임 비교

　여기서는 상기한 세 가지 코드의 연장선상에서 다문화사회에서 사회통합 및 국가정체성의 문제와 관련하여 오늘날 세 가지 키워드로 거론되고 있는 기본적인 접근방안(패러다임)인 다문화주의, 초문화주의, 간문화주의를 비교한 표를 제시한다. 여기서 비교의 측면 혹은 관점은 이론, 정책과 교육, 행위영역, 그리고 해당 국가의 네 가지 범주로 구분하여 설정한다.

〈표 1-1〉 다문화주의 · 초문화주의 · 간문화주의의 비교

	다문화주의	초문화주의	간문화주의
(1) 이론	단서를 제공하거나 주창한 인물: Kallen, Dewey, Taylor, Banks, Kymlicka, Carens - 개념의 의미와 특징: 정치적 · 문화적 연방국가, 여러 민족(국민)문화의 연방이라는 견해를 실마리로 삼는다. 타자의 문화와 권리를 인정하는 정책을 제안하고 있다.	단서를 제공하거나 주창한 인물: King, Wilber, Habermas, Welsch, Waldron - 개념의 의미와 특징: 두 가지 방향에서 근거가 수립된다. 개인발달의 측면에서는 보편적 윤리에 입각한 판단능력의 단계에까지 미치는 도덕적 성숙성의 발달을 염두에 두고 있다. 집단적	단서를 제공하거나 주창한 인물: Bhabha, Ponty, Kordes, Demorgon, Nicklas, Mueller - 개념의 의미와 특징: 간문화적 접촉과 교류, 선택 · 변형을 확장하고 심화시키기 위한 탐색운동과 시험적 운동이 진행되고 있다. 다음 네 가지 측면에서 다문화주의 및 초문화주의와 구별할 수 있다. ① 사이에서 생각하고 행한다는 의미에서의 간성(間性), ② 인간과 환경 사이의 관계를

인정의 정책을 사적 영역의 바깥에서, 즉 정치적·경제적 공공영역에서도 역시 유효하게 하고 관철시킬 것을 주장하고 있다. 모든 사람들이 준수해야 할 일반적인 합법성과 규칙성의 원칙은 다원성과 자유를 신장시키는 데 놓여 있다.	발달의 측면(복합적인 문명의 발달 측면)에서는 시민사회에서 제도화된 도덕의 형태와 담론형태의 수준으로까지 나아갈 수 있다. 일반성과 보편성을 위해 노력하는 초문화의 상태에서만 비로소 서로 다른 여러 문화·민족·인종의 사람들이 서로를 자유롭고 평등한 행위주체로 인정할 수 있다.	구성한다는 의미에서의 간문화성, ③ 투쟁과 대화로의 간문화적 접촉과 교류, ④ 토론과 논쟁으로의 간문화적 선택과 변형
(2) 정책과 교육		
- 보상적인 조치로는 차별철폐조치, 고용할당제, 민족모니터링이 있다. - 단일문화에 맞춘 기존체제를 문화적·정치적 다원주의적 헌정체제로 옮기는 일도 추진한다. 이것은 민족문화를 고려한 사법제도나 공동생활의 의제에서 구체화될 수 있다(보기: 학교·공공서비스·기업에서 축제일·단식일 고려, 의공안의 차이에 대한 필요·요구 고려). - 여성용 두건을 둘러싼 논쟁은 부질없는 것이다 왜냐하면 두건착용 그 자체가 다중정체성(다원정체성) 전략의 표현이기 때문이다.	- 인간관계운동과 집단역학의 프로그램 실천이 활용되었다. 이것은 두 가지 초문화적 전략으로 나아간다. - 그 하나는 사회집단들 사이에서 발생하는 갈등을 초월적 개입의 차원에서 중재하는 일이며, 다른 하나는 문화적 차이와 정치적 반대나 모순을 중개하기 위한 공동의 프로젝트를 결정하는 일이다.	- 차이(다문화)나 공통점(초문화)뿐만 아니라, 경계와 접촉의 서로 겹치는 부분, 상호의존, 상호침투에 주의를 기울인다. - 문화와 집단의 특수성(다문화)을 넘어서서, 다양한 국제관계의 보편성(초문화)을 넘어서서 간문화적 운동을 선택한다. - 예를 들면 여성용 두건을 둘러싼 논쟁에서 금지(초문화)나 관용(다문화)보다 더 분화되고 민감한 해결방안을 모색하고 강구하는 데 도움을 준다.
(3) 행위영역		
- 다중정체성과 관련된 상담·자문과 사회치료, 특정한 민족의 구성원을 가진 갱과 여러 민족의 구성원이 관련된 갱을 다루는 사회사업, 이주민과 원주민(토착민)의 자조집단, 지역사회사업과 도시구역 건축을 위한 방법이 개발되었다. - 다국적 기업의 팀워크(협동작업)를 다문화적 관점에서 배려하기 위한 방안과 방법을 개발하기 위하여 많은 비용을 투자하기도 하였다. - 다문화교육학은 인종차	- 초문화적이라는 꼬리표는 의학, 정신병학, 민족정신분석학, 치료법, 심리학에서 찾아볼 수 있다. - 환경에 대한 지구적 수준의 책임을 촉구하는 세계적 규모의 운동과 세계평화를 위한 운동에서 초문화주의적 관점을 반영한 현상을 확인할 수 있다. - 교육학자들도 초문화적 관점으로 보완하고 이것을 학교교육에도 반영하려는 시도를 보였다. 그러한 시도는 초문화적 감수성의 단계적 발달을 단순화시켜 제시한 모형(관용-상대화-연대)에서	- 다문화주의와는 대조적으로 개인의 자율성에 도달하도록 고무시키고, 가족과 출신배경에 의존하고 있는 상태를 완화시키도록 한다. 하지만 부모의 종교와 문화로 되돌아갈 수 있는 자유도 부여한다. - 초문화주의와는 대조적으로 개인·집단이 국가와 학교에 의한 명령과 부당한 요구를 감수하는 것이 아니라, 그것을 간파하고 해석하도록 주의를 기울인다. - 체제이론(Luhmann)의 의미에서 행위체제는 간문화적 사업을 간체제(intersystem) 관계로 만들어간다(예: 공무원 채용과 관련하여 이슬람 여성의 두건을 둘러싸고 갈등이 벌어질 경우, 학교·경찰·법원·청소년복지사업 사이에서 간

	별철폐를 위한 접근방안, 민족문화에 대한 감수성 함양 및 신장을 위한 접근방안과 결합되면서 특히 영미계통의 학교와 대학에서 중요한 비중을 차지하고 있다.	나타난다.	체제관계가 발생한다).
(4) 해당 국가	- 성공적인 다문화사회로 간주되고 있는 나라로는 오스트레일리아, 영국, 스웨덴이 흔히 거론되고 있다. - 미국과 캐나다, 인도, 남아공화국, 중국, 말레이시아와 같이 문화적 일치와 화합을 갖추고 있지 않은 다인종국가도 역시 비교적 긍정적인 평가를 받고 있다. - 유럽연합도 역시 모범사례이다. - 다문화주의의 한계와 부작용을 간과해서는 안 된다. 르완다에서의 인종청소, 유고에서의 민족적·종교적 말살, 수단에서의 인종전쟁, 레바논에서의 종교내전에서 확인할 수 있는 바와 같이, 다민족국가가 바로 민족적·종교적 내전을 벌이는 나라로 전락할 수 있는 것이다.	- 엄밀한 의미에서 초문화적이라는 수식어를 달 만한 국가를 확인하기는 어려운 실정이다. 터키, 멕시코 이외에 특히 프랑스를 거론할 수 있다. - 프랑스는 초문화적 정교분리주의(세속주의)에 입각하여 명시적으로 초문화주의(공화주의적 보편주의)의 원칙을 내세우는 나라라고 간주할 수 있다. - 학생과 교사에 대하여 이슬람교도의 두건을 걸치는 것을 금지하거나(프랑스의 경우), 공공서비스 분야에서 종사하는 직원에 대하여 금지시키는 것은(독일의 경우) 그러한 원칙을 일관성 있게 관철시키는 것이라고 이해할 수 있다. 모든 사람들에게 공통된 공적적 공간은 특수한 상징화와 거리를 유지해야 한다는 것이다.	- 간문화적이라는 말을 누가 고안했는가의 질문과 관련해서는 구체적인 인물을 거론하기 어려우며, 대개 미국의 '간문화교육국'과 연관시켜 그 유래를 거론하고 있다. 이 부서는 1924년부터 1945년 동안에 걸쳐 활동을 하였으며, 그동안 전개되고 추진되었던 동화·용해의 문화변용정책을 대체하려는 시도를 보였다. - 유럽에서는 서유럽으로 이주해 들어온 노동자들의 통합문제와 관련하여 1970년대 말에 유럽이사회의 한 위원회에 의해 사회제도의 구성과 확충을 위하여 '간문화적 선택(intercultural option)'으로의 전환이 요청된다는 점이 강조되기 시작하였다. - 이것은 프랑스의 경우 그동안 문화적 요소를 별로 고려하지 않은 동화정책을 중단하고, 독일의 경우 그동안 진행되었던 독일문화 위주의 선별정책, 그리고 영미계통의 다문화주의와 거리를 유지하려는 시도와 비슷한 맥락에서 발생하였다. - 간문화주의와 간문화교육이라는 용어는 유럽대륙 여러 나라에서 많이 사용되고 있다.

출처: Demorgon and Kordes, 2006: 28~35; 허영식, 2010: 15~38; 허영식, 2011: 100~103 재구성.

상기한 세 가지 키워드(다문화주의, 초문화주의, 간문화주의)의 체계적 비교에 더하여, 이제 어느 정도 통시적(通時的) 관점에서 보완하는 차원에서 제2차 세계대전 이후 유럽에서 진행되어온 체류외국인 대상 정책의 개략적인 전개과정을 소개하면 다음과 같다. 이 자료는 물론 각국별로 어느 정도 혹은 상당하게 차이가 있었다는 점을 전제로 하고 있다.

<표 1-2> 체류외국인 정책의 전개과정

단계	내용과 특징
① 무정책	- 외국인의 장기거주를 원하지 않았던 각국 정부 중에는 자국영토에 외국인 거주자가 증가하더라도 별도의 정책을 마련하지 않고 무정책으로 일관한 경우가 있었다. - 외국인에 대한 차별문제가 지역사회에 별 다른 문제를 일으키지 않는다면, 해당 정부는 문제를 해결하거나 재발방지를 위해 별 다른 조치를 취하지 않는다. - 지방자치단체는 외국인을 지역주민으로 간주하려는 태도를 별로 보이지 않는다.
② 외국인노동 자정책	- 이민자는 기간제 노동인력으로 간주하고, 언젠가는 본국으로 귀환할 것이며, 귀환해야만 한다는 원칙을 고수한다. - 이주민에게 단기비자만 발급하고, 이민자가 지역사회에 미치는 영향을 최소화하는 데 정책의 주안점을 둔다. - 무정책과 비교해볼 때, 외국인노동자로서 보장받는 권리를 존중하는 데 차이점이 있다. 작업장에서의 인권문제, 노동자 자녀의 취학, 주택계약에서의 권리 등을 법으로 보장한다. 하지만 지역사회의 주민으로서 행사할 수 있는 권리는 인정하지 않는다.
③ 동화정책	- 이민자가 지역사회의 전통과 관습에 가능한 한 빨리 적응하여 기존 사회로 흡수되는 것이 정책의 목적이다. - 이민자가 본국에서 학습한 생활방식과 문화유형은 무시하고, 이주해 들어온 지역의 현지문화를 신속하게 학습하고, 원래의 정주민과 같은 행동을 할 것을 요구한다. - 귀화절차를 간소화하여 이민자의 현지귀화를 종용한다.
④ 다문화정책	- 이민자는 지역사회의 일원이며, 영주할 수 있는 점을 인정한다. - 이민자가 자신의 출신국가에서 교육받은 지식과 문화가 현지문화를 다양하고 풍요롭게 하는 데 기여한다고 본다. - 출신국가의 문화를 무시하지 않으며, 오히려 출신국가의 문화에 대하여 무시·멸시하는 행위를 법으로 금지한다. - 자녀에게도 부모의 출신지 언어를 교육받도록 지원하고, 민족별로 공동체를 구성하여 활동하는 것도 권장한다.
⑤ 간문화정책	- 이민자를 지역사회 일원으로 간주하고, 출신문화가 현지문화를 풍요롭게 하고 발전시키는 자산으로 인식한다는 점에서 다문화정책과 공통점이 있다. - 다문화정책은 민족집단의 다양성을 인정하고 공존하는 데에 주된 관심을 기울이는 반면, 간문화정책은 다양한 민족집단이 서로 교류하고 함께 활동할 수 있도록 하는 데 역점을 둔다. - 지역사회에서 민족 간 격리현상이 나타나고, 이민자 밀집지역이 평행사회[게토, 이종(異種)문화권]가 될 수 있다는 점을 우려하여, 밀집지역 현상을 사전에 예방하고자 한다. - 공동거주시설(기숙사, 아파트)에 특정 민족집단이 절대다수를 차지하지 않도록 입주자의 민족별 할당제를 도입하고, 밀집거주지역에 도시개발사업을 시행한다.

출처: Wood, 2009: 22~26; 오정은, 2011: 197~199 재구성.

3. 실체적 문화개념과 구성적 문화개념

위에서 문화개념의 해체에 대해서 언급한 바가 있지만, 최근의 동향을 살펴볼 때, 기존의 전통적인 문화개념이 상대적으로 실체적인 성격이 강했다면, 이제는 그 대신에 점점 더 구성적인(혹은 구성주의적인) 문화개념이 대안으로 제시되고 있다. 이와 더불어 자신의 문화에서 타자의 문화로 관점을 변경할 필요가 있다거나, 아니면 타 문화에 들어가 적절하게 행위를 할 수 있도록 준비하기 위해서는 간문화적 훈련이 요청된다는 점이 강조되고 있다.

어쨌든 실체화된 문화개념에 대해서는 역사성이 부족하고, 상대적으로 정적(靜的)이며, 본질주의(Essentialismus), 자연주의(Naturalismus), 문화적 인종차별주의(Kulturrassismus)로의 경향을 띠고 있으며, 민족을 지나치게 강조하거나 민족에 고착될 위험성을 안고 있다는 비판이 제기되고 있다. 문화개념의 해체를 암시하는 이와 같은 비평은 이미 간문화교육학이나 이주교육학에서 더 이상 과거로 되돌릴 수 없는 가정 혹은 전제로 간주되고 있다(Adick, 2010: 109~110). 이 맥락에서 실체적 문화개념과 구성(주의)적 문화개념의 특징을 이분법적으로 서로 대조시켜 도식화하여 제시하면 다음과 같다.

〈표 1-3〉 실체적 문화개념과 구성(주의)적 문화개념

실체적 문화개념	구성(주의)적 문화개념
정적인 문화개념에 따라 문화를 무역사적·무시간적 것으로 이해함	동적인 문화개념에 따라 문화는 역사적으로 형성된 것이며, 따라서 변동이 가능한 것으로 이해함
규범적 차원(규칙, 가치표상, 당위적 요구사항)을 문화 그 자체로 주장함	규범과 사실을 구별하고, 문화적 규칙·요구사항과 문화적 실천(실제)을 구별함
문화의 동질성, 구획가능성, 유형학(Typik), 명료성을 강조하거나 가정함	문화가 수반하는 변이의 폭, 겹침, 불특정적·다의적·일탈적 특징을 확인함
문화적 패턴·가치에서 벗어나는 것을 의심스럽게 바라보며, 그러한 일탈현상은 결국 문화갈등이나 문화적 타락을 가져온다고 간주함	일탈현상, 문화 접촉, 문화 확산, 새로운 창출을 정상적인 것으로 간주함
인간과 문화의 관계에 대해 문화를 중심으로 하여 파악함(사람은 문화의 소유자·담당자·대표자·표현자이며, 거꾸로 문화는 그 사람에게서 독립하여 독자적으로 존재하며, 그 사람을 초월하여 초시간적으로 존재하는 것으로 간주함)	인간과 문화의 관계에 대해 사람을 중심으로 파악함(문화는 사람에 의해 만들어지고 변화가 가능한 생활실천으로 이해함)
아동 시기는 전통문화를 전달하는 데 기여하며(문화화, Enkulturation), 문화와 인성 사이에 밀접한 관계가 있는 것으로 이해함	아동 시기는 주어진 문화적 영향을 생산적으로 습득하고, 선택적으로 변화시키면서 습득하는 것으로 이해함

출처: Adick, 2010: 111.

상기한 실체적 문화개념과 구성(주의)적 문화개념의 구분과 비슷한 맥락에서 역시 이분법적으로 문화의 정적인 모형과 동적인 모형을 이분법적으로 구별할 수 있다. 그리고 문화를 바라보는 이 두 가지 모형에서 간문화능력(interkulturelle Kompetenz)의 측면에서 도출할 수 있는 요구사항을 다음과 같이 대조시켜 도식화할 수 있다.

〈표 1-4〉정적 · 동적 문화모형과 간문화능력에 대한 요구사항

정적인 문화모형	동적인 문화모형
타자에 대한 이해	다중관점의 인지
관용	차이의 수락 · 용인
적응하려는 자세	맥락에 적합한 상호이해의 행위

출처: Leenen et al., 2010: 106.

　동적인 문화이해의 근거가 되는 개념은 행위주체를 결합시키는 공통점의 관점보다는 오히려 행위주체의 시각에서 간문화성을 관찰한다. 여기서 문화는 본질주의적인 관점에서, 즉, 개인의 뒤편에서 그의 생각과 행위를 결정하는 초개인적인 존재로서 간주되는 것이 아니라, 소통과정을 통하여 결정된 집합적 표상으로, 따라서 사회변동의 과정에서 계속해서 변화하는 집합적 표상으로 간주된다. 이 시각에 따르면, 문화적 소속은 미리 결정되어 있는 것이 아니라 개개인에 의해 언제나 다시 소통과정을 통하여 확인되지 않으면 안 된다.

　문화적 정체성은 주어진 것이 아니라, 상호작용을 통하여 균형을 잡아야 할 성질의 것이다. 간문화적 상호작용에서 강조점은 특별한 해석학적 노력을 통해 도달해야 할 (타자에 대한) 이해, 관용 그리고 (특히 다른 낯선 문화체제로 자리를 옮겼을 경우) 적응하려는 자세에 놓여 있기보다는 오히려 다중관점(Multiperspektivitaet)의 인지에 놓여 있으며, 또한 타자(혹은 낯섦)의 수락 · 용인에 기초하여, 상호작용을 통해 성공적으로 상호이해에 도달하기 위한 행위에 놓여 있다(Leenen et al., 2010: 106~107).

<요약>

오늘날 간문화성의 개념과 관련하여 간문화·다문화·초문화의 키워드가
거론되고 있는데, 간문화는 대체로 규범적인 프로그램으로의 성격이 더 강
하며, 다문화는 주어진 현상에 대한 기술적인 함의가 더 강하다. 탈문화나
문화변용으로 점철되었던 인류의 오랜 역사에 비추어볼 때, 다문화·초문
화·간문화의 관점과 측면에서 사회문화의 변동을 분화시켜 파악하려는
시도가 나타난 것은 그렇게 오래된 일이 아니다. 제2차 세계대전 이후 비
로소 다문화·초문화·간문화와 같은 키워드가 본격적으로 거론되기 시작
하였다. 다문화·초문화·간문화의 개념과 구상은 사회집단이나 사회 전
체를 문화적으로 파괴·합병하려는 경향을 막아 보려는 근대의 관점과 전
망이라고 특징지을 수 있다. 간문화주의는 간문화적 접촉과 교류, 선택·
변형을 확장하고 심화시키기 위한 탐색운동과 시험적 운동의 성격이 강하
며, 사이에서 생각하고 행한다는 의미에서의 간성(間性, interity, Interitaet),
인간과 환경 사이의 관계를 구성한다는 의미에서의 간문화성, 투쟁과 대화
로의 간문화적 접촉과 교류, 그리고 토론과 논쟁으로의 간문화적 선택과 변
형이라는 네 가지 측면에서 다문화주의 및 초문화주의와 구별할 수 있다.
문화개념과 관련해서는 실체적 측면과 구성적 측면이 구별되고 있으며, 이
와 비슷한 맥락에서 정적인 문화모형과 동적인 문화모형이 구분되고 있다.

02

간문화주의로의
방향 전환과
간문화프로그램

이 장에서는 간문화주의로의 방향 전환을 위한 배경으로 우선 다문화주의 모형의 한계와 수용문제에 주의를 기울인다. 이어서 주도문화의 개념을 둘러싸고 최근 독일에서 전개되었던 논쟁을 단서로 삼아, 사회통합과 국가정체성 확립을 위한 유의미한 귀결과 시사점을 도출하고자 한다. 그다음 다문화주의의 대안으로 거론되고 있는 간문화주의와 이의 구체적 실천을 위한 간문화프로그램을 예시적 차원에서 소개한다.

# 1. 다문화주의 모형의 한계와 수용문제

　다문화주의 모형에 입각하여 다문화사회의 사회통합문제에 모범적으로 대처하고 있는 대표적인 나라 중의 하나인 캐나다는 다민족 인구구조의 도전에 대하여 이미 약 40년 전부터 다문화주의의 철학과 정책으로 대처하고 있다. 단일문화의 전통에 입각하여 동화주의 경향을 보이고 있는 다른 나라와 비교해볼 때, 이 다문화주의 철학 및 정책은 인륜·관용·평등의 기본가치에 더 가깝게 다가가고 있는 것처럼 보인다. 하지만 캐나다는 고전적 유형의 이주국가이기 때문에, 다른 역사적·사회적·문화적 전제조건을 갖고 있는 나라에 다문화주의 모형을 바로 전이시킬 수는 없다. 그럼에도 불구하고 이주자의 사회통합을 위해 캐나다에서 배울 점에도 역시 주의를 기울여야 할 것이다.

　이런 문제의식에서 출발하여, 이 부분에서는 캐나다의 다문화주의 모형이 보여 주는 특징을 알아보고, 그동안 단일문화의 성격이 상대적으로 강한 나라에 그러한 모형을 전이시키는 데 있어서 예상되는 어려운 점이 무엇인지, 그리고 다른 한편으로 캐나다의 다문화모형에서 배울 수 있는 점이 무엇인지 살펴보고자 한다. 그런 다음 캐나다의 다문화사회 모형에 덧붙여, 수용문제의 맥락에서 역시 참고할 만한 자료로, 최근 영국에서 관찰할 수 있는 동향을 추가로 소개한다. 여기서는 다문화주의에 대한 반격과 다문화주의 정책의 방향성 변화가 논의의 주요대상이다.

1) 다문화주의의 철학과 정책

민족의 다양성을 다루기 위해 캐나다에서는 1960년대에 다문화주의의 구상이 개발되었으며, 1971년에 이것이 오늘날까지 유효한 국가이념으로 부상하였다. 캐나다는 다문화사회의 이념적 고안자로서 역할을 수행했을 뿐만 아니라, 이 구상을 처음으로 국가정책으로 실천에 옮긴 나라이다. 다문화주의 철학의 중요한 구성요소는 '민족적 모자이크'라는 비유로 종종 표현된다. 이를 통해 캐나다는 미국의 '용광로'와 구별된다는 점을 의식적으로 강조하고 있다. 문화의 다양성은 용광로에서 녹아 버리는 것이 아니라, 오히려 모든 민족적·문화적 집단이 마치 모자이크의 일부분인 것처럼 나름대로 특정한 색이나 형태를 유지한다는 것이다. 모든 집단은 그들의 특수성을 갖고 이제 함께 다채롭고 다양한 형태의 전체 모습을 갖추게 된다. 다문화주의의 철학은 다음과 같이 일곱 가지 기본원칙으로 요약할 수 있다.

〈표 2-1〉다문화주의 철학의 기본원칙

① 민족적·문화적 다양성에 대한 원칙적인 긍정	원칙적으로 다양성에 대한 긍정적 평가는 다양성이 캐나다의 현실을 반영하는 사실이라는 점, 그리고 사회 전체를 위해 이롭고 생산적이라는 점에 근거를 두고 있다.
② 문화적 차이에 대한 권리	문화적 특수성을 유지하고 돌볼 수 있는 권리가 있다. 그러나 민족적 동일시에 대한 의무나 강제는 인정하지 않는다.
③ 문화적 동등가치 및 상호관용의 원칙	서로 다른 민족·문화집단은 동등한 가치가 있다. 이 원칙에서 상호 관용의 원칙이 도출된다.
④ 안정·접촉의 가설	차이에 대한 권리는 경험적으로 입증된 사회심리학저 안정·접촉가설에 기초하고 있다. 자기집단에의 착근은 개인의 심리적 안정을 장려하며, 서로 다른 민족의 접촉을 비로소 가능하게 하는 전제조건을 마련한다.
⑤ 다양성 내에서의 통일성	공통된 기본가치·규칙의 핵심(헌법·법률·공통언어)은 사회 전체의 결속을 보장하며, 다양성, 문화적 차이에 대한 권리, 문화적 동등가치의 원칙에 한계를 설정한다. 다양성과 통일성 사이의 경계 짓기(예: 동등한 권리가 있는 다양성은 어디서 끝나는가? 문화적 특수성은 어디서 공통된 핵심에 종속되어야 하는가?)는 사안에 따라 논란의 여지가 있으며, 정치적 담론의 일부분이 된다.
⑥ 동등한 기회에 대한 권리	캐나다의 다문화주의는 문화적 수준에 국한된 것이 아니다. 문화적 다양성에 대한 권리 이외에 사회적 기회균등에 대한 권리도 역시 포함하고 있다. 따라서 도전과 과제는 두 가지 목표(문화적 다양성 유지, 민족적 조건으로 인한 사회적 불평등 감소·철폐)를 동시에 달성해야 한다는 데 놓여 있다.
⑦ 관리의 가정(假定)	다문화주의는 스스로 발전되는 것이 아니라, 정책적 고무와 진흥이라는 의미에서 정책적 관리를 필요로 한다.

출처: Geissler, 2003: 21 재구성.

1971년 다문화주의 정책이 장래 캐나다 정책의 핵심적인 기본노선으로 선포되면서, 상기한 다문화주의 원칙을 구체적인 정책프로그램 및 활동으로 옮기기 위하여, 모든 정책적 수준에서 관련된 부서와 위원회가 갖추어지기 시작했다. 1985년에는 다문화주의가 헌법에서 기본권으로 착근되었으며, 1988년에는 '다문화주의법'을 통해 법으로 구체화되었다. 고용형평법(*Employment Equity Act*, 1986)은 특별히 소위 '가시적 소수집단'(아시아인, 흑인, 라틴아메리카인, 아랍인)과 원주민

[인디언, 에스키모, 메티스(metis: 백인과 북아메리카 원주민의 혼혈아)]을 진흥시키는 데 목표를 두고 있다.

정책적 활동의 중점은 변화된 문제의 상태에 따라 부분적으로 다른 양상을 띠었다. 1970년대에는 '차이를 경축하기(celebrating differences)'라는 기치 아래 특히 유럽 출신의 소수집단이 갖고 있는 다양한 문화 전통을 진흥시키는 데 중점을 두었으며, 1980년대부터는 새로 이주해 들어온 가시적 소수집단이 수반한 문제(인종차별 철폐와 기회 균등)가 중심에 놓여 있다. 큰 그림을 그려볼 때, 민속학적 다문화주의에서 보다 더 시민권적 다문화주의로 변모했다고 볼 수 있다.

여기에 더하여 다문화주의의 발생배경과 관련해서 지적하고 넘어갈 사항이 있다. 한마디로 말하면, 캐나다에서 다문화주의는 퀘벡(Québec) 주의 분리주의에 따른 의도하지 않은 부수결과이다. 다시 말하면 다문화주의를 위한 본래적인 정치적・이념적 동인(動因)은 영국계와 프랑스계 캐나다인 사이의 전통적인 갈등에서 찾을 수 있다. 1960년대에 프랑스계 퀘벡 주의 분리주의 운동이 전개되면서 캐나다의 양문화주의(biculturalism: 한 나라 내에 이질적인 두 문화 병존)에 관한 토론이 벌어졌으며, 이 논쟁에 '제3의 세력'으로서 유럽 출신의 소수집단이 효과적으로 개입을 하게 되었다. 이 와중에서 양문화주의가 다문화주의로 발전하고 사고의 폭이 넓어지게 되었다. 그리고 이 과정에서 다문화주의가 정치적 효과를 발휘하게 된 까닭은 유럽 출신의 소수집단이 그동안 무시할 수 없는 유권자로서의 잠재력을 형성했기 때문이다(Geissler, 2003: 22).

2) 다문화주의 모형의 수용과 관련된 문제점

캐나다의 다문화주의는 여러 가지 측면에서 장점을 갖고 있지만, 특히 그동안 단일문화의 성격이 상대적으로 강한 나라에 바로 전이시키는 데 있어서는 여러 가지 어려운 문제점이 나타날 수 있다. 왜냐하면 그것은 특정한 역사적·사회구조적·문화적·정치적 맥락에서 발생했기 때문이다. 이 맥락과 관련된 요인을 고려하지 않고 캐나다의 다문화주의를 완전히 다른 맥락에 착근시키려는 시도는 현실적으로 어려운 문제에 봉착할 수 있다.

첫째, 원주민의 특별한 사례를 도외시한다면, 캐나다는 애초부터 이주민의 사회였다. 하지만 오랫동안 단일민족 혹은 단일문화의 성격이 상대적으로 강했던 독일이나 한국의 경우를 살펴보면, 다민족·다문화의 계속적인 이주는 비교적 새로운 현상이며, 캐나다의 이주민과 비교해볼 때, 외국인 노동자나 가족구성을 위한 이주자가 상대적으로 더 많다.

둘째, 이주역사의 차이는 사회구조, 문화, 국가이해에 대한 결과를 수반한다. 캐나다에서 민족적·문화적 이질성은 문화국민(Kulturnation)이라는 의미에서의 국민국가를 허용하지 않고, 국가에 대한 이해는 오히려 영미계통에서 나온 국가국민(Staatsnation)의 이념에 지향을 두고 있다. 이 개념은 포용적인 성격이 더 강하다. 이에 반해서 독일과 한국은 오랫동안 단일민족·단일문화의 특징이 강했으며, 국가이해도 문화국민에 더 많은 지향을 두고 있다. 이에 따라 국민·공민으로서의 소속도 혈통과 같은 배타적인 원칙에 더 많이 의존하고 있다. 다민족 부분이 비교적 새롭고 규모가 작기 때문에, 동화주의적 압력을 행사하려는 다수집단의 문화에 더 많이 노출되어 있다.

셋째, 독일과 한국의 경우 다민족 부문의 힘이 구조적으로 아직 약한 편이며, 사회적·정치적 힘의 장(場)에서 아직 실질적으로 힘을 행사할 수 있는 '두 번째 세력'으로 부상하지 못했다. 장기적으로 바라볼 때, 귀화의 조건을 더 용이하게 한다면, '민족적 유권자'의 수가 증가하기 때문에, 민족적 소수집단의 정치적 비중이 더 증가할 것이다.

상기한 세 가지 점을 요약하자면, 캐나다는 미국이나 호주와 마찬가지로 고전적인 유형의 이주국가라고 말할 수 있다. 즉, 이주의 역사가 상당히 길고, 오래된 다민족의 전통을 갖고 있으며, 포용적인 국가국민으로서의 국가이해에 기초하고 있으며, 민족적 소수집단이 사회구조적 측면에서 비교적 좋은 위상을 차지하고 있다. 이에 비해서 한국은 말할 것도 없고, 독일도 역시 비교적 현대적인 유형의 이주국가이다.

넷째, 상기한 사항에 더하여 중요한 차이점을 지적하자면, 캐나다의 다문화주의는 양문화적 캐나다라고 하는 특정한 역사적 도전에서 등장했다. 그때 유럽 출신의 소수집단이 '제3의 세력'으로 힘을 발휘하였다. 한국은 물론이고 독일에서도 역시 거기에 대응하는 역사적 도전이 없으며, 위에서 언급한 바와 같이 이주의 정치적 비중이 아직 상당히 부족한 편이다. 게다가 정치체제에서 캐나다의 자유당과 비교할 수 있는 자유주의 세력이 아직 성숙되어 있지 못한 것처럼 보인다. 다문화주의는 그 핵심적인 점(다양성의 인정, 문화적 차이에 대한 권리, 문화적 동등가치와 상호관용의 원칙)에서 바라볼 때 자유주의적인 구상이다(Geissler, 2003: 24~25).

3) 다문화주의 모형에서 배울 점

상기한 사항을 고려할 때, 캐나다의 다문화주의를 바로 전이시키려는 생각이나 시도는 현실적으로 바라볼 때 환상적인 비전에 불과한 것일 수 있다. 그렇지만 다른 한편에서 바라볼 때, 베버의 모토("가능한 것을 인식하기 위해서는 유토피아적인 것을 생각하지 않으면 안 된다")에 따라, 캐나다의 다문화주의는 적어도 다음과 같은 점에서 우리가 이주·통합정책의 관점에서 나아갈 방향을 설정해주는 이정표 혹은 등대의 기능을 수행할 수 있다고 본다.

첫째, 이주·통합은 스스로 잘 굴러갈 것이라는 생각을 버리고, 심사숙고된 정책적 관리를 필요로 한다. 왜냐하면 이주정책을 방치할 경우 국민의 불안과 두려움을 초래할 수 있기 때문이다. 캐나다에서도 역시 이주정책의 계획에서 벗어난 사례 혹은 미리 예상하지 못한 돌발사건이 발생한 경우(예: 난민보트에서 남아시아의 타밀족과 시크족이 도달했을 때), 인종차별주의를 함축하고 있는 불안에서 야기된 반작용이 나타났다.

둘째, 이주·통합에 관한 공공적 담론은 이주에 대한 명백한 답변을 제공하는 방향으로 나아갈 필요가 있다. 이주는 위협이 아니라 필요와 기회로서 파악해야 한다. 물론 이주가 수반하는 문제점을 금기시해서는 안 되지만, 그렇다고 하여 담론을 지배해서는 안 된다. 이주의 할당과 기준, 사회통합을 위한 구상과 프로그램에 대한 신중한 토의는 이주·통합의 정책적 관리에 대하여 민주적 정당성을 부여해줄 수 있을 것이다.

셋째, '다양성 속의 통일성(unity-within-diversity)'이라는 이원론적 원칙을 갖고 있는 다문화적 사회통합의 구상에 특별한 주의를 기울여야 할 것이다. 독일의 '주도문화'에 관한 논쟁에서 부분적으로 확인할 수 있는 바와 같이, 단일문화에 입각한 동화주의적 경향과 비교해볼 때, 상기한 이원론적 원칙은 다민족·다문화사회에서 서로 다른 민족·문화 사이의 관계를 적절하게 파악하는 데 있어서 더 많은 도움을 줄 수 있다.

동화의 형태로 편입을 요구할 경우, 많은 이주자가 처한 실정을 정당하게 다루지 못할 것이다. 왜냐하면 그들의 출신문화를 포기하도록 하기 때문이다. 이에 반해서 상기한 양극(兩極)의 유연한 공식은 차이에 대한 소수집단의 필요를 적절하게 고려할 뿐만 아니라, 다수집단의 요구, 즉 그들의 기본가치와 기본규칙에 대한 존중·준수와 관련된 바람도 역시 적절하게 고려할 것이다. 통일성과 다양성 사이의 적절한 균형을 탐색하는 과정을 통하여, 한편으로 과도한 헤게모니에 입각한 동화주의적 압력에 대한 감수성을 제고할 뿐만 아니라, 다른 한편으로 민족적 폐쇄와 분리·격리(즉, 평행사회로의 회귀·퇴행)의 위험성에 대한 감수성도 역시 제고할 것이다.

요컨대 필요한 통일성과 가능한 다양성 사이의 경계선에 대한 질문을 통해서, 소수집단과 다수집단의 이해관계와 가치관을 동시에 고려하는 방식을 취하면서, 다민족·다문화사회의 여러 가지 문제(보기: 교육과 사회화의 영역, 민족공동체의 적실성 문제, 공론장과 미디어의 영역, 이중국적의 문제)를 분석할 수 있을 것이다(Geissler, 2003: 25).

4) 다문화주의에 대한 반격과 다문화주의 정책의 방향성 변화

캐나다와 비교해볼 때 영국이 도대체 국가 수준에서 체계적인 다문화주의 정책을 도입하고 실행한 적이 있는가 하는 질문이 부분적으로 제기되고는 있지만, 그럼에도 불구하고 어쨌든 유럽에서는 네덜란드와 더불어 영국은 일반적으로 다문화주의 정책을 표방하고 실행에 옮긴 대표적인 나라로 간주되어 왔다. 그런데 2000년대에 접어들면서 일련의 사회적·정치적 사건(보기: 2001년 영국 북부도시에서 발생한 비백인계 소수집단 관련 갈등·폭력사태, 2001년의 9·11 국제테러, 2005년 7월 7일 런던에서 발생한 테러사건)을 배경으로 하여, 다문화주의에 대한 비판여론이 조성되었으며, 이와 관련된 담론이 확산되었다(육주원·신지원, 2012: 120~121).

다문화주의에 대한 비판은 크게 좌파의 비판과 우파의 그것으로 구분하여 다음과 같이 요약할 수 있다.

〈표 2-2〉 다문화주의에 대한 비판

좌파의 비판	우파의 비판
- 문화주의에 경도되어 있으며, 인종주의에 근거한 사회경제적 불평등 문제 은폐 - 정체성과 문화를 고정불변의 것으로 간주하고, 인종적·문화적 소수자를 이미 정해진 정체성을 가진 존재로 분류 - 인종적 소수집단을 집단적 타자로 간주하고, 몇몇 대표의 의견만을 반영한 정책을 집행함으로써, 소수집단 내의 다양성을 반영하지 못하거나 내부갈등을 조정 해결하지 못함	- 분리주의의 조장 - 공동의 가치 위협 - 정치적 올바름(political correctness)의 미명 아래 건전한 토론 방해 - 극단주의 테러분자 양산 - 흑인 청소년의 범죄 묵인 - 여성 억압의 기제로 이용

출처: 육주원·신지원, 2012: 122~126 재구성.

상기 비판 중에서 최근에는 우파의 비판에 더 비중이 놓여 있는 것으로 보이며, 이러한 상황과 맥락에서 공동체의 결속과 사회통합, 그리고 다양성 속의 통일성이라는 키워드가 부각되면서, 한편으로 문화적 다양성과 다른 한편으로 사회 전체의 통합 혹은 국가정체성 사이의 긴장관계가 담론과 정책의 방향성을 탐색하는 과정에서 주된 요인으로 작용하고 있다(육주원·신지원, 2012: 126~130).

 ## 2. 사회통합 및 국가정체성을 위한 주도문화논쟁의 함의

독일에서는 2000년에 접어들어 다문화사회의 사회통합 및 국가정체성 문제와 관련하여 이른바 '주도문화(Leitkultur)'에 대한 논쟁이 시작되었다. 논쟁에 참여한 사람들의 입장은 다양하게 드러났지만, 분석의 편의를 위해 크게 두 가지 입장으로 정리하자면, 그 하나는 주도문화 대신에 헌정애국주의를 사회통합 및 국가정체성의 관건으로 간주하자는 입장으로, 그리고 다른 하나는 헌정애국주의를 넘어서서 추가로 공통의 역사, 전통, 언어, 종교 등 문화적인 요소를 사회통합 및 국가정체성을 위한 주도문화에 포함시켜야 한다는 입장으로 집약할 수 있다.

이 두 가지 입장을 소개하기 전에 독일에서 일단 주도문화의 개념이 등장하고, 이어서 이 개념을 둘러싸고 논쟁이 벌어지게 된 사회구조적 배경의 일부를 살펴본다는 차원에서, 이주민의 다양하고 서로 다른 기본적인 가치지향을 참고자료로 제시한다. 이 자료는 이른바

'시누스 (사회적) 환경(Sinus-Milieus)'의 키워드를 갖고 실시되고 있는 생활세계연구(Sinus Sociovision)의 틀 속에서 나온 것이며, 이 사회적 환경은 하이델베르크 소재 시누스연구소(Sinus-Institut)에서 30여 년 전부터 수행해오고 있는 사회과학연구의 결과를 가리킨다(Merkle, 2009: 63).

〈표 2-3〉 이주민의 다양한 가치지향

기본 지향	전통		근대화		새로운 동일시 (지향)
	전근대적 전통	민족적 전통	소비·물질주의	개인화	다선택성
사회적 환경 (문화)	(평행문화) - 전통적 가치와 종교적 독단주의(종종 이슬람주의) - 가부장적 세계관, 전통적인 가족가치와 강제규범 - 엄격하고 인습적인 생활양식, 엄격한 도덕 - 문화적 이종(異種) 문화권, 통합의지 부재	(노동이주문화) - 낮은 통합 수준에서 지속적인 외국인으로서의 자기이해 - 전통적인 의무·수락가치, 절약과 겸손 - 생활목표: 물질적 안정, 비교적 간소한 복지와 부 - 출신국가의 전통·관습 고수, 그러나 독일 다수문화의 존중	(참여문화) - 사회적·문화적 근거(기반) 상실, 물질주의적 대체가치 - 소유와 지위, 소비와 향유의 추구 - 사회적 수락(인정)과 적응을 위한 노력, 지위상승을 위한 지향	(통합문화) - 신념·생활양식의 개인화, 핵심적인 가치로의 자아실현 - 출신문화에 대한 비판적 취급 및 논의 - 계몽·해방의 추구 - 양(兩)문화 지향	(다문화) - 문화적 정체성과 집단소속의 지양(止揚) - 기본경험으로의 불안정, 삶의 의미에 대한 탐색 - 포스트모던적 입장에서 다양한 가치의 조합·융합, 유연성과 이동성 - 다문화적 동일시, 하위문화 형성

출처: Merkle, 2009: 67 재구성.

1) 주도문화 대신에 헌정애국주의를 강조하는 입장

주도문화에 대한 공공토론이 시작된 계기는 2000년 당시 기민당

(CDU) 원내교섭단체 의장이었던 메르츠(Merz)가 주도문화를 이주·통합정책를 위한 규칙으로 만들자는 제안을 한 데에서 찾을 수 있다. "헌법은 우리 가치질서의 가중 중요한 표현이며, 그래서 우리 사회의 내적인 결속을 비로소 가능케 하는 문화정체성의 일부분이다. 이 자유질서의 정체성은 주로 종교적인 이유로 완전히 다른 이해를 갖고 늘어오는 사람들노 억시 받아들이지 잃으면 안 된다. 여기에 더히어 성공적인 이주·통합정책은 독일어를 이해하고 말할 수 있는 능력을 기본조건으로 삼아야 한다(Merz, 2000; Keskin, 2006: 94 재인용)."

국회의장인 람메르트(Lammert)는 독일의 주도문화 대신에 유럽의 주도문화에 대해서 말하고 있긴 하지만, 여기에는 공통의 역사와 종교적 전통도 역시 포함되는 것으로 이해하고 있다. "다양성의 유럽이 여러 국민정체성을 유지하면서 동시에 하나의 집단정체성을 개발하기 위해서는 정치적 주도이념(Leitidee, 중심사상), 가치와 신념의 공통된 기반을 필요로 한다. 그러한 유럽의 주도이념은 당연히 공통의 문화적 뿌리, 공통의 역사, 공통의 종교적 전통과 관련된다(Lammert, 2005; Keskin, 2006: 95 재인용)."

이러한 입장에 대해서 케스킨(Keskin)은 다른 문화적 배경을 갖고 있는 사람들이 상기한 진술에서 이해하고 있는 주도문화 속에서 도대체 어떻게 제자리를 찾아야 할 것인가 하는 질문을 제기한다. 이 사람들의 입장에서 바라볼 때, 그들의 분화된 문화를 이 주도문화에 종속시키고, 사실상 스스로 동화되지 않으면 안 된다는 메시지를 전달하는 것으로 이해할 가능성이 매우 많다. 주도문화라는 개념은 이미 언어상으로 오해의 소지가 있을 뿐만 아니라, 내용적 측면에서도 역시 비평의 여지가 남아 있다.

즉, 정치적으로 승인된 주도문화로 인하여 문화적 소수집단은 어쩔 수 없이 스스로 문화적으로 종속되거나 아니면 적응해야 한다는 매우 큰 압력에 처할 것이다. 사회통합정책의 척도로서 주도문화를 취할 경우, 그것은 결국 소수집단에 고유한 문화의 유지 발전을 함축하고 있는 사회통합에 대한 기대를 표현하는 것이 아니라, 오히려 동화에 대한 기대를 표현하고 있는 것이다. 현대의 관용적이고 민주적인 사회는 시민과 문화적 소수집단에게 문화적 적응·동화를 강요해서는 안 되며, 그 대신에 유효한 법적 기초에 대한 존중과 준수를 요구해야 할 것이다.

따라서 주도문화 대신에 오히려 헌정애국주의(Verfassungspatriotismus) 혹은 헌정문화(Verfassungskultur)를 다문화사회의 사회통합을 위한 관건 혹은 기초로 삼아야 한다. 그리고 이 헌정애국주의의 핵심요소는 인간문명의 결과로 민주법치국가에서 모든 사람들을 위해 유효해야 하는 인권 및 기본권이다. 이렇게 바라볼 때 우리는 서로 다른 문화 사이의 상호이해를 신장시키는 대신에, 오히려 당황이나 불편함을 조장하기 쉬운 어떤 새로운 개념을 필요로 하지 않는다.

요컨대 사회통합은 서로 다른 사회집단이 관용의 정신을 발휘하고, 간문화대화에 기초하고, 간문화성에 지향을 두면서 공동생활을 할 것을 요구하고 있다. 사회통합정책은 좁은 의미의 문화에 대한 이해의 지평을 넘어서는 사회 전체의 통합적 과제이며 도전이다. 문화적 개방과 다양성에 지향을 둔 사회의 민주적 기본원리는 여기 살고 있는 모든 사람들에게 구속력을 갖고 있는 것이다(Keskin, 2006: 93~101).

2) 추가로 공통의 역사적·문화적 요소를 강조하는 입장

주도문화라는 용어는 오해의 소지가 있으며, 보다 더 자세한 설명이 필요하다는 점을 일단 인정할 필요가 있다. 많은 사람들에게 도발적인 측면이 없지 않아, 이 개념이 원래 장려하고자 했던 토의를 오히려 어렵게 만든 경우도 있다. 그럼에도 불구하고 이 개념과 관련된 논의에서 있어서는 우리 사회를 내적으로 결속시키는 것이 도대체 무엇인가 하는 질문과 더불어 특히 이 결속을 어떻게 유지하고 돌보고 촉진시킬 것인가 하는 질문이 중요한 의제에 속한다.

이런 맥락에서 바라볼 때, 우리 민주국가와 헌정질서의 규범적 기초에 대한 공공토론의 활성화가 요청된다. 그동안 분명하게 입장을 밝히지 못한 이유는 대체로 다문화성(Multikulturalitaet), 간문화대화를 위한 자세, 그리고 관용에 대한 지지와 관련이 있는 것처럼 보인다. 여기서 중요한 사항은 우리 사회의 다문화성이 경험적으로 명백하지만, 구속력이 있는 규칙의 필요성도 역시 명백하다는 것이다. 비록 우리 사회가 다문화적인 특징을 지니고 있지만, 그럼에도 불구하고 정체성을 상실하지 않으려면, 문화적 차이와 다양성을 인정하면서도 이와 동시에 말하자면 근본사상 혹은 중심주제가 필요하며, 이것을 주도문화라고 풀이할 수 있는 것이다.

모든 사회는 최소한의 공통된 신념과 지향을 필요로 한다. 이것이 없이는 사회의 규칙과 법적인 기본조건도 역시 지속적으로 유지 발전될 수 없다. 어떤 정치체제도 공통된 신념의 문화적 기반이 없이는 그 내적인 정당화를 유지할 수 없다. 우리 사회의 경험적인 다문화성에 대한 지적은 맞지만, 우리 사회에서 이러저러한 문화적 지향이 모두 다 타당성을 요구하는 것에 대해 아무런 상관이 없다는 태도를 취한다면, 그것은 잘못된 결론을 도출한 것이다. 서로 다른 문화적 전통과 경험이 만나게 되면, 서로를 풍부하게 하는 측면도 있지만, 이와 동시에 사회에 대한 도전을 제기한다는 점을 그동안 억누른 경향이 없지 않다.

여러 도시를 살펴보면 문화적 평행사회(Parallelgesellschaft)의 형태를 띠거나 아니면 이미 뿌리를 내린 곳이 적지 않다. 이곳에서 살고 있는 사람들이 우리 사회에 통합되는 것은 성공할 수 없다. 왜냐하면 통합하려는 시도가 아예 시도조차 되지 않았기 때문이다. 사회통합이 제대로 이루어지기 위해서는 양편이 모두 통합에 대한 의지를 갖고 있어야 비로소 가능하다. 우리의 법질서와 충분히 양립할 수 없는 방식으로 갈등을 해소하려는 법과 도덕(즉, 평행사법, Paralleljustiz)이 명시적 혹은 암묵적으로 작용하고 있으며, 출신문화에서 들여온 생활습관과 풍속(부정적 사례: 명예살인, 강제결혼)을 통하여 새로운 고향(즉, 다수사회)과 완전히 단절하고 살아가려는 경향이 점점 더 많이 나타나고 있다.

문화와 법 사이에는 연관성이 있다는 점을 다시 상기할 필요가 있으며, 그중 하나를 강조하면서 다른 하나의 의미와 중요성을 부차적인 것으로 간주해서는 안 될 것이다. 점점 더 다문화적 특징을 띠고 있는 사회에서는 공통된, 그리고 구속력이 있는 가치와 신념에 대한 상호이해가 더욱 절실하게 요청된다. 모든 것이 동시에 유효할 수 있다는 생각은 결국 아무것도 실제로 유효하지 않다는 것을 의미한다. 그러한 방식으로 이해된 다문화성은 의심할 바 없이 실패한 것이다.

최소한의 공통점이 없이는 어떤 사회도 다양성을 지탱할 수 없다.

게다가 언어의 공통성은 상호이해를 가능하게 만들고 평화로운 공동생활에 기여하는 '살아 있는 다문화성'을 위해 충분조건이 아니라면 적어도 필요조건이 되는 것이다. 따라서 '다양성'이냐 아니면 '정체성'이냐 하는 방식으로 양자택일을 요구하는 질문은 잘못 제기된 것이다. 오히려 그 하나가 다른 하나를 전제로 한다는 것, 즉 다양성은 정체성을 전제로 하며, 거꾸로 정체성은 다양성을 전제로 한다는 방식으로 두 가지 준거를 이해해야 할 것이다. 그리고 국적이 사회통합을 위한 선행조건이 아니라, 거꾸로 사회통합이 국적지위의 획득을 위한 전제조건이라는 점에 유의해야 한다(Lammert, 2006: 135~145).

다문화사회의 사회통합을 위한 방안의 틀 속에서 주도문화의 개념을 둘러싸고 벌어진 상기 사례에 비추어볼 때, 자유민주사회의 규범적 기반으로서 헌정에 충실한 공화주의적 시민정치문화로 풀이할 수 있는 헌정애국주의 혹은 헌정문화에 대해서는 최소한의 합의사항으로서 일단 이의가 별로 없는 것처럼 보인다. 하지만 헌정애국주의에 더하여 추가로 보다 더 좁은 의미에서 공통의 문화적 요소(역사, 전통, 언어, 종교 따위)를 주도문화에 함축된 것으로 간주하거나, 아니면 헌정애국주의 자체의 문화적·역사적 기반을 추가로 요청할 경우, 적어도 소수집단의 입장에 바라볼 때, 사실상 다수집단이 지배하고 있는 주류사회에 대한 적응이나 동화를 강요하는 것은 아닌가 하는 의혹이 제기되고 있다.

특히 이 맥락에서 1960년대에 헌법학자인 뵈켄푀르데(Boeckenfoerde)가 제기했던 질문을 상기할 필요가 있다. 현대의 민주헌정국가는 그 자체가 스스로 창출할 수도 없고 보장할 수도 없는 규범적 전제조건에 기초하고 있는지의 여부에 관한 질문에 대해서 그동안 대체로 다음과 같은 통찰이 답변으로 제시되었다. 즉, 현대의 세속화된 국가는 규범적 기초를 자체의 자원을 통해서 쇄신할 수 있는 것이 아니라, 세계관·종교와 같은 전통, 어쨌든 집합적으로 구속력이 있는 윤리적 전통에 의존하고 있다(Lammert, 2006: 136; 장준호, 2012: 101). 다시 말하면 한편으로 헌정애국주의(혹은 헌정문화)와 다른 한편으로 전통문화(혹은 민족문화)를 포함한 역사와 전통을 서로 분명하게 분리시킬 수 없는 복합적인 문제가 명시적 혹은 암묵적으로 여전히 존재하는 것이다.

이러한 점을 염두에 두면서 이제 '다문화와 한국의 (집단)정체성'이라는 의제에 주의를 기울여볼 때, 다문화사회를 지향한 우리나라의 사회통합 및 국가정체성 문제와 관련하여 규범적 기초로서 일단 헌정애국주의 혹은 헌정문화의 중요성을 상기할 필요가 있다. 특히, 대한민국 헌법의 제1조에 포함되어 있는 '대한민국은 민주공화국이다'라는 규정을 공화주의적 주도문화 혹은 시민정치문화의 가장 중요한 출발점으로 간주할 만하다.

하지만 제9조("국가는 전통문화의 계승 발전과 민족문화의 창달에 노력하여야 한다")를 다문화사회의 사회통합 및 국가정체성을 위한 기초 혹은 출발점으로 간주할 수 있는지의 여부에 대해서는 앞으로 더 많은 설명과 해석이 필요한 것으로 보인다. 예를 들면 '국가는 다문화의 계승 발전과 다문화의 창달에 노력하여야 한다.' 혹은 '국가는 다문화를 고려하여 전통문화의 계승 발전과 민족문화의 창달에 노력하여야 한다'와 같은 방식으로 가까운 장래에 헌법개정이 이루어지지 않을 것이라는 점을 염두에 두면서, 일단 생각해볼 수 있는 가능성은 다음과 같이 정리할 수 있다.

즉, 다문화성을 고려하여 우리 사회에서 이미 존재하거나 혹은 앞으로 존재할 것으로 예상되는 '다른' 전통문화의 계승 발전과 민족문화의 창달에도 역시 보다 더 많은 주의와 관심을 기울이고, 그것을 부분적으로 국가의 정책과제에 포함시킬 것인지의 여부, 그리고 그 범위와 정도에 대해서 앞으로 더 구체적인 담론과 정책적 고려가 요청된다고 볼 수 있다(다문화주의와 공화주의적 주도문화 사이의 긴장관계에 대한 보다 더 자세한 논의는 정창화·허영식, 2012 참조).

 # 3. 간문화와 간문화주의

다문화사회의 통합관점에서 간문화를 강조하고 있는 테르케시디스(Terkessidis)는 다문화사회에서 각종 요인에 의해 당사자가 봉착할 수 있는 장애물을 가능하면 제거하거나 감소시키는 데 중점을 두는 정책프로그램을 간문화로 지칭하고 있다. 이 맥락에서 간문화에 입각한 아이디어와 조치는 사실적인 상태에서 출발하며, 관점은 실용적이고, 제도가 준거점으로 작용한다. 이렇게 '장애물 제거(Barrierefreiheit)'에 중점을 두고 간문화를 이해할 경우, 문화의 개념은 일차적으로 조직의 구성·운영원칙에 대한 질문과 관련이 있으며, 다문화주의의 이론에서 관찰할 수 있는 바와 같이 우선적으로 민족공동체나 문화정체성의 문제를 다루지 않으려고 한다(Terkessidis, 2010: 114~115, 130).

장애물 제거에 중점을 둔 간문화의 이해에서 출발할 때, 주된 목표는 실제로 다양성과 더 이상 일치하지 않는 특징적인 패턴(patterns)을 변화시키는 데 놓여 있다. 이와는 대조적으로 기존의 여러 다문화주의 정책과 담론에서는 일차적으로 문화적 정체성의 인정, 서로 다른 관점의 상대성, 혹은 여러 문화의 공동생활에 주된 관심이 놓여 있다. 이때 제기되는 질문은 그러한 특징적인 패턴을 변화시키기 위해서 도대체 어디서부터 손을 대야 할 것인가이다. 이 맥락에서 우선 제도를 출발점으로 삼을 만하다. 왜냐하면 제도는 정책과 여기에 부응하는 조치에 의해 사실상 영향을 받기 때문이다.

종종 의식의 변화를 통하여 차별의 문제에 대처하거나 여러 문화 사이의 대화(즉, 간문화대화)에 도달하려는 시도가 이루어지고 있다. 이때 모토는 '각자가 모두 우선 자기 자신에게서 시작해야 한다'는 것이다. 하지만 모든 개개인을 계몽하는 것은 거의 불가능하며, 여기에 부응하는 각종 운동이나 캠페인은 대부분 물거품으로 끝나거나 얼마 지나서 용두사미가 되고 만다. 이때 변화를 위한 진정한 자극이나 유인책도 부족하며, 거기에 부응할 수 있는 압력행사도 별로 이루어지지 않는 경향이 있다. 이러한 점을 고려할 때, 따라서 제도에서 의식적으로 도입한 변동을 통하여 비로소 앞서 말한 특징적인 패턴을 변화시킬 수 있다. 이런 점에서 간문화를 '사이에 놓인 문화(Kultur-im-Zwischen)' 또는 '변동의 과정에 놓여 있는 구조'로도 역시 이해할 수 있다(Terkessidis, 2010: 114~115, 131).

이런 맥락에서 유럽에서 다문화주의 정책을 추진해왔던 대표적인 나라로 그동안 간주되었던 영국에서도 역시 최근에는 다문화주의에 대한 대안으로 부분적으로 간문화주의가 추진되기 시작하고 있다(영국에서 최근에 관찰할 수 있는 동향과 관련하여, 다문화주의에 대한 반격과 다문화주의 정책의 방향성 변화에 대해서는 육주원·신지원, 2012 참조). 예를 들면 도시의 다양성을 구성하기 위한 접근방안을 개발한 '간문화도시(Intercultural Cities)'라는 프로젝트는 다음과 같은 개념규정을 해당 홈페이지에 탑재하고 있다.

"간문화적 접근은 기존의 문화적 차이에 대한 기회균등과 존중을 넘어서서, 공공적 공간, 시민문화, 그리고 제도의 다원주의적 변형을 추구한다. 따라서 문화적 경계는 고정된 것이 아니라, 유동적이고 계속해서 쇄신되는 것으로 관찰된다. 이 접근방안을 대변하는 사람들의 입장에 따르면, 서로 다른 문화가 상호 겹치고, 상호 영향을 주고받으며, 혼성화(hybridization)되는 데 기여하는 프로젝트를 우대할 수 있도록 도시가 적절한 진흥전략을 개발해야 한다(Intercultural City, 2009; Terkessidis, 2010: 131~132 재인용)."

이와 유사한 개념과 구상은 유럽집행위원회가 2008년도에 제안한 프로그램인 '간문화도시(Intercultural Cities)'에서도 역시 찾아볼 수 있다. 이 프로그램은 유럽에서 증가하고 있는 다양성에 대하여 미리 알아서 대비하는(proactive) 태도와 자세를 취할 것을 정책결정자들에게 촉구하고 있다. 그리고 이 프로젝트는 1990년대부터 '다양성관리(Managing Diversity)'라는 핵심용어 아래 논의되고 부분적으로 실행되고 있는 구상에 의존하고 있다. 게다가 유럽집행위원회는 이 틀 속에서 소위 '성주류화(Gender Mainstreaming)'의 원칙을 필요한 수정을 가하여 이주의 영역에도 역시 전이(轉移)시키려는 시도를 하고 있다(Terkessidis, 2010: 132; 다양성관리의 주제에 관한 보다 더 자세한 논의는 정창화·허영식, 2011; Yan, 2012 참조).

상기한 '간문화도시'라는 프로젝트와 같은 맥락에서 네덜란드에서도 역시 기존의 다문화정책이 안고 있는 한계를 극복하기 위한 목적에서 최근에 간문화정책의 일환으로 '만남의 장'을 제공한다는 공통의 기본원칙을 갖고 여러 가지 간문화사업을 기획 운영하고 있다. 여기서는 예시적 차원에서 틸뷔르흐(Tilburg) 시에서 실행하고 있는 구체적인 사업을 소개하기로 한다.

〈표 2-4〉 간문화도시의 간문화사업 사례

사업	개요
① 세계의 집 운영	네덜란드 문화 및 언어수업교실, 휴게실, 외국인 상담실을 갖춘 일종의 마을회관이다.
② 사교의자 설치	거리를 지나는 다양한 문화의 사람들이 자연스럽게 잠시 앉아 쉬면서 이야기하는 기회를 만들자는 제안에 따라, 주민화합이라는 상징성을 살펴 소파제작에 각계각층의 시민참여를 유도했다.
③ 세계축제 개최	일반인과 외국계 주민의 만남을 목적으로 시행하는 사업이다. 이 세계축제는 세계 각지의 지방자치단체가 기획하는 대표적인 외국인 관련 행사다.
④ T-퍼레이드 지원	외국인 주민단체와 네덜란드인 단체가 통합하여 공동으로 기획하는 거리축제가 매년 8월에 열리고 있다. 시의 지원 이외에도 여러 다국적 기업의 후원이 매년 증가하여 점차 행사규모가 커지고 있다.
⑤ 이웃중재자 프로그램 운영	외국계 주민과 네덜란드인 사이에 발생하는 갈등은 이웃 간의 매우 사소한 문제가 발단이 되는 경우가 대부분이라는 점에 주목하고 시작된 프로그램이다.

출처: 오정은, 2011: 205~209 재구성.

1990년대부터 간문화의 수식어를 달고 있는 소통, 학습, 교육, 능력(역량), 개방, 지향, 개발 따위의 키워드가 종종 거론되고 있다. 특히 간문화능력과 간문화개방은 사회복지와 공공행정의 영역에서 오늘날 여러 곳에서 주도적인 이념 혹은 비전으로 작용하고 있다. 이와 유사한 맥락에서 다국적기업에서는 간문화관리 혹은 (이것보다 더 폭넓은 개념인) 다양성관리와 관련된 주제가 점점 더 많이 거론되고 있다. 하지만 구체적인 실행과 관련해서는 다음과 같이 여러 가지 측면에서 아직 미비한 점이 남아 있다.

첫째, 간문화능력, 간문화소통, 다양성관리와 같은 개념이 여전히 전통적인 사고방식이나 '소박한(naive)' 다문화주의에서 벗어나지 못하고 있다는 점이 지적되고 있다. 사실적인 문화적 차이(보기: 시간관념, 권력에 대한 이해, 개개인에 대한 생각)에 치중하고, 사회적 맥락이나 차별의 결과가 소홀히 다루어지는 경향이 있다. 명시적으로 고정관념이나 상투어에 대한 경고가 있지만, 그럼에도 불구하고 그러한 고정관념·상투어(즉, 특정한 문화권의 사고·행동방식에 대한 편견·고정관념)가 계속해서 재생산되고 있다.

둘째, '간문화'에서의 문화개념이 동적인 성질을 갖고 있으며, 결코 민족의 요인으로 환원되어서는 안 된다는 점이 종종 강조되고 있다. 하지만 한편으로 차이에 대한 '인정'에 대해 말할 때, 어떤 일정한 차이가 고정된 것으로 통하거나 더 이상 손댈 수 없는 것으로 간주되는 경우가 있다. 또한 다른 한편으로 언제나 다른 사람들의 문화가 중요한 문제로 거론되는 경향이 있다. 그 반면에 제도 그 자체의 문화, 거기에 함축되어 있는 포함·배제의 기제는 거의 혹은 별로 문제점으로 지적되지 않는다. 그래서 간문화능력의 주제를 다루는 안내책자 같은 것이 단순히 민속학적인 처방지식을 열거하거나 제시하는 것으로 끝나는 경우가 종종 있다.

셋째, 간문화의 주제를 다루는 제도와 관련하여 잘못된 상태를 지적해야 한다. 간문화개방·간문화능력을 필요로 하는 것은 보통 사회복지기관(구호단체, 순회·외래 간호·요양), 행정기관, 경찰에 국한된다는 고정관념이 널리 퍼져 있다. 이러한 편협한 시각은 간문화를 말하자면 사회통제를 위한 윤활유 정도로 간주하고, 사회정의와 기회균등의 관철을 위한 도구로 활용하는 데 있어서는 한계를 안고 있다

(Terkessidis, 2010: 132～135).

상기한 문제점을 염두에 두면서 이제 간문화프로그램을 내용적으로 채우기 위해서는 여러 가지 측면에서 차이와 다양성을 안고 있는 개개인에게 장애물 제거를 가능하게 만들 수 있도록 제도를 변화시키는 데 중점을 둔 모형을 개발할 필요가 있다. 오늘날 도처에서 개인의 자유와 자기책임을 요구하고 동시에 진흥시키고 있다는 점을 고려할 때, 가능하면 많은 사람들이 그 자유와 자기책임을 실제로 체험하면서 살아가는 데 필요한 전제조건을 충족시키지 않으면 안 된다.

그런데 이 전제조건은 다름 아니라 개개인이 여러 생활영역에서 부닥치는 장애물을 제거하는 데 놓여 있다. 이 맥락에서 테르케시디스는 제도의 문화(조직원칙, 규칙과 규범), 인적자원의 구성, 물질적인 기초, 그리고 제도의 기본적인 전략추진방향의 네 가지 차원 혹은 측면에서 제도의 변화가 요청된다는 점을 강조하고 있다(Terkessidis, 2010: 142).

〈표 2-5〉 제도변화를 위한 간문화프로그램 모형

제도문화	인적자원	물질적 기초	전략방향
- 다양성을 고려한 조직코드 혹은 조직규약 마련 - 간문화코드라는 의미에서 검증 가능한 기준 마련(모토: 측정되는 것이 행해진다) - 지도층(경영진)의 프로그램 지원의지 - 간문화변동을 지향한 제도변화 추구	- 지위·부문·접근가능성 측면에서 구조적인 장애요인과 차별 문제 해소방안 모색 - 인적자원 구성의 변화를 위해 미리 알아서 대비하는 조치 강구 - 다양성관리와 어긋나는 특정한 문화적 혹은 계층 관련 전제조건 해소방안 마련	- 좁은 의미에서의 장애물 제거 고려 - 간문화적 공간계획 설계·운영(다양성을 위한 설계, 설계를 통한 포용) - 특정한 집단을 위한 특별프로그램 기획 운영 - 국제성의 감각을 제고시키는 조치 강구 - 간문화 브랜딩(branding) 모색	- 제도의 모든 의사결정의 기본적인 지향(정책·전략) - 간문화주류화 혹은 다양성주류화를 지향한 프로그램 고려 - 의사결정의 불평등한 효과(결과)에 대한 감수성 제고 - 기회균등과 참여진흥에 기여할 수 있는 실용적인 사회통합정책 추구(참조: 유럽집행위원회가 『사회통합핸드북』에서 권고한 주류화 절차)

출처: Terkessidis, 2010: 144～161 재구성.

<요약>

캐나다의 다문화주의는 단일문화의 성격이 상대적으로 강한 나라에 바로 전이시키는 데 있어서는 어려운 문제점이 나타날 수 있다. 왜냐하면 그것은 특정한 역사적·사회구조적·문화적·정치적 맥락에서 발생했기 때문이다. 이 맥락과 관련된 요인을 고려하지 않고 캐나다의 다문화주의를 완전히 다른 맥락에 착근시키려는 시도는 현실적으로 어려운 문제에 봉착할 수 있다. 유럽에서는 네덜란드와 더불어 영국이 다문화주의 정책을 표방하고 실행에 옮긴 대표적인 나라로 간주되어 왔다. 그런데 2000년대에 접어들면서 일련의 사회적·정치적 사건을 배경으로 하여, 다문화주의에 대한 비판여론이 조성되었다. 특히 분리주의의 조장, 공동의 가치 위협, 정치적 올바름의 미명 아래 건전한 토론 방해, 극단주의 테러분자 양산, 흑인 청소년의 범죄 묵인, 여성 억압의 기제로 이용 등이 비판점으로 거론되었다. 독일에서는 2000년대에 접어들어 다문화사회의 사회통합 및 국가정체성 문제와 관련하여 주도문화에 대한 논쟁이 시작되었다. 여기서 서로 대립한 대표적인 입장으로는 주도문화 대신에 헌정애국주의를 사회통합의 관건으로 간주하자는 관점과 헌정애국주의를 넘어서서 추가로 공통의 역사, 전통, 언어, 종교 등 문화적인 요소를 사회통합 및 국가정체성을 위한 주도문화에 포함시켜야 한다는 관점을 들 수 있다. 다문화사회에서 각종 요인에 의해 당사자가 봉착할 수 있는 장애물을 가능하면 제거하거나 감소시키는 데 중점을 두는 정책프로그램을 간문화로 이해할 경우, 간문화에 입각한 아이디어와 조치는 사실적인 상태에서 출발하며, 실용적인 관점을 취하며, 여기서 제도가 준거점으로 작용한다. 장애물 제거에 중점을 두고 간문화를 이해할 경우, 문화의 개념은 일차적으로 조직의 구성·운영원칙에 대한 질문과 관련이 있다. 이런 점에서 간문화를 '사이에 놓인 문화' 또는 '변동의 과정에 놓여 있는 구조'로 이해할 수 있다. 제도의 변화는 제도의 문화(조직원칙, 규칙과 규범), 인적자원의 구성, 물질적인 기초 그리고 제도의 기본적인 전략추진방향의 네 가지 차원에서 요청된다.

03

간문화주의의 제도적
착근을 위한 매개변수

이 장에서는 간문화주의를 통한 사회통합과 국가정체성 확립의 큰 틀 속에서, 그 선결과제로서 간문화주의의 제도적 착근을 위한 매개변수로 한편으로 시민교육(혹은 시민교육으로서의 간문화교육)과 다른 한편으로 다양성관리에 특별한 주의를 기울일 필요가 있다는 전제에서 출발하여, 이 두 가지 범주에 중점을 두고 더 자세하게 논의하고자 한다. 우선 비교적 큰 지평에서 다문화사회의 사회통합을 위한 간문화적 접근방안에 다시 주의를 기울이고, 이어서 간문화성의 범주가 시민교육으로서의 간문화교육에 대해 제기하는 도전과 과제를 논의한다. 그다음 간문화교육의 이론적 기초와 방법에 대해 좀 더 자세하게 기술한다. 마지막으로 시민교육·간문화교육과의 관계를 염두에 두면서 다양성관리(혹은 다양성주류화)의 개념에 대해 살펴본다. 특히 다문화사회에서 사회통합의 착근을 위한 다양성관리에 관한 더 자세한 논의는 제4장에서 이루어질 것이다.

# 1. 다문화사회의 사회통합 및
국가정체성 확립과 간문화

　오늘날 사회통합 및 국가정체성 확립은 다문화사회의 지속 가능한 유지·발전을 위해 없어서는 아니 될 필수조건(conditio sine qua non)이다. 자유민주적 기본질서를 바탕으로 한 다문화사회에서 다문화성의 이념은 헌법에 따른 평등을 기반으로 하여 문화적 다원성을 보장한다는 원칙에 지향을 두고 있다. 하지만 서로 다른 문화적 실천의 공존이 어느 정도로 기회와 권리의 평등에 기초하고 있는지 아니면 문화적 차이와 다양성의 상호인정에 기초하고 있는지에 관한 질문은 경험적으로 답해야 할 열려 있는 문제이다.

　사람들이 처해 있는 상황과 맥락에 따라 다문화사회에 대한 입장과 태도는 다양한 방식으로 나타날 수 있다. 예를 들면 다문화 거리축제와 같이 외국 혹은 이국풍을 선호하는 행사로 나타날 수 있다. 또는 상호 생활을 풍부하게 하는 것으로 간주하거나, 비록 마음에 들지 않는 측면이 있더라도 가능하면 허용·인정·관용하려는 자세, 즉 상호이해에 지향을 둔 접근방안으로 나타날 수 있다. 그렇지 않으면 갈등이론에 따른 담론으로 나아가거나, 심지어 타자공포증에 입각한 문명충돌 혹은 문화투쟁을 우려하는 환상으로 비화될 수도 있다.

어쨌든 현대의 다문화사회에서 공존, 병존, 혼합이 성공적으로 이루어지기 위해 중요한 조건이 되는 것은 문화적 타자(혹은 낯섦)에 대해 감수성을 갖춘 상태에서 자신을 개방하려는 자세와 능력이다. 사회통합은 타자가 자신의 문화적 정체성을 유지하면서 기존의 사회에 편입되는 것만을 의미하지 않는다. 더 나아가서 사회통합은 서로 타자로서 관계를 맺고 있는 사람들이 말하자면 '사이공간(Zwischenraum)' 혹은 '사이영역(Zwischensphaere)'에서 만나고, 문화적 차이와 다양성에 대한 감수성을 개발한다는 것을 의미한다(Kurt and Hirsch, 2010: 9; Waldenfels, 2010: 22~24).

여기서 부르디외(Bourdieu)의 용어를 빌려 사용하자면, 다문화사회의 상징적 자본(symbolisches Kapital)은 사회구성원이 갖추고 있는 간문화능력이며, 사회적 자본(soziales Kapital)은 간문화관계이다. 이런 의미에서 학교제도는 다문화사회에서 핵심적인 기능을 수행한다고 볼 수 있다. 학교에서 서로 다른 출신배경을 갖고 있는 아동·청소년은 다문화사회로 점차 편입되는 과정에서 보통교육·직업교육만을 받는 것이 아니다. 자신들에게 부여된 학생으로서의 역할을 수행하면서 그들은 또한 문화적 차이와 다양성, 사회적 위계질서, 구조적 불평등, 사회의 선발원칙도 역시 배우게 된다.

학교졸업 및 직업양성과 관련하여 이주배경을 가진 부모를 둔 아동·청소년이 이주배경을 갖고 있지 않은 학생과 비교하여 어떤 상태에 있는지 통계자료를 참고하여 현황과 문제점을 파악하고 개선방안을 모색할 수 있다. 이와 같은 맥락에서 국가(중앙정부) 혹은 지방자치단체 수준에서 예를 들면 대학·연구소에서의 연구과제 진흥, 간문화성의 측면을 강조하는 방향으로 학교의 구조조정 시행, 이주배경을 가진 교사의 채용, 중재자와 학교심리학자의 투입·활용, 교사 연수프로그램 운영, 폭력예방과 차별금지를 위한 세미나 운영, 이주배경을 가진 학생을 위한 특별언어강좌 운영과 같은 일련의 조치를 취할 수 있다.

이와 같은 조치를 통해 기회균등의 원칙에 더 많이 부응하고, 편견·차별과 더불어 불미스러운 폭력행사를 줄어들게 하고, 간문화이해의 향상에 기여할 것으로 기대된다. 하지만 그러한 조치가 실제로 학습자의 사고와 행위에 얼마나 지속적으로 영향을 미칠 수 있는가 하는 질문은 경험적으로 답을 찾아야 할 문제 혹은 과제로 여전히 남아 있다. 그리고 이와 같은 합리적인 조치가 의도하지 않은 효과나 부작용을 수반할지도 모른다는 점에 유의해야 한다(Kurt and Hirsch, 2010: 9~10).

예를 들면 특별언어강좌와 같은 사회통합프로그램이 이주배경을 가진 아동·청소년에게 사실상 동화를 향한 압박으로 작용하거나 그러한 압박을 더욱 강화시킬 수 있다. '간문화교육의 역설'(Radtke, 2010)이라는 현상에도 유의해야 한다. 즉, 간문화교육의 원래 의도와는 다르게, 그것이 오히려 편견을 조장하거나, 감상적인 이국정서로 흐르게 하거나, 문화주의적 경향(문화적 요소나 측면을 지나치게 강조하는 현상)으로 나아가게 하거나, 아니면 자민족 중심의 정체성을 형성하는 데 기여할 수도 있다. 또는 간문화 이해를 위한 학습과정에서 나타난 경계설정이 원래 의도한 학습목표와는 어긋나게, 차이·다양성에 대한 상호인정·존중이 아니라, 오히려 인정투쟁(인정을 위한 투쟁), 무시와 배제라는 결과를 수반할 수도 있다.

어쨌든 아동과 청소년은 아무런 문제없이 프로그램화할 수 있는 대상이 아니다. 특히 다문화적인 특징을 갖고 있는 학교와 사회적 환경에서 이루어지는 간문화적 사회과정에서는 성인세계와는 상당한 거리를 두고 아동·청소년이 나름대로 문화적 차이와 다양성에 대해서 이러저러한 방식으로 행동을 하는 사회적 실천이 나타날 가능성이 더 많다. 학교는 여러 청소년문화가 교차하는 장소이다.

특히 이주배경을 갖고 있는 청소년이 많은 학교에서는 그동안 다르게 사회화과정을 거친 사람들과의 상호작용이 일상적인 소통에서 거의 자명한 것에 속한다. 어쩔 수 없이 타자와 접촉해야 하는 학교라는 제도에서 낯섦의 경험이 일상생활에 속하는 곳에서, 학습자는 문화적 차이·다양성에 대해서 이러저러한 방식으로 행위를 하지 않을 수 없다. 결국 그러한 곳에서 학습자는 원하든 그렇지 않든 혹은 의식을 하고 있든 그렇지 않든 관계없이 이미 사회적 간문화(Interkultur)의 일부분을 구성하는 것이다(Kurt and Hirsch, 2010: 10~12).

문화의 개념도 역시 문화의 산물이다. 문화적 정체성과 차이·다양성의 구성방식이 이미 문화적인 조건을 갖고 있다는 통찰은 문화를 연구하는 인문사회과학자로 하여금 자기 자신의 사회사(社會史)적 위상에 대하여 성찰하도록 촉구한다. 예컨대 사회학의 선구자에 속하는 19세기의 콩트(Comte)와 스펜서(Spencer)의 사회이론을 살펴보면, 자민족중심주의와 진화론이 핵심적인 역할을 수행하였다.

이 맥락에서 서구에 속하지 않는 문화는 선교와 계몽의 대상으로 간주되거나, 진화가 아직 덜 이루어진 것으로 간주되거나, 아니면 서구세계관과 대조되는 이국적인 유토피아를 보여 주는, 말하자면 스크린(영사막)으로서 기능을 수행하였다. 멀리 있는 낯선 자를 동등한 권리가 있는 타자로서 인정한다는 것은 자민족중심주의와 사회진화론에 입각한 사고방식에서는 가능성의 영역에 놓여 있지 않았다(Kurt and Hirsch, 2010: 13).

하지만 그동안 사회문화의 변동이 여러 가지 측면에서 나타나면서 문화의 상호비교와 상호침투 현상이 매우 많이 증가하였다. 생활방식의 다원화, 개인화의 기회와 강제, 노동생활과 인간관계의 위험성, 시장의 이동성과 유연성, 그리고 인간·상품·돈·디지털데이터의 교류가 상당히 많이 증가하였다. 이와 더불어 개인의 자기이해와 세계이해, 그리고 사회생활의 형태가 매우 많이 변했으며, 그 결과 사람과 사물을 특정한 장소·시간·사회구조에 국한시키거나 대응시키려는 시도는 점점 더 문제시되고 있다. 이 맥락에서 문화다원주의가 현대사회의 핵심적인 특징으로 부각되고 있으며, 이것은 민족·종교·언어·음식·예술의 다양성과 같이 겉으로 드러나는 현상에서 확인할 수 있을 뿐만 아니라, 사회적·개인적 정체성 구성의 과정에서도 역시 확인할 수 있다.

여기에 더하여 이주운동, 전쟁, 정치·경제·과학·예술 분야에서의 국제적 네트워킹, 세계화의 진전, 반작용적으로 여기에 대응하는 지역화·지방화운동, 세계 도처로 연결되는 관광여행, 그리고 세계 전체를 아우르는 원격통신망 등으로 인하여 세계적 규모에서 사람들은 어쩔 수 없이 타자와 접촉할 수밖에 없는 복합적인 관계의 망으로 들어가고 있으며, 이 관계의 망은 또한 여러 장소·시간에서 종종 갈등 잠재성을 안고 있다.

이 맥락에서 다문화성은 더 이상 선택사항이 아니며, 다문화사회의 구성원이 이러저러한 방식으로 어쨌든 처신을 하지 않으면 안 되는 엄연한 사회적 사실이다. 여기서 자연스럽게 다음과 같은 질문이 제기된다. 그러한 다문화성을 어떻게 다룰 것인가? 문화적 차이와 다양성을 어떻게 사회적으로 통합시킬 것인가? 다문화사회를 정서적으로 혹은 인지적으로 결속시키는 내면적 요인은 무엇인가? 우리라는 감정과 사실적 혹은 상상적 합의가 없이는 어느 공동체도 지속적으로 지탱할 수 없다.

이러한 의미에서 오늘날 다문화사회는 어쩔 수 없이 간문화소통을 하지 않으면 안 되는 상황과 맥락을 적절하게 다루고 처리하기 위하여 사회구성원이 간문화능력을 갖추도록 해야 한다. 다문화사회가 수반하는 사회통합의 여러 가지 문제를 해결하기 위한 관건은 간문화에 놓여 있으며, 특히 이론적으로 성찰된 실천적 간문화가 요청된다. 결국 여러 문화의 만남을 위한 교차점도 간문화소통이고, 다문화적 공동생활의 구조를 위한 접점 혹은 연결고리도 역시 언제나 간문화소통인 것이다(Kurt and Hirsch, 2010: 14).

# 2. 간문화성: 시민교육으로서의 간문화교육을 위한 도전과 과제

오늘날 세계화와 관련하여 세계가 점점 더 좁아지는 현상을 가리켜 흔히 '지구촌(global village)'이라는 용어가 회자(膾炙)되고 있다. 이러한 세계화 시대에서 또한 간문화성도 역시 많은 사람들의 관심거리가 되고 있다. 이 맥락에서 세계화의 경향은 시민교육으로서의 간문화교육을 필수불가결한 학습영역으로 자리매김할 것을 점점 더 많이 요구하고 있다. 다시 말하면 세계화의 조건에서 문화적 생활형식이 심각한 변동과 위기를 경험하고 있는 사회현실에 대하여 시의적절한 교육적 방책을 갖고 대응해야 할 필요성이 제기되고 있는 것이다.

하지만 간문화교육 혹은 간문화학습의 개념에 관해서는 학술적·공공적 담론에서 아직 모호한 면이 없지 않다. 그럼에도 불구하고 간문화교육의 이론적·실천적 시도와 노력은 일반적으로 다음과 같은 네 가지 기본질문 혹은 동기(動機)를 둘러싸고 이루어지고 있으며, 이 네 가지 질문과 동기의 근저에는 함축적 혹은 명시적으로 문화적 차이·다양성에 대한 가정이 깔려 있다.

〈표 3-1〉 간문화교육의 기본질문과 동기

① 타자(낯섦)의 동기 또는 이해의 문제
② 정체성 문제와 관련된 인정(認定)의 동기
③ 평등·기회균등을 위한 관심·관여, 민족·인종의 구성개념에 기초한 차별·배제를 철폐·감소하기 위한 관심·관여
④ 지구적 책임에 기반을 둔 간문화적 상호이해의 동기

출처: Auernheimer, 1998: 20; Auernheimer, 2010: 20~22; Juchler, 2009: 251.

간문화성과 간문화교육에 포함되어 있는 접두사 '간(間, inter)'은 물론 내재적으로 이미 관계의 측면을 특별히 강조하고 있다. 따라서 다문화사회에서 이루어지는 공동의 사회적 실천에서는 이른바 평행사회의 위험성을 안고 있는 단순한 병존(竝存)만을 추구할 수는 없는 일이다. 오히려 간문화성은 의식적인 공동작용을 함축하고 있으며, 여러 가지 서로 다른 문화공동체의 구성원들이 서로 교류와 접촉을 시도하면서 능동적으로 상호작용한다는 것을 함축하고 있다. 이러한 공동작용에서 상호이해가 핵심적인 의미와 중요성을 띠고 있다. 따라서 메타이론 수준에서 바라볼 때, 여기서 해석학(Hermeneutik)의 준거가 요청된다(Juchler, 2009: 251).

해석학은 인문사회과학 전체의 기저를 이루는 방법론으로 간주되고 있으며, 이러한 배경을 고려할 때, 해석학은 시민교육과 간문화교육을 위해서도 역시 중요한 방법론으로 작용할 수 있다. 어원상 해석학은 그리스어의 'hermeneuein'에서 유래하며, 이것은 '진술하다, 이해하도록 하다, 이해하다, 알리다, 번역하다'와 같이 여러 가지 뜻을 갖고 있었다. 그리고 이 단어는 그리스 신화에서 다시금 헤르메스 (Hermes: 로마 신화의 Merkur에 해당)로 소급되었다. 헤르메스는 교환, 도둑, 소통, 변조(變造), (흔적)해독, 은폐의 수호신이었으며 사자(死者) 가 명부(冥府)로 갈 때 동행하였다. 여기에 더하여 신의 사자(使者)인 헤르메스는 언어와 문자의 고안자로 통하였다.

나중에 해석학은 이해, 특히 텍스트이해를 위한 전문용어로 자리 를 잡게 되었다. 종교개혁을 거치면서 성경에 대한 관점의 변화는 새 로운 규범을 설정하였다. 해석의 기준으로 기존의 전통원칙(교의학적 전승) 대신에 루터(Luther)의 성서원칙이 들어서게 되었으며, 이에 따 르면 성경 그 자체가 해석되는 것으로 간주되었다. 20세기로 넘어오 면서 딜타이(Dilthey)가 인식론 수준에서 자연과학의 설명과 정신과학 의 이해를 구별하면서 해석학을 정신과학에 특정한 방법이라고 주장 했으며, 자연과학에 입각한 방법론적 일원론에 대하여 정신과학의 이 론적인 독자성을 유지하고자 하였다. 그에 따르면 우리는 자연의 현 상을 설명하며, 정신·문화생활의 표현을 이해하는 것이다.

자연과학과 대조시키면서 정신과학의 경계를 설정하고 정신과학 의 독자성을 주장하려는 이러한 시도는 나중에 와서 다시금 부분적 으로 수정·보완되었다. 가다머(Gadamer)는 1960년에 발간된 『진리와 방법(*Wahrheit und Methode*)』에서 해석학의 철학적 전통에 대한 근거를 수립하였는데, 오늘날 간문화성을 다루는 시민교육과 간문화교육도 역시 이것을 준거로 삼을 수 있다. 가다머의 이론은 해석학의 보편적 인 타당성을 선언하고 있으며, 방법적 측면에서 해석학적 경험 혹은 이해의 특성을 강조하고 있다.

하지만 이해의 작업은 정적인 의미로 바라보지 않는 것이 바람직

하다. 특히 간문화성에 초점을 맞출 경우, 타자와 관련된 경험과 이해
는 언제나 동적인 '사이공간(Zwischenraum)'에서 움직이며, 이 사이공
간은 ① 관찰자로서의 나, ② 내가 인지하는 대상, 그리고 ③ 나의 사
회문화적 맥락에의 결부(왜냐하면 이 맥락이 나의 인지를 각인하기
때문에)에 의해 영향을 받는다(Juchler, 2009: 251~252). 따라서 시민
교육 혹은 시민교육으로서의 간문화교육에서도 역시 이러한 구성요
소에 주의를 기울여야 한다.

다른 나라 혹은 다른 문화에 놓여 있는 사람들과의 상호이해를 위
해서는 우선적으로 간문화능력이 요청된다. 왜냐하면 여기서는 문화
적 차이와 다양성, 서로 다른 풍속습관・전통・행동방식, 그리고 특
히 서로 다른 종교적 신봉이 드러나기 때문이다. 여기에 더하여 자기
가 살고 있는 사회, 특히 다문화사회 내에서의 상호이해를 위해서도
역시 기본적으로 요구된다. 왜냐하면 상기한 풍속습관・전통・행동
방식・종교가 우리의 일상에서 이러저러한 방식으로 작용하기 때문
이다. 간문화능력을 좀 더 구체적으로 풀이하면 다음과 같다.

〈표 3-2〉 간문화능력의 구성요소

① 다문화적 상황을 그 문제와 기회를 포함하여 이해할 수 있다.
② 다문화적 맥락에서 개인 혹은 인격체로서 제자리를 찾는다.
③ 다문화적 작업상황에서 전문인력으로서 적절하게 행위를 할 수 있다.
④ 간문화적 학습과정에 관심을 갖고 참여한다.
⑤ 다른 사람들 사이에서 간문화적 학습과정이 가능하도록 동기를 부여하고 함께 참여한다.

출처: Juchler, 2009: 256.

간문화능력의 구성요소에 대한 또 하나의 대안을 소개하면 다음과
같다. 이 방안은 문화적 교차상황의 복합성을 생산적으로 다루기 위

해 필요한 일련의 능력을 네 가지 영역으로 구분하여 체계화한 것이다. 이 능력은 특정한 개인 혹은 인격체에 밀접하게 결부되어 있는 복합적인 것이기 때문에, 교육프로그램을 통해 영향을 미치는 데 있어서 부분적으로 제한이 따르며, 경우에 따라서는 행위주체 혹은 학습자 자신이 스스로 학습과정을 통해 체득하거나 학습과정 자체를 주도적으로 개시해야 한다.

참고로 언급하자면 이 안은 독일대외기술협력단(GTZ: Deutsche Gesellschaft fuer Technische Zusammenarbeit)에서 해외파견 대상 인적자원의 선발절차에서 선발도구로 활용하기 위하여 개발된 것이다. 그리고 이 네 가지 영역은 단지 분석적으로 분리할 수 있을 뿐이며, 실제로는 마치 신경망처럼 서로 연결되어 공동작용하거나 상호보완관계에 놓여 있다. 예를 들면 언어능력이 부족할 경우 적어도 부분적으로 비언어적 표현의 풍부한 상상력을 통하여 상쇄 혹은 보완할 수 있다(Leenen et al., 2010: 110~111).

〈표 3-3〉 간문화능력의 네 가지 영역

간문화적 적실성을 갖춘 인성특징	간문화적 적실성을 갖춘 사회적 능력	특정한 문화능력	일반적 문화능력
- 책임(부담)을 감당하는 능력 - 불안정과 모호성에 대한 관용 - 인지적 유연성 - 정서적 탄력성 - 개인적인 자율성	(자기 자신 관련) - 분화된 자기인지 - 현실(주의)적인 자기평가 - 정체성 관리능력 (상대방 혹은 동반자 관련) - 역할취득·관점취득능력 (상호작용 관련) - 상호 만족할 만한 관계를 받아들이고 유지할 수 있는 능력	- 언어능력 - 간문화적 선행(先行) 경험 - 특정한 해석지식	- 사고·해석·행위의 일반적 문화종속성에 대한 지식 혹은 의식 - 간문화소통의 기제(機制)에 대한 친숙함 - 문화변용의 과정에 대한 친숙함 - 일반적인 문화차이와 그 의미에 대한 지식

출처: Leenen et al., 2010: 111.

시민교육 혹은 간문화교육과 관련된 문헌과 자료를 살펴볼 때, 간문화능력의 핵심적인 요소로는 대개 공감(共感, empathy, Empathie)과 이것을 포함하고 있는 사회적 관점취득(SPT: social perspective-taking, soziale Perspektivenuebernahme)이 거론되고 있다. 공감의 어원은 그리스 어에서 찾을 수 있으며, 원래 의미는 '동정(同情), 동감(同感)'이나 아니면 문자 그대로 '감정이입(感情移入)'에 더 가깝다.

일반적으로 공감은 다른 사람의 마음속으로 들어가 그 사람의 감정을 추체험(追體驗, nachempfinden, nacherleben)하고, 그렇게 함으로써 그의 행위를 이해하거나 명료화할 수 있는 능력을 가리킨다. 따라서 공감은 감정이입할 수 있는 능력으로 간주할 수 있다. 사회심리학에서는 오래전부터 이 맥락에서 관점취득의 기법이 많이 알려져 있으며, 여기서는 다른 사람의 역할을 취득하거나 그의 입장·위치로 들어가서 그 사람의 시각에서 세계를 바라보려는 시도를 하는 것이 강조되고 있다.

이러한 배경을 고려할 때, 다른 사람의 감정 속으로 들어가는 일은 간문화능력의 함양·신장을 위해 본질적으로 중요한 전제조건이 된다. 하지만 간문화능력의 질적 제고를 위해서는 감정에 치중한 관점취득만으로는 충분하지 않다. 왜냐하면 여기에 이어서 '이러한 행위에서 결과하는 것은 무엇인가?', '이러한 기초에서 어떤 판단을 내릴수 있으며, 지속 가능한 개발이라는 의미에서 어떤 의사결정을 내릴수 있는가?' 하는 질문이 제기되기 때문이다(Juchler, 2009: 256; 공감을 핵심요소로 함축하고 있는 사회적 관점취득(SPT)의 기법을 학교현장에서 실제로 적용한 수업사례로는 정한기, 2004; 이윤복, 2009; 김시범, 2012 참조).

따라서 간문화능력의 질적 제고를 위해서는, 이를테면 칸트(Kant)

가 그의 『판단력비판(*Kritik der Urteilskraft*)』(1790)에서 제안한 바와 같이, 합리적인 판단을 형성하기 위하여 필요한 이른바 '확장된 사고방식(erweiterte Denkungsart)'에도 역시 주의를 기울여야 한다. 확장된 사고방식에 입각한 판단(평가)능력은 말하자면 자신의 판단을 인류 전체의 이성에 비추어보기 위하여, 선험적으로(a priori) 사고와 성찰을 통해 다른 모든 사람의 표상방식을 고려한다. 그렇게 함으로써 결국 객관적이라고 간주되기 쉬운 주관적인 사적(私的) 조건에서 출발할 경우 판단에 좋지 않은 영향을 미치는 환상·착각에서 벗어날 수 있다.

판단력 형성은 상상력을 발휘하여 개인의 내면에서 이루어지는 대화와 결합되어 있다. 여기서는 다른 사람의 감정 속으로 들어가는 공감을 넘어서야 한다. 오히려 더 중요한 사항은 타자의 관점을 의식적으로 취하고, 자기 자신의 입장과 비교하고, 마지막으로 이 다른 관점도 역시 자기 자신의 판단에 포함시키는 것이다. '확장된 사고방식'은 간문화적 교류·접촉에 있어서 단지 공감능력만 발휘하고, 타자의 상황 혹은 위치·입장을 따라가면서 느끼려는 시도에만 국한시켜서는 안 된다는 점을 상기시키고 있다(Juchler, 2009: 256~257).

공감의 수행을 넘어서서 타자가 취할 수 있는 사회적·정치적 위치·입장을 의식하거나 명료화하고, 이 입장도 역시 자신의 의사결정에 포함시키는 일이 오히려 더 중요한 것이다. 이렇게 볼 때 간문화능력은 모든 일상의 결정상황에서 상호이해에 지향을 둔 사회적·정치적 판단 혹은 행위에 도움을 줄 수 있는 질적인 특징을 갖추게 된다. 상호적인 관점 취득과 더불어 여기에 기초하여 심사숙고(深思熟考) 혹은 사려분별(思慮分別)을 하면서(즉, 행위의 귀결이 수반할 수 있는 장단점을 헤아리거나, 비용·편익 또는 부수적 피해·이득을 분석하면서) 이루어지는 판단 형성이 비로소 간문화적 상호이해에 본격적으로 기여할 수 있는 가능성을 제공한다.

그리고 결국에 가서는 '상호이해의 목적(Telos der Verstaendigung)'에 그만큼 더 가까이 다가갈 수 있을 것으로 보인다. 물론 이 상호이해의 목적에 도달하는 일은 비유적으로 표현하자면, 마치 쌍곡선의 점근선(漸近線, asymptote, Asymptote)처럼 궁극적인 목적과는 결코 합치하지 못하고 단지 그 목적에 가까이 접근할 수 있을 뿐이라는 방식으로 이해해야 할 것이다. 그럼에도 불구하고 이 상호이해의 목적에는 간문화적 갈등·충돌에서 이미 발생한 폭력행사[보기: 2001년 뉴욕과 워싱턴에서 발생한 9·11 국제테러, 2002년 인도네시아 발리(Bali)에서 발생한 테러, 2003년 마드리드와 2005년 런던에서 각각 발생한 테러사건]를 새로운 형태로 재생산하지 않으면서, 그 폭력행사의 연결고리를 끊기 위한 비평의 힘이 내재하고 있다(Habermas, 2002: 174).

이러한 배경에서 바라볼 때, 여기서 가다머(Gadamer)가 제시한 해석학의 용어인 '지평의 융합(Verschmelzung der Horizonte)'을 빌려 표현하자면, 시민교육으로서의 간문화교육이 떠맡고 있는 과제는 학습자로 하여금 간문화적으로 서로 다른 윤곽(모습)을 갖춘 지평을 보다 더 포괄적인 해석학적 과정에서 융합시킬 수 있도록 하기 위하여 적절한 학습의 장을 마련하거나 상황과 맥락에 적합한 학습기회를 제공하는 데 놓여 있다(Juchler, 2009: 257). 상기한 간문화교육의 과제를 교육현장에서 적어도 부분적으로 실천에 옮기기 위하여, 최근 교과서에 반영된 간문화교육의 학습절차를 하나의 보기로 소개하면 다음과 같다.

〈표 3-4〉다른 문화 인정하고 배우기

최근에는 우리 주변에서 나와 다른 삶의 방식을 가진 사람들을 자주 만날 수 있게 되었다. 나와 다른 문화를 인정하고 그 문화의 좋은 점을 배운다면 우리의 삶은 더욱 다채롭고 풍요롭게 될 것이다.

① 나와 다른 문화에 관심 갖기

나와 다르게 생각하거나 행동하는 사람을 만나면 우리는 당황하기 쉽다. 이럴 때에는 잠시 마음을 가라앉히고 난 후 다음과 같이 생각해 보자. (예) '그 사람은 왜 그렇게 생각할까?' '그 사람은 왜 그렇게 행동할까?'

② 다른 문화 이해하기

그들이 나와 다르게 생각하고 행동하는 이유를 알아보기 위해 그들에게 직접 물어 보거나 가까운 도서관에 가서 관련된 책을 찾아볼 수 있다.

③ 다른 문화를 인정하고 존중하기

그들이 왜 나와 다르게 생각하고 행동하는지 이해하였으면 이제 그들의 문화를 인정하고 존중하도록 한다.

④ 다른 문화를 평가하고 판단하기

나와 다른 문화의 장점은 무엇인지, 그리고 단점은 무엇인지 각각 살펴본다.

⑤ 다른 문화에서 좋은 점 배우기

나와 다른 문화에서 내가 배울 수 있는 점은 무엇인지 살펴본다. 좋은 점을 수용하여 내 삶의 한 부분이 되도록 한다.

출처: 교육과학기술부, 2011: 107 재구성.

3. 간문화교육의 이론적 기초와 방법

서로 다른 언어, 출신배경, 세계관을 갖고 있는 사람들이 만나고 대립하는 곳에서는 세계관 및 가치체계가 변화되거나 굴절되곤 한다. 문화는 서로 다른 지향·해석을 형성하고, 개인은 이에 따라 생활세계를 구성한다. 현대사회는 문화적 관점에서 복합적·다원주의적이다. 이러한 맥락에서 낯선 것을 경험하면서 불확실성이 강화될 수 있다. 재화배분을 둘러싼 갈등, 사회적 경쟁에 대한 불안과 자신의 문화 정체성 상실에 대한 불안, 민족주의적 태도와 인종차별적 편견은 위기상황에서 소수집단에 대한 차별이나 부당한 대우를 하는 데 있어서 요인으로 작용할 수 있다.

이 맥락에서 간문화교육과 같은 교육적 방책이 요구된다. 이러한 배경에서 출발하여 이 부분에서는 간문화교육의 이론적 기초와 방법에 대해 살펴보고자 한다. 이러한 목적에 도달하기 위하여, 우선 간문화교육의 역사와 특징, 그리고 개념과 함의를 논의하고, 이어서 간문화교육의 목표로 간주되고 있는 간문화능력을 다룬다. 그다음 간문화 학습의 방법적 접근방안에 관하여 기술한다.

1) 간문화교육의 역사와 특징

간문화교육은 사회의 다문화성 혹은 다문화사회에 대한 교육의 대응방안이라고 이해할 수 있다. 간문화교육은 역사적으로 살펴볼 때 이주현상과 밀접한 관련이 있다. 처음에는 도시와 촌락의 격차가 이농현상을 수반하였지만, 점점 더 그 규모가 커지면서 지역 간 불균형을 강화시켰다. 이 과정에서 개발·발전의 핵심부와 주변부가 나타나기 시작했으며, 이전에는 주변부에 속했던 지역이 나중에는 핵심부에 편입되는 현상도 나타나게 되었다.

세계화의 결과 이주현상이 강화되고 있다. 경제적·정치적 세계화와 더불어 세계 수준의 시장이 발생하고 있으며, 여기서 다국적기업은 세계 여러 곳에 배분된 개발의 중심에서 이득을 취하고 있다. 경제적·정치적 세계화와 더불어 국제적인 부의 격차가 더 벌어지는 경향이 있다. 난민의 수가 점점 더 증가할 것으로 예상되고 있으며, 전쟁, 정치적 억압, 종교적 박해, 생태적 재앙, 빈곤과 기아 등의 요인이 작용하고 있다. 이주민을 수용하는 나라의 입장에서 볼 때, 외국인과 그 자녀를 적응시키는 일이 큰 과제로 남게 되는데, 이러한 과제에 부응하기 위한 교육적 방책인 간문화교육은 오늘날 대체로 다음과 같은 특징을 지니고 있다.

〈표 3-5〉 간문화교육의 특징

① 이주민 가족의 아동, 청소년뿐만 아니라 다수집단의 아동, 청소년도 역시 염두에 두고 있다.

② 다문화사회와 세계화된 사회를 위해 핵심적인 행위개념으로서 이를 통해 사회적 변화에 건설적으로 반응할 수 있어야 한다. 평화교육과 갈등해결에 기여하며, 사회통합에 대한 이해에 기여한다. 사회통합에 대한 이해에서는 한편으로 동화와 다른 한편으로 차별 격리 사이의 긴장관계를 구성하는 일을 정치적인 과제로 파악한다.

③ 행위주체(개인)와 관련된 교육 혹은 당사자의 생활사와 관련된 교육, 즉 경험 또는 생활세계의 준거를 구성요소로 갖고 있는 교육적 방책에 기반을 둔다.

④ 한 사회 내에서 여러 언어가 사용될 수 있다는 입장을 옹호한다.

⑤ 어떤 제도나 학교교과라기보다는 학교교육 및 사회교육의 여러 가지 다른 수준에서 효과를 거두어야 할 과제이다.

⑥ 폭넓은 문화개념에 기반을 두고 있다. 모든 생활영역과 생활실천에서 언제나 (재)생산되며 공유되고 있는 상징적 의미의 체계이며, 사회적 지향의 체계로 기능을 수행하며, 행위주체와 관련된 의미구성과 정체성 형성을 위해 기본이 된다.

⑦ 세계사회(지구촌사회)의 상호이해에 기여해야 할 국제적 관점 혹은 지구적 관점을 강조한다.

출처: Holzbrecher, 2005: 395; 허영식, 2006: 257 재구성.

2) 간문화교육의 개념과 함의

개인이 환경과 상호작용하면서 체험·행동의 변화를 보이는 것을 학습이라고 한다면, 간문화교육·학습은 일차적으로 타문화환경과의 상호작용과 관련된다. 간문화교육·학습의 개념은 때로는 과정을, 때로는 결과를 지칭하기 때문에 개념상 어느 정도 불분명한 점이 있다. 그에 비해서 간문화능력이라는 개념은 명백히 결과 수준에 해당한다. 그것은 다른 문화에 속한 사람들과 문화적 감수성을 갖고 성공적으로 상호작용할 수 있는 지속적인 능력을 가리키며, 간문화교육·학습을 통해서 도달해야 할 목표개념인 것이다(Grosch and Leenen, 1998: 29; 허영식, 2004: 263~264).

이른바 '교차상황'의 개념은 사회심리학자 레윈(Lewin)으로 소급시
킬 수 있으며, 이것은 상호작용 참가자가 만남의 상황에 서로 다른
표상세계를 갖고 들어오기 때문에, 동일한 시간에 하나 이상의 상황
에 처하게 된다는 것을 의미한다. 문화적 교차상황에서는 친숙한 것
에 대한 서로 다른 지평이 만나게 된다. 간문화적 상호작용의 상황에
서는 문화적으로 각인된 개인의 습관적인 행위모형과 현실파악이 별
효과가 없거나 빈틈이 있는 것으로 드러난다.

우리에게 나아갈 방향을 정해주는 문화의 기능을 통해서 개인은
사회구조 속에서 소통·행위능력을 갖추게 되는데, 문화기능이 제대
로 작용하지 못하는 상황에서는 상당한 정도의 심리적 부담이나 당
황 혹은 불안정을 경험할 수 있다. 특히 타문화에 상당히 깊이 들어
가게 되는 경우에는 감당하기 힘든 상태가 나타날 수 있는데, 이것을
'문화스트레스' 또는 '문화충격'이라고 부른다. 문화적 교차상황을 도
식화하면 다음과 같다.

문화적 맥락 '가'			문화적 맥락 '나'
'가'의 구성원	→ 행동 →	해석 →	'나'의 구성원
	의사소통(우리는 소통을 하지 않을 수 없다)		
	← 해석	← 행동 ←	

출처: Grosch and Leenen, 1998: 31; 허영식, 2004: 266 재구성.

〈그림 3-1〉 문화적 교차상황

모든 의사소통·상호작용의 상황에서는 말 행위에 의한 발설과 적
합한 비언어행동을 할 수 있는 능력이 요구된다. 간문화적 상호이해
의 핵심은 지식을 조직화하는 구조유형의 차이에 있다. 구조유형은

상호이해의 과정과 더불어 거기서 역할을 수행하는 인지기억의 과정을 위해서 기본이 되는 것이다. 구조유형을 가리키는 개념으로는 스키마(schema, 도식), 스크립트(script, 대본), 프레임(frame, 틀)이 있으며, 그것을 기대구조라는 개념으로 풀이할 수도 있다.

간문화적 상호이해의 문제는 낯선 것을 자기문화의 기대구조에 따라 정리·해석·평가하기 때문에 등장한다. 언어학에서는 모국어의 형식적 구조유형과 의미론적 구조유형이 외국어로 잘못 옮겨질 때, 이를 가리켜서 간섭문제라고 한다. 이것은 간문화만남에서 당사자를 당황하게 만들 수 있다. 이때 한편으로 문화소(文化素, cultureme), 즉 문화적 의미단위(보기: 누구와 알게 될 때 어떤 특정한 주제를 언급하고 다른 주제는 피하는 일)와 다른 한편으로 이 문화소를 실현하는 소통수단을 구분할 수 있다. 언어적·비언어적 요소를 포함하는 이 소통수단은 서로 강화를 시키거나 아니면 거꾸로 서로 어긋나게 작용할 수 있기 때문에 다양한 표현이 가능하다. 따라서 간문화적인 불일치의 범위도 상당히 넓다고 할 수 있다(Grosch and Leenen, 1998: 31~31; 허영식, 2004: 266~268).

3) 간문화능력

간문화교육 혹은 학습은 자기가 속한 문화와 타문화에 대한 의식·태도가 변화되는 과정이다. 이때 개인적 발달과정이 중요하며, 발달이 어떻게 이루어지는가를 자세하게 규명할 필요가 있다. 이 발달과정과 관련하여 세계를 타문화의 관점에서 바라보는 것이 중요한 목표로 간주되고 있다. 여기서 사람들이 어느 정도로 세계를 타문화의 시각에서 관찰할 수 있는가 하는 질문이 제기될 수 있다. 타문화 배경을 가진 사람의 사고·감정 속으로 들어가는 일(공감 혹은 사회적 관점취득)이 현실적인 학습목표가 된다는 것에 의문을 제기하기도 한다.

그렇게 할 수 있기 위해서는 일종의 초문화적인(transcultural) 혹은 문화를 넘나드는 동일시가 요구된다는 것이다. 보다 현실적인 방안은 다른 문화에 속하는 사람이 자기 자신을 어떻게 이해하는기를 알아보고, 그다음에 그들 문화의 상징적인 형식들(말, 영상, 제도, 행동방식)을 파악하고, 그것들을 올바르게 해석하는 일이라는 것이다. 그럼에도 불구하고 어쨌든 간문화능력에서는 특히 상호작용에 적합한 지식과 능력, 그리고 메타문화적(metacultural) 과정능력이 강조되고 있다(Grosch and Leenen, 1998: 37~39; 허영식, 2004: 271~273).

특히 포스트모던시대에 있어서는 자주적·독립적 존재로서의 개인보다는 개인을 관계의 결과로 간주하고, 개인보다 더 근본적인 관계를 중요시한다. 그런데 그 관계의 망이 초문화적으로 그리고 더 나아가서 세계적으로 확장된다면, 기존의 민족적·종교적·정치적 정체성은 불안정하게 될 것이다. 그리고 개인의 사회적 관계가 증가함으로써 우리들은 우리 자신을 세계사회의 범문화적인(pancultural) 구성원으로, 즉 시공을 넘어서서 서로 관계를 맺고 있는 지구촌사회의 시민으로 관찰하게 될 것이다.

그리고 자기 자신을 관계로 관찰하는 방식 속에 세계적인 규모에서 새로운 조화를 추구할 수 있는 가능성이 놓여 있다. 포스트모던시대로의 전환이 가져오는 긍정적인 효과는 세계적인 상호의존관계로의 발전에 있으며, 상호의존적인 세계사회의 도전을 해결하고 처리하기 위해서는 사회적 소통능력, 성찰능력, 그리고 상대화능력을 포함하는 간문화행위능력이 보다 더 중요하게 된다(Thomas, 1994: 50~52; 허영식, 2004: 273~274). 간문화교육·학습을 통해 달성해야 할 목표로서 간문화능력은 ① 사회 전체의 문제 혹은 거시적 구조수준의 문제, ② 생활세계, 그리고 ③ 심리사회적 주체발달의 세 가지 수준과 관련된다. 각 수준에 관해 더 자세히 살펴보면 다음과 같다.

〈표 3-6〉 간문화능력과 관련된 거시·미시수준

수준	내용과 특징
① 거시구조	- 세계화된 시장구조와 생활세계의 시장구조 사이에 존재하는 구조적인 연결을 고려할 때, 무력감이나 사회적 해체를 경험할 위험성이 있는데, 이에 대응하려면 자기효능감을 경험할 수 있도록 해야 한다. - 안전을 보장하던 사회적·정치적 구조의 해체는 타자의 포함·배제의 질문과 관련하여 사회심리적인 동력을 강화시키고, 개개인에게 의사결정을 내릴 것을 요구한다. 이때 의사결정의 정당성은 전통이나 고상한 가치에 기반을 두기보다는 오히려 점점 더 담론을 통하여 산출해내야 한다. - 민주주의에 위험을 주는 것은 가치상실보다는 오히려 종교적 혹은 정치적 근본주의로 쏠리는 경향이다. 근본주의 입장에서 보면, 세계화된 사회의 다양성과 동력은 위협적인 것으로 나타나고, 낯선 것과 양면가치의 경험은 공동체와 민족의 이름으로 제거해야 할 것으로 간주된다. 자기 자신의 영역을 타자의 영역에 대하여 구분하고, 자기가 속한 집단의 가치를 더 높게 평가하며, 아군과 적의 구성개념을 통해 자기 자신의 영역을 방어하려고 한다.
② 생활세계	- 간문화능력은 개관할 수 있는 생활세계, 즉 학습자의 일상에서 작용하는 구체적인 상호작용 및 행위공간과 관련된다. - 행위를 준비한다는 의미에서 특히 자기 자신이 개관할 수 있는 다문화적 생활공간, 즉 지역에서 정치적 행위를 배울 수 있는 능력이 중요하다. 구성할 수 있는 생활공간에서 자기 성찰하며 사회체제의 다양한 긴장관계, 굴절, 변화를 다루는 능력을 기를 수 있다. - 동시에 안전과 친숙함을 전달하는 '우리' 정체성이 안정적인 계기를 제공한다. 그렇게 함으로써 자기효능감을 개발할 수 있으며, 이 자기효능감은 자기 자신을 무력한 희생자가 아니라 오히려 구성능력을 갖추고 자의식을 갖춘 주체로서 인지하도록 한다.
③ 주체발달	- 내면적·외면적 저항, 불안과 소망, 미래에 대한 가능한 전망, 위기에 대한 자기 자신의 인지를 다루면서 각 주체의 심리적 역량이 강해질 수 있다. - 심리적 역량은 다의성, 변화와 변동을 창의적으로 다룰 수 있는 조건이 된다. 그렇게 함으로써 동시에 위의 두 가지 수준에서 적절히 행위를 할 수 있는 능력이 함양된다.

출처: Holzbrecher, 2005: 395~397; 허영식, 2006: 257~258 재구성.

4) 간문화교육의 교수학습방안과 형태

간문화교육에서는 대개 ① 낯선 사람이나 사물의 이해와 취급, ② 타자의 인정과 정체성, ③ 차이에 대하여 가치평가를 하지 않으려는 입장('모두가 다르고 모두가 같다'), 그리고 ④ 지구적 수준의 책임과 경계를 넘어선 상호이해의 네 가지 기본주제 혹은 동기가 다루어진다. 이 기본적인 동기·주제는 학교교육·사회교육에서 수업을 하거나 교육을 실시할 때, 물론 서로 다른 비중을 차지하겠지만, 어쨌든 포괄적인 교수학습목표로 이해할 수도 있다. 이와 같은 전제에서 출발하여, 교수학습방안과 형태를 다음과 같이 역사와 현대사회에서의 민족적 흔적 탐색, 차별철폐교육, 언어문화 관련 교양, 지구촌학습, 자기 자신과 타자의 심상에 대한 인지구성의 다섯 가지 차원으로 구분하여 제시하기로 한다.

〈표 3-7〉 간문화교육의 교수학습방안과 형태

교수학습방안	내용과 특징
① 민족 흔적 탐색	- 핵심적인 관심사는 역사적 심층구조를 염두에 두면서 현재의 징표에 대해 질문을 제기하는 데 있다. - 다문화적 다양성이 결코 이국적이거나 새로운 것이 아니라, 역사의 핵심적인 특징이라는 것을 발견하는 데 목표를 두고 있다. - 징표의 보기: 기억할 장소(전쟁터, 묘지, 기념비 따위), 기념일·축제일, 언어[성(姓)의 유래, 외국어·외래어의 이동경로나 유래], 그림과 사진(가족의 역사, 우리가 살고 있는 지방이나 지역의 역사에 포함된 이방인이나 타자의 흔적), 의식(儀式)과 몸짓(인사·작별 관련, 혹은 경조사 관련), 상징과 사회적 정체성 구성을 위한 그 의미[머리 스카프(두건), 청소년이나 다른 집단에 특정한 복장 따위]
② 차별철폐교육	- 이데올로기 비판을 기반으로 하여 간문화교육의 필요성을 뒷받침하는 접근방안이 되었다. 특징은 세 가지 측면으로 기술할 수 있다. - 첫째, 구조적인 조건을 갖고 있는 지배관계에 대한 계몽에 주된 관심이 있으며, 인종차별주의를 파악함에 있어서 지배를 정당화하는 이데올로기로 확인하고, 이것이 적어도 감추어진 형태로 소수집단을 제도적으로

	차별하는 요인으로 간주한다.
	- 둘째, 인종차별주의와 외국인혐오증의 태도 경향과 관련된 구조적인 사회적 연관성, 사회심리학적 동력, 자민족중심주의적 시각의 역사적 조건에 대한 분석적 인식에 지향을 두고 있다. 이러한 인지유형이 개인의 생활사 및 생활세계의 맥락 조건에서 형성된다는 점에 착안하여, 놀이형식을 통하여 변화시키는 일에도 가치를 두고 있다.
	- 셋째, 외국인에 대한 극우파의 공격이 강화되면서 공격대처훈련도 역시 접근방안으로 고려하게 되었다. 여기서는 자신의 취약성에 대한 감각을 기르고 행동가능성을 개발함으로써, 가해자와 피해자의 조정 및 화해를 추구하고, 차별적인 태도를 변화시키는 일이 중요하다.
③ 언어문화 교양	- 간문화적인 접촉은 언어적, 비언어적 기호의 공간에서 실현된다. 언어는 문화적 부호화를 통하여 문화적 정체성의 본질 및 개인적 생활사와 관련되는 감정세계를 자극한다. 이것이 간문화적 소통에 장애를 일으킬 수 있다. 특징은 세 가지 측면으로 기술할 수 있다.
	- 첫째, 언어를 개인적·집단적 정체성 구성의 수단으로 이해한다. 친숙한 공간에서 소속되어 있다는 경험, 고향이나 집에 있는 것처럼 마음이 놓이는 상태(정체성)는 주로 언어라는 수단을 통하여 가능하게 된다. 이 접근방안의 교육적 의미는 외국어나 이주민의 언어를 다루는 방식에서 구체적으로 표현된다.
	- 둘째, 여러 가지 언어의 사용을 발달의 관점에서 파악한다. 여기에는 세계적인 수준에서 중요한 언어로 간주되고 있는 영어뿐만 아니라, 이주민이나 소수집단의 언어도 역시 포함될 수 있다.
	- 셋째, 간문화소통의 비언어적 측면에도 주의를 기울인다. 예를 들면, 청소년 교류나 기업의 활동을 위해서 몸짓, 자세, 인사법의 문화적 부호화에 대한 감각을 기르는 일은 세계화된 사회에서 없어서는 안 될 소양으로 보인다. 왜냐하면 문화와 문화의 접촉은 일차적으로 비언어적 기호의 해석에 달려 있는 경우가 적지 않기 때문이다.
④ 지구촌학습	- 근접영역의 생활세계 문제가 국제적인 영역의 문제와 연관성을 맺고 있다는 것을 깨닫는 사고가 중요하다.
	- 예를 들면, 제3세계에서 온 일상적인 생산물(바나나, 커피, 면화 등), 인권과 민주주의, 기후변화와 같은 문제영역을 주제로 삼는 일은 인접영역과 원격영역 사이의 구조적인 연관성에 대한 계몽에 기여할 뿐만 아니라, 자신의 생활방식을 지속 가능한 개발이나 미래대비능력의 원칙에 적응시켜야 한다는 요청사항과도 결합되어 있다.
	- 하나의 세계에 대한 책임은 개발과 사회정의, 민주주의와 인권(혹은 시민권), 그리고 생태의 영역을 연결시키기 위한 윤리적 기반이 되어야 한다.
	- 기존의 지구촌학습 접근방안은 다음에 열거하는 주제관점 중 어느 것이 더 큰 비중을 차지하느냐에 따라서 구분할 수 있다.
	- 첫째, 문제 지향. 핵심적인 관점은 특정한 문화와 나라를 넘어서는 교수학습과 구조적 연관성에 대한 인식을 가능케 하는 주제의 내용적 차원이다.
	- 둘째, 개인(주체) 지향. 핵심은 학습이 대개 동일시 과정을 통하여 이루어진다는 경험에 놓여 있다. 동일시 과정을 통하여 다른 나라의 아동, 청소년 혹은 이주민의 상황에 대하여 이해를 심화시키는 데 도움을 줄 수 있다.

	- 셋째, 생산물 지향. 생산조건, 판매구조, 역사적 맥락에 대한 정보를 얻고, 비평적 소비행동과 정치적 기반을 갖춘 소비행동을 함양하는 데 있어서 도움을 줄 수 있다. - 넷째, 나라(지역) 지향. 일정한 나라나 지역의 특정한 문제에 지향을 두는 일은 상기한 관점과 조합시킬 수 있다.
⑤ 심상 인지구성	- 생활사, 아동도서와 영화, 일간신문이나 이야기 등이 심상을 형성하는 데 기여하며, 이 심상은 사회적 인지와 현실구성, 각종 성질의 감정에 대하여 지속적으로 영향을 미친다. 생활세계에서 나온 영향 이외에 문화사 측면의 조건에서 나온 해석유형이 큰 작용을 하며, 이것은 사회적 수준에서 무의식적으로 형성된 것일 수도 있다. - 심상을 소통할 수 있고 또한 변화시킬 수 있도록 하기 위하여 일단 표현하고 표출하는 것이 중요하다. 타자를 어떻게 인지하고 있는가? 그것은 불안감을 불러일으키는가 아니면 매력적으로 눈길을 끄는가? 어느 정도까지 나는 의아함을 허용하고 있는가? 나의 자아상 및 세계상, 나의 정체성 구성을 확보하기 위하여 어디서 한계를 긋는가? 이러한 질문은 소통과정에서의 자기 인지를 가리키는 것이며, 관찰자의 투사(投射)부분, 즉 타자에 대한 심상의 구성요소를 인식하도록 해준다. - 창의적인 학습과 체험인지에 지향을 둔 학습은 무의식적인 심상을 표현하도록 해주고, 자기성찰능력을 기르도록 하고, 타자와 낯섦은 생활사를 통하여 그리고 사회적 조건에서 구성된 것이라는 점을 인식하도록 도와준다. 이러한 교육과정에는 또한 공공영역에까지 미치는 정치적 행위도 역시 포함된다.

출처: Holzbrecher, 2005: 398~405; 허영식, 2006: 260~266 재구성.

상기한 접근방안은 서로 겹치거나 경계가 흐릿하기 때문에 교육적 실천에서는 물론 다양한 형태로 나타날 수 있다. 예를 들면 학습집단(아동, 청소년, 성인), 제도적 맥락(학교, 청소년단체, 시민대학 세미나), 조직형식(교과수업, 프로젝트, 수학여행, 만남의 세미나, 문화사업), 선정한 소통수단(개인적인 대면, 이메일·인터넷을 통한 프로젝트) 등에 따라서 다양한 형식을 취할 수 있다(Holzbrecher, 2005: 405; 허영식, 2006: 266).

5) 간문화교육의 학습과정

비록 이상적이고 통일된 간문화교육의 학습절차모형은 존재하지 않지만, 학습과정의 조직을 위해 방향을 제공해줄 수 있는 구상을 개발할 필요가 있다. 여기서 제시하는 세 가지 간문화학습과정의 절차모형은 모두 (자)민족중심주의 혹은 (자)문화중심주의에 대한 가정에서 출발하는 학습단계의 계열을 나타내고 있다. 이 학습절차에서는 (자)민족·문화중심주의를 간문화적 상호이해의 근본적인 장애물로 일단 받아들이고, 방법적인 측면에서 학습과정의 출발점으로 고려하며, 바람직한 결과를 위해 생산적인 준거로 활용한다.

〈표 3-8〉 간문화학습과정의 절차

단계	특징
(1)	일반적으로 인간행동이 문화에 묶여 있다는 것(문화구속성)을 인식하고 받아들일 수 있다.
(2)	타문화의 유형(패턴)을 가능하면 (긍정적으로 혹은 부정적으로) 평가하지 않으면서 그것을 낯선 것으로 인지할 수 있다(약간의 자문화중심주의).
(3)	타문화와 만나면서 자기가 속한 문화의 표준과 그 결과(효과)를 헤아릴 수 있다(자기 자신의 문화의식).
(4)	특정한 타문화에 대한 해석지식(해석에 필요한 지식)을 확장한다. 타문화 속에서 적절한 문화표준과 의미의 맥락을 확인할 수 있다.
(5)	타문화의 유형에 대한 이해와 존중을 갖출 수 있다.
(6)	자기 자신의 문화적 선택을 확장할 수 있다. 즉, - 문화적 규칙을 유연하게(융통성 있게) 다룰 수 있다. - 선택적으로 타문화의 표준을 떠맡을 수 있다. - 문화적 선택 중에서 상황에 적합하게 그리고 근거를 갖고 선택할 수 있다.
(7)	타문화에 대하여 그리고 타문화와 함께 서로 만족스러운 관계를 구축하고, 실제로 간문화갈등을 적절하게 처리할 수 있다.

출처: Grosch and Leenen, 1998: 40 재구성.

〈표 3-9〉 간문화학습과정의 절차

단계	특징
(1) 자민족중심주의	이것은 인간집단과 개인의 자연스럽고 자명한 행동으로서, 여기서는 자기가 속한 사회의 나 또는 우리가 다른 사회의 그것보다 더 가치가 있다. 그리고 자기 자신의 현실에 관한 인지는 무의식적으로 이루어지는 경우가 많고, 일상적인 경험에 기초한 자기 자신에 대한 문화적 인지는 대개 정서적으로 일어난다.
(2) 낯선 것에 내한 관심과 의식	간문화학습으로 이행하는 첫 단계로, 이것은 타문화를 두려워하거나 거부하지 않으면서 그것을 인지할 수 있도록 하는 행동형식이다. 학습자는 다른 문화가 그 자체의 고유한 정체성과 그 나름의 가치를 갖고 있다는 것을 파악하기 시작한다.
(3) 타문화에 대한 이해	다른 문화가 사람들이 이해할 수 있는 그 나름의 고유한 정체성을 갖고 있다는 것을 인식하게 된다. 이러한 인식은 정서적인 반응보다는 오히려 합리적인 이해를 통해 이루어진다.
(4) 다른 문화의 승인과 존중	자기가 속한 문화와 비교하면서 인지할 수 있는 문화적 차이가 타문화를 위해 타당한 것으로 간주하게 되면, 간문화학습을 향해 큰 발걸음을 내딛는 것이다. 여기서는 물론 그 타문화가 더 좋은지 아니면 더 나쁜 것인지에 대해 바로 평가를 하지는 않는다.
(5) 평가와 판단	학습자는 이 단계에서 타문화의 장단점을 구별하기 시작하고, 그것들을 자신의 문화적 가치체계에 비추어 평가하고 판단을 내리려고 시도한다.
(6) 선택적 습득	타문화에서 나온 태도와 행동방식이 자기 자신의 문화적 사고와 행위를 풍부하게 하는 것으로 간주된다.

출처: Friesenhahn, 1994: 69~70; 허영식, 2004: 275 재구성.

〈표 3-10〉 간문화적 감수성 발달모형

(자)민족중심주의 단계	(1) 문화적 차이의 부인(否認)
	(2) 문화적 차이에 대한 방어
	(3) 문화적 차이의 축소
(자)민족상대주의 단계	(4) 문화적 차이의 수락(수용)
	(5) 문화적 차이에 대한 적응
	(6) 문화적 차이의 통합

출처: Bennett, 1986; Grosch and Leenen, 1998: 38 재인용.

# 4. 다양성관리와 시민교육·
간문화교육

사회적 구조 및 과정에 참여할 수 있는 가능성과 개개인의 행위능력에 기여하는 과정으로 이해되고 있는 교육이 특수한 수준이 아니라 일반적인 수준에서 가능하도록 해야 한다는 이념은 모든 민주적 교육제도와 프로그램의 기초로 간주되고 있으며, 또한 이 교육제도와 프로그램을 정당화하고 있다. 그러나 이러한 이념은 교육체제의 경험적인 실천과 긴장관계에 놓여 있는 경우가 적지 않다. 왜냐하면 교육체제는 사회적 (권력)관계의 바깥에 놓여 있는 것이 아니라, 사회적 구분의 형태와 관례(慣例), 그리고 위치(지위)의 지정·할당을 위한 절차의 일부분이기 때문이다.

그래서 동등한 권리와 기회균등의 준칙(準則) 아래 교육체제에서 균등한 출발을 위한 전제조건을 마련하고 있지만, 다른 한편으로 이것은 종종 불평등의 재생산을 수반하고 있다. 왜냐하면 사회적 출신 배경과 소속에 기초하여 교육프로그램에 더 잘 어울리는 사람들이 사회적 혜택을 더 많이 받는 경향이 있기 때문이다. 주어진 차이와 불평등한 출발조건에서 동등한 대우를 한다는 것은 불이익을 당하는 현상을 계속 연장시키고 확증한다는 것을 뜻하므로, 예를 들면 교육체제에 대한 핵심적인 요구사항의 하나는 학습자가 갖고 들어오는 특수한 사정에 적절하게 부응하는 데 놓여 있다.

특히 시민교육의 일환에 속하는 간문화교육의 행위영역에서는 차이가 핵심적인 준거변수이기 때문에, 학습자의 서로 다른 전제조건을 고려하면서 교육의 형평성에 기여하기 위하여 '차이의 인정'이 흔히 모토로 사용되고 있다. 교육의 맥락에서 차이의 무시는 불평등을 낳고 불평등을 확인한다는 통찰은 물론 차이와 이질성에 대한 감수성을 제고하는 데 기여할 것이다. 교육적 인정에 대한 요구가 자꾸 제기되는 까닭은 차이의 현상과 밀접하게 연관되어 있다.

차이에 민감하지 못한 평등주의에 국한될 경우 사회적으로 지배적인 문화적 전통이 더욱 강화될 것이라는 문제의식에서 '인정의 정책'에 대한 요청이 나온 것과 유사하게 '인정의 교육'에서는 학습자의 차이에 대한 감수성이 중요한 관심사이다. 인정의 교육 혹은 인정의 접근방안은 서로 다른 정체성(보기: 문화집단, 언어집단)을 고려하고, 가능하면 인정·존중해주고 긍정적으로 대우해준다는 의미에서 차이가 함축되어 있는 기존의 상태와 관련을 맺는다(Mecheril, 2009: 202~203).

다양성이라는 개념도 역시 이와 같은 일반적인 논증의 맥락에서 사용되고 있다. 다양성의 개념은 다양한 차이와 여러 가지 많은 소속을 포괄한다. 시야를 더 넓혀 바라볼 때, 다양성 접근의 혁신적인 측면은 다양한 행위주체의 위치와 권력의 축(軸)에 함축되어 있는 다중성을 명시적으로 드러내면서 다루기 위한 시도에 놓여 있다. 오늘날

정체성 및 소속과 관련된 범주는 병렬상태에서 나란히 혹은 차례차례로 그 의미와 중요성을 전개시키지 않고, 서로 복합적인 상호관계 속에 놓여 있다. 다시 말하면 학술적 프로그램으로 다양성의 관점 혹은 전망은 경험적·이론적으로 다수의 정체성 및 소속의 범주에 관심이 있으며, 이것들 사이의 공동작용에 관심을 갖고 있다.

독일의 경우, 다양성의 개념은 1990년대부터 교육의 맥락에서 많이 거론되고 있다. 예를 들면 다양성훈련(Diversity Training)은 사회적 다양성을 적절하게 다루기 위하여 필요한 능력을 함양·신장시키는 데 목표를 두고 자기성찰에 기반을 둔 학습의 맥락으로 작용하고 있다. 2000년대부터는 경제와 행정 부문에서 경영학적인 문제·과제의 맥락에서 다양성 개념이 빈번하게 거론되고 있다.

다양성관리(Managing Diversity)는 사람들(직원 및 고객 포함) 사이의 차이를 장점으로 간주하고, 해당 조직 혹은 기구의 성공을 위한 열쇠로 관찰하는 기업경영의 원칙이다. 다양성관리는 조직의 모든 수준에서 이루어지는 접근방안과 관련된다. 예를 들면 노동·작업현장에서 서로 인정을 해주는 분위기의 조성과 관련되어 있을 뿐만 아니라 인적자원정책, 조직구조, 절차방식의 수준과도 역시 관련되어 있다 (Mecheril, 2009: 203~204).

다양성의 개념에 관한 접근방안은 크게 두 가지로 구분해서 살펴볼 수 있다. 그 하나는 사회적 다양성 혹은 정체성과 관련된 다양성이 긍정적인 무엇을 나타낸다는 점을 특별히 강조하고자 한다. 여기서는 다양성의 개념을 통하여 사람들 사이의 차이가 그 자체로 가치가 있는 것 또는 기업의 목표와 같은 특정한 목표의 도달을 위해 가치가 있는 것으로 이해된다. 다른 하나의 접근방안은 다양성의 개념을 주로 차별철폐의 전략과 연결시키려고 한다. 사회적 차이는 여기서 사회적 불평등, 지배, 통치의 관계·상태와의 연관성 속에서 관찰된다. 이 접근방식에 따르면 성찰을 하지 않고 차이를 그냥 긍정적인 요인으로 바라보는 경향은 바람직하지 못하며, 그러한 시각 자체가 상징적·물질적 자원에 대한 처분의 측면에서 이미 존재하는 주어진 차이에 대한 확증을 표현하는 것이다.

〈표 3-11〉 다양성 개념에 대한 두 가지 접근방안

차이를 긍정하는 입장	차별·불평등을 비판하는 입장
- 차이 혹은 다양성에 대한 긍정적 측면 강조 - 차이가 그 자체로 가치가 있는 것으로 이해 - (기업의 목표와 같은) 특정한 목표의 도달을 위해 가치가 있는 것으로 이해	- 다양성의 개념을 차별철폐의 전략과 연결 - 차이를 불평등, 지배, 통치관계와 연결 - 차이에 대한 소박한(naive) 긍정을 경계 - 상징적·물질적 자원에 대한 처분에서 주어진 차이의 문제점 지적

출처: Mecheril, 2009: 206~207.

다양성 담론에서 나타나는 이와 같은 두 가지 대립된 입장은 다양성 개념의 불명료성, 모순 그리고 도구화에 기여하는 긴장관계를 보여 주는 것이다. 이러한 긴장관계는 다양성관리 혹은 이것보다 더 폭넓은 개념인 다양성주류화(Diversity Mainstreaming)의 틀 속에서 나온 여러 가지 제안에서도 역시 나타난다. 여기서도 한편으로 차이를 긍정적으로 바라보는 데 중점을 둔 제안과 다른 한편으로 불평등을 비판하는 데 중점을 둔 제안을 구분할 수 있다. 그래서 상위의 더 포괄적인 메타 수준에서 다양성에 대한 접근방안은 모두 차이의 주제와 지배(권력)의 주제를 더 분화된 방식으로 다루어야 한다는 요구가 제기될 수 있다.

상기한 바와 같이 차이의 질서에 함축되어 있는 권력의 형태는 사람들의 다양성·다원성 또는 모든 개개인의 내적인 다중성이 단순하게 그냥 인정해야 할 무엇이 아니라는 점에 대하여 주의를 기울이도록 촉구한다. 이와 동시에 사람들에게 위치(지위)와 소유(재산)를 할당·배당하는 질서에 대하여 비판하는 데에만 국한시켜서도 안 된다. 왜냐하면 사람들은 바로 그 차이의 질서에 비추어서 스스로를 예를 들면 이주배경이 있는 사람이나 이주배경이 없는 사람으로 이해하기 때문이며, 또한 거기에 대응하는 언어적·문화적 실천도 역시 중요한 기능을 수행하기 때문이다. 이러한 실천과 자기이해를 인정하지 않게 되면, 잠재적으로 적절하지 못한 힘(권력)이 행사되는 것이다.

다양성주류화의 기반이 되는 기본적인 아이디어는 다음과 같다. 다양성과 차이의 문제를 보다 더 포괄적으로 다루기 위해서는 개별적인 주제, 영역, 프로젝트에 국한되어서는 안 되며, 오히려 사회의 모든 행위영역에 놓여 있는 조직(기구)과 제도의 통합적인 과제로 간주해야 한다. 예를 들면 교육·정치·보건의 행위영역에서 작용하고 있는 조직과 시설에 영향력을 행사함으로써 거기서 모든 수준에서 차이의 다양성을 인정하고 다양성의 인정이 실질적인 효과를 거둘 수 있도록 형식적 측면에서 제도화하고 비형식적 측면에서 조직문화의 구성요소가 되도록 유도하려는 시도가 다양성주류화이며, 기존의 다양성관리도 시야를 넓혀 이러한 방향으로 나아가야 한다(Mecheril, 2009: 207).

이 맥락에서 다양성 접근은 관점의 변경을 통하여 표적집단(target group, Zielgruppe)과 종종 부족(결함)에 지향을 둔 소수집단정책에서 벗어나, 가능하면 보다 더 포괄적인 의미에서 능동적인 차별금지정책과 동등대우정책으로 나아가려는 시도를 한다. 따라서 그러한 정책은 물론 다양성의 개인적·사회적 자원과 잠재력을 포함한다. 이러한 배경을 고려할 때, 예를 들어 교육의 행위영역에서는 다양성관리 혹은 다양성주류화의 틀 속에서 다음과 같은 보다 더 구체적인 관점에 주의를 기울일 필요가 있다.

〈표 3-12〉 다양성관리(주류화)의 구체적인 관점(교육 영역)

① 차이와 다양성의 경험을 가능하게 만들고 조직화한다.
② 차이의 문제에 대하여 감수성을 갖춘 학교를 조성한다. 이때 다음과 같은 질문을 제기할 수 있다. 누가 어떤 차이를 어떻게 무엇을 통하여 그리고 어떤 효과를 갖고 설정하는가?
③ 상이한 행위주체의 위치(지위)를 인정하고 서로 다른 무시(경시)의 경험을 일단 존중한다.
④ 정체성과 차이에서 작용하는 힘(권력)을 주제로 삼는다.
⑤ 차이의 질서와 관련하여 필요한 인정의 범위와 더불어 요청되는 변화의 가능성에 대하여 소통하고 논의할 수 있는 공간 혹은 장(場)을 마련한다.

출처: Mecheril, 2009: 208.

다양성관리 혹은 다양성주류화의 틀 속에서 다양성은 교육의 대상일 뿐만 아니라, 더 나아가서 하향, 상향의 방식을 포괄한 조직화를 통하여 교육의 맥락을 구성한다는 것도 역시 함축하고 있다. 그렇게 함으로써 교육의 맥락이 생활세계의 다양성에도 역시 부응하도록 할 수 있다. 이때 예를 들어 다음과 같은 질문을 제기할 수 있다. '조직에서 어떤 언어가 일상어로 사용되는가?', '소수집단의 언어와 생활방식을 대변하는 구성원이 전적으로 하위의 위치에서만 일을 하고 있는가?', '구성원 혹은 직원의 구조(구성)가 조직을 위해 적실성이 있는 생활세계 및 일상세계의 구조에 부응하는가?', '내용의 측면과 관련하여, 조직(기구)이 다수집단의 내용뿐만 아니라 소수집단의 내용도

역시 반영하고 있는가?'(Mecheril, 2009: 208~209)

다양성관리 혹은 다양성주류화는 전체적으로 바라볼 때, 사람들의 의도적인 지향, 조직, 조정을 추구하는 원칙으로 이해할 수 있다. 다양성의 원칙은 사람들 사이의 차이에 초점을 맞추고, 차이의 고려를 성공 혹은 사회정의를 위한 열쇠로 간주한다. 여기서 다시 상기할 사항은 차이의 관계는 때때로 사람들에 대한 지배와 통치로 작용하는 힘(권력)의 관계로도 역시 이해해야 한다는 것이다. 이런 전제에서 출발할 때 다양성의 원칙이 정치적 실천으로서 설득력을 갖추기 위해서는 차이관계와 권력관계의 상호 얽힘에 대한 지식에서 적어도 다음과 같이 두 가지 측면에서 성찰적 귀결을 도출할 필요가 있다(Mecheril, 2009: 209~210).

첫째, 차이와 다양성에 대한 옹호가 도대체 어디서 기존의 권력관계를 확인하고 가능하게 만드는 것인가의 질문을 다루어야 한다. 여기서 말하는 성찰적 접근의 특징은 단순히 '차이를 축하(celebrating differences)' 하는 데 그치지 않고, 오히려 어떤 조건에서 차이에 대한 옹호가 권력과 덜 결합되어 있는지를 정확히 알아내는 데 있다. 성찰적 다양성 접근은 차이의 담론과 정체성을 고집하는 이해를 통하여 사람들의 힘을 약화시키는 현상을 관찰하고, 그러한 현상을 비판하는 데 관심을 두고 있다.

둘째, 다양성 접근 자체가 자기성찰적인 자세와 태도를 취해야 한다. 다양성은 결코 여러 안내책자에서 선전하는 것처럼 왕도(via regia)가 아니며, 오히려 그것이 배제시키는 효과를 수반하는 것은 아닌지 관찰하고 되돌아보는 사회적·정치적 실천이다. 이때 예를 들면 다음과 같은 질문을 제기할 수 있다. '다양성 접근을 통해서 어떤 상투적인 관념이나 고정관념이 재생되는가?', '다양성 접근을 통해 어떤 차이의 맥락이 소홀히 다루어지는가?', '다양성 접근을 통해 사람들이 어떤 차이의 맥락에 고착되는가?', '다양성 접근을 통해 도대체 누가 이득을 보거나 승리하며, 누가 손해를 보거나 패배하는가?' 이와 같은 질문은 자체의 권력 잠재성을 의식하고 있는 성찰적 다양성 실천에서 필수적으로 고려해야 할 관점을 포함하고 있다.

<요약>

오늘날 사회통합 및 국가정체성 확립은 다문화사회의 지속 가능한 유지·발전을 위해 없어서는 아니 될 필수조건이다. 자유민주적 기본질서를 바탕으로 한 다문화사회에서 다문화성의 이념은 헌법에 따른 평등을 기반으로 하여 문화적 다원성을 보장한다는 원칙에 지향을 두고 있다. 사회통합은 타자가 자신의 문화적 정체성을 유지하면서 기존의 사회에 편입되는 것만을 의미하지 않는다. 더 나아가서 서로 타자로서 관계를 맺고 있는 사람들이 말하자면 '사이공간' 혹은 '사이영역'에서 만나고, 문화적 차이와 다양성에 대한 감수성을 개발한다는 것을 의미한다. 다문화사회는 간문화소통을 하지 않으면 안 되는 상황과 맥락을 적절하게 다루고 처리하기 위하여 사회구성원이 간문화능력을 갖추도록 해야 한다. 다문화사회가 수반하는 사회통합 및 국가정체성의 여러 가지 문제를 해결하기 위한 관건은 간문화에 놓여 있으며, 특히 이론적으로 성찰된 실천적 간문화가 요청된다. 결국 여러 문화의 만남을 위한 교차점도 간문화소통이고, 다문화적 공동생활의 구조를 위한 접점 혹은 연결고리도 역시 언제나 간문화소통인 것이다. 이 맥락에서 간문화주의의 제도적 착근을 위한 중요한 매개변수로서 시민교육(혹은 시민교육으로서의 간문화교육)과 다양성관리에 특별한 주의를 기울일 필요가 있다.

04

다양성관리와 사회통합 [1)]

다양성은 오늘날 간문화성(interculturality) 및 국제성(internationality)을 둘러싼 담론에서 더 이상 피해갈 수 없는 개념이다. 이런 배경에서 최근에는 보다 더 공정한 사회를 위한 정치적 전략으로서 '간문화주류화(intercultural mainstreaming)'라는 용어도 사용되고 있다. 이것은 포괄적인 기회균등 및 차별금지정책의 의미에서 다양성을 인정하고 존중할 것을 지향하고 있다. 이와 비슷한 맥락에서 또한 '다양성주류화(diversity mainstreaming)'라는 대안도 제기되고 있다(Massing, 2009: 5~6). 이 글에서는 다문화사회를 향한 사회변동에서 제기되는 사회통합의 문제를 어떻게 해결할 것인가 하는 근본적인 문제 제기에서 출발하여, 사회통합의 장애요인으로 작용하는 평행사회의 개념과 이를 해소하기 위한 대안 중의 하나인 다양성관리의 개념을 중심으로 하여 사회통합을 위한 접근방안을 모색하고자 한다.

이 장에서 중심용어로 사용할 다양성관리(DiM: diversity management; 동의어: managing diversity, diversity as strategy)는 다양성의 개념을 조작화하기 위한 용어이며, 다양성의 개념을 조직개발 및 인사(人事)관리의 과정에 통합시킨다. 다양성관리는 다양성을 긍정적으로 구성함으로써, 법적으로 주어진 차별금지의 과제를 실천에 옮긴다. 여기서 다양성은 조직의 자원으로 간주된다. 인사관리의 수단으로 다양성관리는 다양성을 긍정적으로 인정할 뿐만 아니라, 이 차이를 생산적으로 이용하는 데 목표를 두고 있다. 기업의 효율성과 생산성은 직원의 성취능력과 밀접한 연관성이 있다. 자기 자신이 인정받고 있다는 것을 느끼게 되면, 직원의 성취능력은 제고된다. 여기서 도출할 수 있는 사항은 다름 아니라 차이로 인하여 불이익이 발생하지 않도록 해야 한다는 것이다. 다시 말하면 차이가 차별로 이어지지 않도록 해야 한다는 것이다(Vinz and Schiederig, 2009: 26).

다양성관리에 관한 논의는 예를 들면 독일에서 부분적으로 상당히 정서적인 부하(負荷)를 안고 진행되고 있다. 다양성관리는 경제적인 목표의 실현에만 기여하는 반면, 윤리적·도덕적 동기 혹은 기회균등의

---

1) 제4장의 내용은 『유럽연구』 제29권 제3호에 게재한 필자의 글을 부분적으로 수정, 보완한 것임.

구현이라는 사회정치적 목표는 별로 중요하지 않은 것으로 간주된다는 생각이 널리 퍼져 있다. 또한 성(gender)과 다양성에 관한 토론에서 그 두 가지 준거를 대립적인 관계로 파악하려는 입장이 있다. 이 입장에 따르면, 다양성에 초점을 맞출 경우 양성평등을 향한 사회정의 실현의 목표가 그 의미와 중요성을 상실한다는 것이다. 이런 배경을 고려할 때, 다양성관리에 대한 개념파악 및 그 적용가능성 측면에서 보다 더 포괄적인 이해를 힐 필요가 있으며, 그렇게 함으로써 논의를 보다 더 합리적·객관적 수준에서 끌어갈 수 있을 것으로 기대된다(Krell and Sieben, 2009: 33).

어쨌든 다양성관리는 그동안 기업에서뿐만 아니라 공공분야의 행정, 교육기관 그리고 다른 조직에서도 주의를 기울여야 할 과제로 점점 더 많이 인정받고 있는 추세에 놓여 있다. 하지만 우리나라에서는 이에 대한 관심이 아직 부족한 것으로 보이며, 또한 이와 관련된 연구도 별로 없는 상태에 놓여 있다.

이러한 배경에서 출발하여 이 장에서는 다문화사회에서 사회통합을 위한 방안을 모색하는 데 있어서, 특히 다양성관리의 개념을 중심으로 하여 사회통합을 위한 적절한 접근방안을 탐색하는 데 주된 목적이 있다. 이 목적을 달성하기 위하여, 우선 이론적 배경에서 다문화사회의 통합문제와 관련하여 일부 선행연구를 검토하고, 이어서 평행사회의 개념을 중심으로 하여 다문화주의가 수반하는 역기능에 관하여 논의하고자 한다. 그다음 다양성관리의 개념과 특징에 관해 간단히 알아보고, 여기에 기초하여 독일의 사례를 중심으로 하여 다양성관리의 현황과 실태에 관해 좀 더 자세히 살펴본다. 마지막으로 결어 부분에서는 우리나라의 사회통합정책을 위한 시사점을 도출하는 차원에서 강조하고자 하는 사항을 명제 형식으로 몇 가지 제시하고자 한다.

1. 다문화사회와 사회통합의 문제

　다문화사회의 통합방안과 관련하여 거시적 관점에서 시민적 권리와 의무에 초점을 맞춘 문화적 정체성의 확보, 다문화 네트워크로서의 거버넌스 모색, 다문화정책과 사회통합의 동시적 고려, 소수집단의 다양성을 수용하기 위한 전제로 기존 주류사회의 다양성 수용 등의 통합과제를 제시한 연구가 있다(강희원, 2007: 5~32; 한상우, 2010: 67). 독일의 사회통합정책을 고찰한 다음 시사점을 도출한 연구에 따르면, 인식의 측면에서는 서로 다른 가치와 문화적 다양성에 대한 열린 인식과 태도가 요청되며, 행위주체의 측면에서는 국가와 지방정부, 그리고 시민단체와 개인 사이의 상호협력 강화가 요청되고, 다문화정책의 접근방법 측면에서는 통합의 대상과 내용 성격에 따라서 다양하고 복합적인 정책이 추구되어야 한다(한상우, 2010: 82).

　유럽연합 수준의 사회통합정책과 관련해서는, 한편으로 한 국가 내의 입국자 및 외국인 거주자의 개념과 다른 한편으로 심화된 지역

협력체 내의 회원국 간 이주는 확연한 차이가 있다는 점에 유의한 연구가 있다. 이에 따르면 지역협력이 성숙하여 이주의 자유단계까지 허용된 예가 현재 유럽연합 이외에 존재하지 않으므로 여기서는 다문화주의 이론을 적용하는 게 용이하지 않다. 여기에 비추어볼 때 다문화주의는 다원화사회의 한 가지 형태라고 간주할 수 있으며, 따라서 이주영역에서의 다문화사회 형성을 위한 이론 및 정책을 보다 디분화시켜서 바라볼 필요가 있다(정상희 외, 2010: 221).

다문화사회에 관한 대부분의 논의에 관한 진단과 평가에 관해서는 우선 그동안 선험적이며 추상적인 단언에 그치고, 따라서 국가의 다문화지향 정책과 시민사회의 다문화지향 실천은 시행착오를 경험하기 쉬우며, 미래지향적인 다문화정책과 시민사회적 인프라 구축은 법적·경제적 차원에서 피상적으로 이루어져 온 점에 유의할 필요가 있다. 또한 다문화와 관련된 국내의 논의는 국적이라는 획일적인 잣대에 의존하고 다문화현상에 대한 피상적인 이해를 넘어서지 못하고 있다는 지적에도 유의할 필요가 있다(허창수, 2008: 101).

우리나라에서 결혼이민자에 대한 정책은 정권별로 별 차이가 없고 지속적으로 통합정책을 유지하고 있다. 단, 다문화가족지원법의 제정을 통해 좀 더 체계적으로 통합을 시도하고 있다고 볼 수 있다. 다문화가족 관련 보건복지부의 자료에 따르면 "글로벌 코리아를 향한 열린 다문화사회"를 비전으로 하여, 결혼이민자의 조기정착 및 자립역량 강화, 다문화가족의 안정적 생활 유지, 자녀의 건강한 성장 및 글로벌 인재 육성, 국민의 다문화사회 이해 증진이라는 네 가지 목표를 제시하고 있다.

다시 말하면 비전은 엄연히 다문화사회를 지향하고 있지만, 실제

로는 다문화사회에 대한 국민들의 이해 증진을 목표로 하는 통합정
책이 주를 이루고 있다. 또한 여러 부처에서 다문화사회라는 용어를
사용하고 있지만, 이것은 현상적인 것일 뿐(즉, 다양한 국적을 가진
사람들이 함께 살고 있는 현상을 의미하는 것일 뿐), 이론적인 의미에
서의 다문화사회와는 거리가 있다는 진단을 내릴 수 있다. 이론적인
의미에서의 다문화사회에 부응하기 위해서는 하위집단별 문화의 이
질성과 다양성을 법적·제도적으로 허용하는 수준에 이르러야 한다
는 과제가 제기되고 있다(고숙희, 2009: 174~178).

한국의 다문화교육은 이주자를 대상으로 하는 교육활동을 통칭하
는 것으로 이주자의 2세 문제와 관련된 것으로 받아들여지고 있다.
따라서 주로 다문화가정 자녀(외국인근로자 자녀, 국제결혼자 자녀),
북한이탈주민(새터민), 한국계 중국인(조선족)을 비롯한 입국재외동
포를 대상으로 하는 한국어, 한국문화교육을 뜻하는 것으로 이해하고
있다. 접근방식으로는 한국화교육, 한국전달교육, 이중언어교육, 귀국
학생 적응교육, 국제이해교육, 문화상대주의를 구현하는 수단으로의
교육으로 보는 입장 등이 혼재되어 있다. 교육내용의 차원에서는 소
수자 적응교육(동화주의의 관점 위주), 소수자 정체성교육(다문화주
의 관점 위주), 소수자 공동체교육, 다수자 대상 소수자 이해교육의
네 가지 형태로 구분해볼 수 있으며, 특히 네 번째는 국가교육과정을
통해 접근하는 데 있어서 가장 적합한 교육으로 간주된다(양영자,
2008: 63~85; 박재의·강현석, 2009: 29~30).

다문화사회와 관련된 일부 선행연구에 대한 이상의 검토에 비추어
볼 때, 본 연구에서는 다문화를 선언적으로 표방하면서 사실상 이주
자 혹은 소수집단의 적응에 주된 관심을 두고 있는 동화주의적 통합

정책을 문제로 삼을 수 있다. 또한 다문화사회에 관한 이론적·실천적 접근방안에 관한 논의가 영미계통의 다문화주의 및 다문화교육에 지나치게 경도되어 있다는 점을 지적할 수 있다. 특히 이 사항과 관련하여 본 연구에서는 다문화사회에 대한 적절한 대응방안을 모색하고 나아가야 할 방향을 설정하는 데 있어서, 보다 더 분화된 사고방식이 필요하다는 전제를 바탕으로 하여, 다문화 이외에 이를 보완하는 차원에서 유럽연합 수준에서 많이 거론되고 있는 초문화 및 주도문화의 관점(혹은 패러다임)에 대한 취급 및 논의가 요청된다는 문제제기에서 출발하고자 한다.

# 2. 평행사회와 사회통합의 문제

다문화사회 혹은 다민족사회의 형성이 강화되면서 이주민의 통합이 약한 형태를 취할 수 있다. 이 약한 통합의 형태에서는 원래 어느 지역에 정주하고 있던 사람들이 어느 정도 관용을 보여 줄 경우, 이주해 들어온 사람들이 어느 정도 자신들이 속했던 문화의 정체성을 유지할 수 있다. 이때 소수민족 집단 내에서 상당히 강한 내부적 통합이 나타날 수 있다. 그러한 곳에서는 특정한 문화권에 고립된 이종문화권(enclave)이 형성되면서 이른바 평행사회(parallel society)가 나타나게 된다. 그리고 이와 유사한 용어로 평행문화(parallel culture), 평행생활(parallel lives), 평행세계(parallel world), 하위사회(subsociety), 하위문화(subculture), 민족식민지(ethnic colony) 따위가 거론되고 있다.

여기서는 그 해당집단에 고유한 언어, 노동, 서비스산업(의사, 변호사, 극장, 상인, 이발사 등)이 나름대로 중요한 기능을 수행할 수 있다. 어쨌든 이와 같은 평행사회의 현상이 강하게 나타날수록 다문화주의의 꿈이 성취되지 못할 가능성이 그만큼 더 크다. 그리고 다수 이주자들의 사회통합도 실패할 가능성이 크다(Halm and Sauer, 2006a: 46～48; Halm and Sauer, 2006b: 18～19; Leibold et al., 2006: 3～4). 평행사회의 개념에 초점을 맞추어 사회통합과 관련된 기본개념 사이의 긴장관계를 간단히 도식화하여 제시하면 다음과 같다.

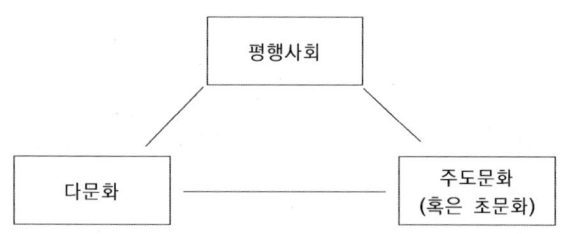

〈그림 4-1〉 사회통합과 관련된 기본개념 사이의 긴장관계

유럽대륙에 거주하는 다수의 유럽인들은 이미 상당히 오래전부터 다문화주의가 실패한 것으로 간주하고 있다. 예를 들면 2010년 가을 독일의 메르켈(Merkel) 수상은 청소년 보수당원 전국대회(2010.10.16)에서 행한 연설에서 "다문화주의는 죽었다"라는 표현을 사용했다. 그러한 불만이 표출되는 사례를 들자면, 프랑스 대도시 변두리에서 발생하는 이민자들의 폭동사태, 이슬람 사람들이 따로 모여 살면서 구축한 평행사회와 사회적 고립지구(ghetto, 게토)에 대한 불만, '강제결혼', '명예살인'과 같은 이슬람교의 풍속·습관에 대한 거부감, 특히 2001년 발생한 9·11 국제테러 이후 ('증오의 설교자'로 상징되는) 이슬람 근본주의에 대한 두려움과 혐오감, 그리고 이주자들이 처한 열악한 교육환경 등이 있다.

이런 관점에서 바라볼 때 평행사회는 다문화주의의 부작용 또는 의도하지 않은 부수결과라고 간주할 수 있다. 적어도 사회통합의 맥락에서 바라볼 때 다문화주의가 평행사회라고 하는 퇴행적 현상을 수반할 경우, 그것은 서로 다른 인구집단이 서로 따로 떨어져 사는 것, 즉 과거 남아프리카공화국에서 존재했던 인종차별(apartheid) 현상과 별로 다를 바가 없다고도 볼 수 있다. 사회통합의 큰 틀 속에서 바라볼 때, 거기에 기여하지 못하고 오히려 역방향으로 나아갈 우려가 있는 평행사회와 같은 현상을 경계하면서 그것을 저지하거나 미리 예방하기 위하여 나온 대안이 다름 아니라 초문화주의(transculturalism) 혹은 주도문화(Leitkultur, leading culture)의 입장이다(독일의 주도문화에 관한 토론에 관해서는 특히 Lammert(ed.), 2006; Lau, 2007b: 5 참조).

하지만 유럽대륙에 거주하는 사람들 사이에서도 미묘한 차이를 관찰할 수 있다. 예를 들면 한편으로 정교분리주의(세속주의, laïcité, laicism)를 상대적으로 더 많이 강조하는 프랑스의 초문화적(transcultural) 입장(즉, 공화주의적 보편주의, republican universalism)과 주도문화에 따른 통합을 지향하는 독일의 경향 사이에 미묘한 차이가 존재하는 것이다. 이러한 차이는 국민의 개념에 대한 상반된 해석에서도 부분적으로 확인할 수 있다. 국민의 개념은 민족(ethnos)의 요인과 민중(demos)의 요인 중 어떤 것을 얼마나 더 강조하느냐에 따라서 방향을 달리할 수 있다(허영식, 2010: 16).

공화국민(republican nation), 즉 공화정의 국민은 주로 민중으로 간주되고 있다. 예를 들어 프랑스의 르낭(Renan)이 국민을 '매일 이루어지는 일반투표(plébiscite de tous les jours)'라고 규정했다고 하는데, 이것은 공화국민의 관점을 매우 간단명료하게 표현한 것이라고 볼 수 있다. 하지만 여기에도 역시 아직 민족적 요소의 잔여 부분이 여전히 남아 있다. 프랑스의 공화국민과 대조되는 독일의 문화국민(cultural nation)은 상대적으로 민족의 요소를 더 많이 함축하고 있는 모형이라고 해석할 수 있다. 이 문화국민은 정치적인 성격을 띠게 되면 민중으로 변환되고, 비정치적인 상태에서는 다시금 민족으로 변환될 가능성이 많다(허영식, 2010: 87).

독일에서 주도문화를 둘러싸고 벌어지고 있는 논쟁을 살펴보면, 주도문화의 핵심적인 요소로 적어도 인권과 민주주의에 기반을 둔 정치문화(소위 헌정애국주의, constitutional patriotism)를 대부분 논자(論者)들의 공통분모로 간주할 수 있다. 하지만 여기에 더하여 추가로 전통과 역사, 언어와 종교 등의 요소를 함축하고 있는 문화국민의 측면을 포함시키는지의 여부, 그리고 얼마나 그것을 포함시키는지에 따라 논쟁의 갈등노선이 발생하곤 한다.

다문화주의를 표방하는 사람들의 입장에서 바라보면 '주도문화'라는 용어 자체가 이미 소수집단 혹은 이주자에 대하여 동화(assimilation)를 향한 촉구 혹은 심지어 압박을 함축하고 있다. 하지만 주도문화의 입장을 고수하는 다수집단의 대표자들은 여전히 소수집단 혹은 이주자들이 평행사회와 같은 퇴행적 현상에 휩쓸리지 말고, 평화로운 공존을 지향하면서 사회 전체의 통합에 실질적으로 기여할 수 있도록 가치, 태도, 행동의 변화를 보여 주길 기대하고 있으며, 이런 방향으로 '정신상태의 변화(change of mentality)'를 가져올 것을 요구하고 있다(Lau, 2007b: 5; Akguen and Bouffier, 2009: 107~125; Akguen, 2011: 64~74).

초문화주의의 관점에서 출발하여 프랑스가 공식적으로 표방하고 있는 공화주의적 보편주의에 관해서 살펴보면, 이것은 민족적·종교적 동일시에 대하여 거리를 유지할 수 있는 시민의 능력과 자세를 특별히 강조하며, 이 맥락에서 경우에 따라서는 저항이 있더라도 그러한 거리유지를 관철시키지 않으면 안 된다. 여기에 해당하는 대표적인 사례를 들자면, 이슬람 여성의 전신을 가리는 복장인 부르카(burka, burqa)를 공공장소에서 착용하지 못하도록 하는 법을 둘러싸고 입법과정의 전후에 벌어진 논쟁을 들 수 있다. 프랑스에서 거주하는 수백만에 달하는 이슬람 사람들 중 부르카를 입는 이슬람 여성의 수는 약 2,000명에 불과하다고 한다. 하지만 프랑스 사회에서 이 복장은 다른 사람들이 보기에 매우 선명하기 때문에, 이것에 관하여 여성에 대한 인권탄압이라는 입장을 취하고 있던 대다수의 프랑스 국민은 부르카 금지법에 대하여 찬성을 표했으며, 여기에 기초하여 법이 통과되었고 2011년 봄부터 발효가 된 상태에 놓여 있다.

어쨌든 초문화주의 혹은 공화주의적 보편주의는 하위문화의 구체적인 문화적 요소보다는 자유민주사회에서 살아가야 할 시민의 능력과 자세, 즉 시민성을 일차적인 준거 혹은 전제로 삼고 있다. 그런데 사회경제적 불이익과 차별대우, 사회적 공간 측면에서 이주민의 고립과 분리(즉, 평행사회의 형성)가 다시금 민족과 종교로 회귀하는 과정(즉, 재문화화, reculturation)을 조장하는 조건을 마련하게 되면 그러한 준거나 전제는 문제가 된다.

또한 국민국가의 교육제도를 통하여 전달된 지식과 국민적 문화의 규칙과 규범이 사실상 도대체 어느 정도로 보편적 타당성 혹은 일반화 가능성을 주장하고 요구할 수 있는가에 대하여 논란의 여지가 있으며, 그러한 지식과 규칙·규범 자체가 국민적 특수주의의 표현이 아닌가 하는 의문이 여전히 남아 있다(Demorgon and Kordes, 2006: 28~35; 허영식, 2010: 29~30). 그리고 적어도 다문화주의의 입장에서 바라볼 때, 프랑스의 초문화주의는 독일의 주도문화와 비슷하게 결국 현대판 동화주의(assimilationism)의 한 변종이 아닌가 하는 비평을 피하기 어렵다.

# 3. 다양성관리의 개념과 특징

1) 다양성관리의 등장배경과 목표

　다양성관리는 다문화사회에서 실질적인 사회통합에 기여하기 위하여 미국에서 나온 접근방안이다. 그 역사적 뿌리는 미국 시민권운동을 핵심으로 한 사회적 저항과 이 운동의 결과 쟁취한 차별금지법에 놓여 있다. 이 차별금지법은 물론 인종, 성(性), 피부색, 출신국가, 연령, 장애, 종교에 기인한 차별을 금지하는 것과 관련되어 있다. 이러한 입법화는 이제까지 불이익을 당한 집단의 구성원을 위한 차별철폐조치 혹은 적극적인 진흥조치(affirmative action)에 의해 보완되었다. 그런데 이에 부응하는 조치는 다시금 백인남성에 대한 역차별(reverse discrimination)을 수반하는 것이 아닌가 하는 비난에 부딪히기도 하였다.

　여기에 더하여, 법적인 최소기준을 충족시키는 데 그치지 않으려고 하는 기업이나 다른 조직은 나아가야 할 방향을 설정하는 데 있어서 도움을 필요로 하였으며, 이와 관련된 전문가(고문, 상담자)는 여기서 새로운 시장을 개척하거나 창출하였다. 그리고 선도적인 기업들은 만인의 기회균등에 지향을 둔 기업 및 인사정책의 경제적인 측면을 점점 더 많이 강조하게 되었다. 이러한 맥락에서 다양성관리를 통하여 다양한 재능과 능력을 보다 더 효과적으로 이용하자는 목표가 나오게 되었다.

그동안 미국에서는 다양성관리가 널리 보급되어 사기업에서뿐만 아니라 공공행정기관, 교육기관 그리고 다른 조직에서도 역시 이 다양성관리의 관점이 고려의 대상이 되었다. 그런데 다양성관리를 주창하는 사람들을 살펴보면, 대개 두 가지 진영으로 구분할 수 있다. '경제성 관점(business perspective)'을 강조하는 사람들에게는 문자 그대로 경제적인 목표가 더 중요한 반면, '형평성 관점(equity perspective)'을 강조하는 사람들에게는 인권보호의 전통과 기회균등의 목표가 더 중요한 요인으로 간주된다.

이 두 가지 흐름 혹은 경향에 덧붙여 지적할 사항은 다양성관리에 관한 토론에서 경제적인 목표와 도덕적 · 법적 목표가 종종 대립되는 긴장관계에 놓여 있는 것으로 등장한다는 것이다. 그러나 그러한 대립적인 입장 이외에 통합적인 입장도 역시 존재하는데, 이 통합적인 입장은 다양성관리의 수단을 통하여 윤리적 · 도덕적 목표와 경제적 목표 양자를 모두 달성할 수 있고, 법적인 규정과 지침에도 부응할 수 있다는 점을 강조한다. 통합적인 입장에서 출발할 때, 다양성관리의 목표는 현상으로서의 다양성과 연관된 단점이나 문제점을 줄이고, 다른 한편으로 장점이나 기회를 구현하는 데 놓여 있으며, 이를 통하여 결국 조직과 그 구성원들에게 도움을 주거나 이득을 가져오도록 해야 한다(Krell and Sieben, 2009: 34~35).

2) 다양성관리를 통한 조직문화의 변화

현상으로서의 다양성은 한편으로는 성별, 연령, 국직, 민족, 언어, 출신배경, 사회계층, 가족상황, 성적(性的) 지향, 교육, 직업, 기능(機能) 등과 같이 집단 형성과 관련된 범주와 관련된다. 그러나 다른 한편으로는 가치, 태도, 행동의 측면에서 나타나는 개인적인 다양성도 역시 고려할 수 있다. 개별적인 경우에 있어서 위에서 언급한 목표 중 어떤 것이 더 중요한 요인으로 작용하는가의 문제와 관계없이 적어도 다양성관리의 관점에서 바라볼 때, 이것의 도움을 빌려 조직은 어쨌든 집단적 소속과 개별성의 측면에서 모든 사람들에게 어울릴 수 있도록 변화되어야 한다.

이것은 우선 직장의 근로자와 관련되는 일이지만, 이들을 넘어서서 예를 들면 학교의 학생, 병원의 환자, 정당이나 노조의 구성원에게도 역시 해당하는 일이다. 보다 더 넓은 의미에서 다양성관리는 어느 조직의 모든 고객이나 의뢰인에게 해당할 수 있다. 여기에는 기존의 조직구성원뿐만 아니라 잠재적인 조직구성원도 포함되며, 이들이 가능하면 처음부터 배제되지 않도록 유의해야 한다. 다양성관리에 관한 문헌에서는 대개 현상(現狀)으로서의 획일적인 조직(monolithic organization) 혹은 단일문화조직(monocultural organization)에서 출발하여, 이것과 대조시키면서 추구해야 할 규범적인 상태 혹은 비전으로 다문화조직(multicultural organization)을 내세운다.

일반적인 진단에 따르면 단일문화조직에서는 물론 다양한 구성원이 있지만, 하나의 지배적인 집단(dominant group)도 역시 존재한다. 이것은 통계적으로 보았을 때 반드시 다수를 형성할 필요는 없지만, 이 지배집단이 중요한 의사결정을 내리고 조직의 문화를 각인시킨다. 다시 말하면 지배적인 집단은 '동질적인 이상(homogeneous ideal)' 혹은 '규범적·정상적 인물[norm(al) person]'로 통한다. 그 결과 지배적인 집단에 속하지 않고, 지배를 받는 하나의 집단 혹은 여러 집단에 속하는 사람은 다르거나 특별한 자로 통할 뿐만 아니라, 무엇인가 부족한 자 또는 (잠재적인) 문제를 안고 있는 자로 통하기 쉽다. 그리고 이것은 다시금 배제와 주변화를 수반하거나 적응을 강요당하거나 아니면 차별의 다른 형태를 낳게 된다. 경제적 관점에서 바라볼 때, 이것은 가치가 있는 잠재성을 낭비한다는 것을 의미한다(Krell and Sieben, 2009: 35). 어쨌든 다문화조직에 특징적인 사항은 다음과 같이 정리할 수 있다(Krell and Sieben, 2009: 36).

〈표 4-1〉 다문화조직의 특징

① 다원주의(혹은 다양성을 존중하는 문화)

② 모든 구성원의 구조적 통합(즉, 특정집단에 소속되어 있다거나 개인적인 특성으로 인하여, 단지 그렇다는 이유만으로 지위, 소득 또는 다른 자원에 대한 접근에 있어서 아무도 불이익을 받지 않는다)

③ 모든 구성원의 비공식적인 통합(특정집단에 소속되어 있다는 이유로 아무도 비공식적인 네트워크나 활동에서 배제되지 않는다)

④ 편견과 차별의 부재(不在)(특히 인사정책과 관련하여, 그리고 학교의 경우에는 교수학습내용과 평가, 교사와 학생 사이의 상호작용, 학생들 사이의 상호작용과 관련하여)

⑤ 집단 사이에서 발생하는 갈등의 최소화(특정집단에 소속되어 있다는 사실 그 자체가 갈등의 주요원인이 아니라는 뜻)

단일문화조직에서 다문화조직으로 변화하는 데 있어서는 다양성 관리의 여러 가지 조치가 기여할 수 있다. 예를 들면 기획된 조직변화의 과정을 위해 필수적으로 요청되는 다양성감사(diversity-audit)를 통하여 현황 및 목표달성에 대하여 체계적이며 규칙적인 분석을 수행할 수 있다. 그 이외에도 비전 혹은 기본지침의 형태를 통하여 조직문화에 다양성관리를 착근시킬 수 있으며, 조직구조의 측면에서 전담부서나 담당부서를 마련할 수 있다.

또한 지배를 받는 집단의 구성원을 위한 네트워크를 구성하거나 다양성 관련 훈련과정을 개설할 수 있다. 그리고 차별 및 기회균등의 잠재성을 고려하면서 인사정책의 기준, 절차, 실천을 검토하는 일이 필요하다. 교수내용이나 교재의 보기를 들어 설명하자면 이러저러한 편견이 퍼지는 것을 막는 일이 중요하며, 더 나아가서 편견과 차별에 대하여 계몽을 하고, 기본지침 혹은 비전으로서 다양성의 가치를 존중하도록 함으로써, 사전배려 차원에서 기회균등에 기여할 수 있도록 교재를 구성하거나 선정할 수 있다(Krell and Sieben, 2009: 36).

3) 다양성관리에서 다양성에 대한 이해

다양성관리의 실천방안을 고려할 때, 다양성을 단지 차이점에만 국한하여 이해하는 것보다는 오히려 '차이점과 공통점으로서의 다양성(diversity as difference and commonness)'에서 출발하는 것이 더 적절한 것으로 보인다. 이러한 이해는 우선 모든 개인은 어느 한 집단에 속하고 있을 뿐만 아니라, 언제나 동시에 여러 집단에 속해 있다는 점을 고려한다. 예를 들면 개인들은 성별로 구분할 수 있지만, 동일한 직업집단 혹은 연령집단에 속할 수 있다. 또는 그 역(逆)도 역시 성립한다.

그리고 동일한 집단적 특징을 보이는 개인들이 서로 매우 다른 가치관을 갖고 있을 수 있으며, 거꾸로 서로 다른 소속감을 갖고 있는 사람들이 동일한 가치를 공유할 수 있다. 그런데 바로 이 가치관은 협력과 다양성관리를 위해 특별히 중요한 의미를 지니고 있다. 가치, 태도, 행동방식의 측면에서 바라볼 때, 위에서 언급한 다양성의 차원에 따라 형성된 집단 내에서 한편으로는 차이가 존재하지만 다른 한편으로는 공통점도 역시 존재한다.

또한 정체성구조의 모형에 따르면, 동일한 집단에 소속하더라도 얼마든지 서로 다른 부분 정체성이 형성될 수 있다. 예를 들면 백인여성에게 있어서는 성별에 따른 소속감이 지배적인 요인으로 작용하는 반면, 유색인종에 속한 여성에게 있어서는 성별소속감과 인종적·민족적 소속감이 둘 다 중요한 요인으로 작용한다는 연구결과가 있다. 이런 맥락에서 최근에는 인종, 계층, 성별, 종교, 지역, 세대 등의 공동작용에 주의를 기울이게 되었으며, '교차성 접근방안(intersectionality approach)'의 이름 아래 이러한 공동작용을 다루거나 연구하는 경향이 나타나게 되었다(Griese and Sievers, 2010: 9; Stuve, 2009: 257~269). 그리고 정체성구조의 개념은 일견 정체성 그 자체가 처음부터 완전히 고정된 것을 암시하는 인상을 주지만, 실제로는 그렇지 않고, 상황과 맥락에 따라 변화한다는 점(즉, 이동정체성, shifting identities)도 강조되고 있다.

어쨌든 차이점에만 초점을 맞춘 다양성의 이해는 이와 같은 복합성을 제대로 다룰 수 없는 것처럼 보인다. 오히려 고정관념에 빠질 위험성이 그만큼 더 많다. 특정한 집단에 소속되어 있다는 이유만으로 개개인에게 어떤 부족한 점이 있다고 지레짐작하거나, 아니면 특별한 잠재력이나 재능이 있을 것이라고 추정할 경우 문제가 될 수 있다. 또한 인사정책이나 교육정책의 틀 속에서 특정한 집단에 속한 모든 개인들에게 이른바 '맞춤형' 프로그램을 제공하려고 할 경우에도 역시 집단 내에서의 차이를 소홀히 다루거나 고정관념을 재생신힐 수 있는 위험성이 도사리고 있다.

그리고 소속감은 정체성, 자격부여, 행동방식에 대한 긍정적 혹은 부정적 평가와 연결될 뿐만 아니라, 자원(양성기회, 일자리, 소득 따위)에의 접근 측면에서 구조적인 우대 및 차별대우와도 역시 결합된다. 이것도 역시 다양성관리를 위해 중요한 사항이며, 따라서 여기서도 역시 집단 사이의 공통점과 집단 내의 차이를 고려할 필요가 있다(Krell and Sieben, 2009: 36~38).

 # 4. 다양성관리의 실행사례

1) 다양성관리의 상황과 전개양상 개관

독일에서 다양성관리는 1990년대 후반에 실현되기 시작하였으며, 처음에는 주로 미국에 본사를 둔 대기업에서 이루어졌다. 그때부터 이 관리개념은 점점 더 많이 보급되었다. 그동안 600개 이상의 조직이 '다양성헌장(charter of diversity)'에 서명을 하였으며, 이와 함께 다양성을 존중하고 다양성관리를 구현하는 데 대하여 책임을 지기로 다짐하였다. 이 조직에는 기업뿐만 아니라 조합, 행정기관, 대학 및 전문대학 그리고 일부 초·중등학교도 역시 포함되어 있다.

전문가들의 예상에 따르면, 독일에서 다양성관리가 장래에도 역시 점점 더 증가할 것으로 보고 있다. 이러한 예상을 뒷받침하는 근거로는 적어도 다음과 같이 세 가지 사항을 지적할 수 있다(Krell and Sieben, 2009: 38~39).

(1) 미국의 경우와 유사하게 다양성관리의 제도화를 위하여 중요한 원
동력을 제공한 것은 다름 아니라 차별금지법이다. 다양성관리는
특히 2006년에 효력이 발생된 일반동등대우법(AGG: Allgemeine
Gleichbehandlungsgesetz)을 통하여 그전에 비해 더 명시적으로 그
리고 더 포괄적으로 고용주에게 부과된 법적인 규범을 제대로
처리하는 데 특별히 적합하다(Klose, 2009: 46~61).

(2) 다양성과 그 관리의 주제는 학술분야에서, 그리고 특히 리더십
과 관련하여 장래의 지도자를 양성하는 곳에서 점점 더 많이 자
리를 잡아가고 있다. 예를 들어 인사정책과 관련된 전공분야의
구성요소가 되고 있으며, 다양성과 관련된 교수직이 마련되고
있다[보기: 킬(Kiel) 대학교의 사회학, 베를린 훔볼트 대학교의 관
리, 베를린 자유대학교의 인사관리]. 그리고 포괄적인 공부 및 연
구프로그램이 개시되고 있다. 특히 베를린 자유대학교에 계속교
육 차원에서 설치된 '성·다양성 능력 석사과정(der weiterbildende
Masterstudiengang Gender- und Diversity-Kompetenz)'과 같은 연구과
정과 결합된 전문성 함양·신장의 목표는 다양성관리의 실행을
더욱 지속시킬 것으로 보인다(Vinz, 2009: 106~108).

(3) 다양성관리라는 용어와 그 이행(履行)을 위한 논증을 정치가들
도 역시 점점 더 많이 적용하고 있다. 예를 들면 경제기술부와
가족복지부(가족, 노인, 여성, 청소년부)가 다양성의 존중과 같
이 다양성과 관련된 개념을 활용하기 시작했다. 이주, 난민, 통
합 담당부서는 2007~2008년 동안 '기회로서의 다양성'이라는
모토를 내세우며 캠페인을 전개하였다(www.vielfalt-als-chance.de).
이 캠페인은 특별히 기업, 행정기관 및 다른 조직에서 민족적·

문화적 다양성이 매우 중요한 경제적 자원이라는 의식을 갖추도록 하는 데 목표를 두었다. 이 캠페인의 틀 속에는 위에서 이미 언급한 바 있는 기업운동인 '다양성헌장'의 뒷받침도 역시 포함된다(www.charta-der-vielfalt.de).

전체적으로 바라볼 때 독일에서 다양성관리에 대한 의식과 실천은 점점 더 강화되고 있으며, 아마도 앞으로도 그렇게 될 것으로 예상된다. 하지만 기회균등의 정책에 관심이 있는 사람들에게는 아직도 여전히 해야 할 일과 해명해야 할 일이 남아 있다고 볼 수 있는데, 이에 관해서는 아래에서 좀 더 자세하게 논의하기로 한다.

2) 다양성관리의 실천방안과 조치

여기서는 기업의 경우를 중심으로 하여 다양성관리라는 이름 아래 혹은 그 개념의 의미에서 실제로 어떤 일이 행해지고 있는지 간단히 알아보기로 한다. 다양성관리의 관점에서 취할 수 있는 구체적인 실천방안 혹은 조치는 물론 나라나 지역에 따라 우선순위에 있어서 다소 차이가 발생할 수 있다. 예시적 차원에서 소개하는 다음의 조사결과는 독일에서 기업을 대상으로 하여 수행한 전문가 면담에서 나온 것이다. 다음 <표 4-2>에서 우선순위를 나타내는 숫자는 강도(强度) 혹은 의미, 중요성의 측면에서 각 조치가 차지하는 상대적인 위상을 보여 준다고 볼 수 있다.

여기서 특기할 만한 점은 다른 많은 목적을 위해서도 역시 기여할 수 있는 유연한 근로시간의 구성이 다른, 보다 더 특정한 다양성 관련 조치에 비해 훨씬 더 많이 거론되고 있다는 것이다. 그리고 미국에서는 가장 많이 보급된 조치에 속하는 것, 즉 다양성에 지향을 둔 인사정책 과제영역의 구성 및 다양성훈련과정과 같은 중요한 조치가 우선순위에서 마지막에 등장하고 있다는 점에 대해서도 다시 생각해 볼 필요가 있다(Krell and Sieben, 2009: 39~40).

<표 4-2> 다양성관리의 실천방안과 조치

1	유연한(융통성 있는) 근로시간
2	혼합팀
3	기업문화에서 다양성관리의 착근
4	다양성활동에 관한 소통
5	다양성에 지향을 둔 기업내규(혹은 합의사항)
6	다양성관리의 필요에 대한 조사 및 검토
7	다양성관리의 구조적 제도화(전담부서 혹은 담당자)
8	멘토링(mentoring) 프로그램
9	다양성관리의 조치에 대한 평가
10	소수집단을 위한 상담프로그램 제공
11	다양성에 지향을 둔 인사정책 과제영역의 설정 및 구성
12	다양성에 지향을 둔 시설(보기: 탁아소, 유치원, 기도할 수 있는 공간)
13	다양성훈련과정

3) 이주배경을 가진 사람들에 대한 다양성관리

여기서는 다양성관리의 표적집단으로 이주배경을 가진 사람들에 대하여 보다 더 자세하게 살펴보고자 한다. 이 사람들이 기업과 공공행정기관 그리고 다른 조직을 위해 어떤 기회를 제공하는지의 질문은 위에서 언급한 바 있는 '기회로의 다양성'이라는 캠페인을 통해서 뿐만 아니라, 다양성 및 다양성관리에 관한 연구에서도 역시 계속해서 강조되고 있다. 예를 들면 이주배경을 가진 사람들은 특별한 문화적 지식을 갖추고 있으며, 고객들의 모국어를 활용하여 그들과 자연스럽게 소통을 하고, 표적집단(target group)에게 더 적절한 맞춤형 상품과 용역을 제공할 수 있다는 점을 논거로 대곤 한다.

이 맥락에서 여기서는 베를린 소재 기업을 대상으로 한 연구결과를 소개하고자 한다. 이주배경을 가진 사람들이 얼마만큼 방금 위에서 언급한 기회를 활용하는지에 관한 질문이 이 연구의 문제 제기인데, 이에 대한 답변을 찾기 위해 연구진은 한편으로는 500개에 달하는 베를린 소재 기업의 인사담당자를 대상으로 하여 전화통화로 설문조사를 수행했으며, 다른 한편으로는 여섯 개 기업에서 심층면담을 수행하여 이것을 사례연구의 형태로 정리했다고 한다. 이 연구에서 나온 핵심적인 결과를 제시하면 다음과 같다(Anders et al., 2008; Krell and Sieben, 2009: 40~42 재인용).

(1) 500개의 기업 중 약 2/3에 해당하는 기업(340개)이 이주배경을 가진 근로자를 고용하고 있다. 이 범주에 속하는 근로자집단의 몫은 평균 12%에 해당한다. 관리직과 직업훈련부서에서 근무하는 이주배경 근로자의 몫(각각 9%, 7%)은 평균에 미치지 못하며, 단순노동 일자리에서 근무하는 몫(19%)은 평균을 상회한다.

(2) 이주배경을 가진 근로자들을 고용하고 있는 340개 기업 중 1/3에 해당하는 100개 기업에서는 바로 이 이주배경 때문에 그들을 고용하고 있다. 그들의 언어지식이 특별한 장점으로 간주된

다. 그들을 고용하는 다른 중요한 이유로는 해당 국가 및 문화에 관한 지식, 그리고 기업의 국제성을 보여 주는 가시적인 표시인 종업원의 다양성을 들 수 있다. 여섯 개의 기업에 대한 사례연구는 이를 보완하는 차원에서, 이주배경을 가진 사람들을 고용하는 데 있어서 고객 혹은 고객과의 상호작용 강도가 특별한 의미와 중요성을 지니고 있다는 결과를 보여 준다.

(3) 이주배경을 가진 사람들을 고용하지 않는 나머지 약 1/3에 해당하는 기업(160개)에서는 고용하지 않는 이유에 대해, 거의 대부분(93%)이 "단순히 그런 일이 없다"라는 답변을 했다고 한다. 그리고 절반에 가까운 담당자들(48%)이 그들의 기업에서는 동질성에 더 기대를 건다는 말을 덧붙였다고 한다.

(4) 사례연구는 인사구조(여기서는 이주배경을 가진 사람들의 고용과 관련하여)와 인사관리 실천 사이의 연관성도 역시 보여 준다. 예를 들면 인사업무 담당자들과 채용 선발에 관여한 사람들이 다양성에 대한 긍정적인 태도와 (간)문화적인 감수성을 갖추고 있을 경우, 문화적으로 이질적인 종업원 집단을 개발하는 데 기여한다. 그러한 개인적인 태도에 선행(先行)하는 요인으로는 대개 이주배경을 가진 근로자들과의 긍정적인 경험을 들 수 있다.

(5) 심층면담 및 전화를 통한 설문조사의 결과, 추론할 수 있는 사항이지만, 특별히 이주배경을 가진 근로자에 목표를 둔 조치보다는 오히려 기회균등을 위한 일반적인 조치를 훨씬 더 많이 관찰할 수 있다. 설문대상 기업의 80% 이상에서 기회균등에 대한 요구가 기업의 기본원칙 혹은 기본노선에 반영되어 있다. 18%에 해당하는 기업에서는 기회균등을 위한 기업내규가 존재하

며, 14%에 해당하는 기업에서는 기회균등을 위한 담당자 혹은 담당부서를 갖추고 있다. 하지만 설문대상 기업의 4%만이 명시적으로 다양성관리 프로그램을 갖추고 있다. 특별한 조치로는 다음과 같은 것을 들 수 있다. 9%에 해당하는 기업은 이주배경을 가진 사람들을 겨냥하여 모집한다. 전화설문에 응한 기업 중 10%에서는 직원협의회(경영참여 근로자 대표협의회)가 이주배경을 가진 근로자의 이해관계 혹은 관심사를 위해 능동적인 활동을 펼치고 있다. 하지만 이주배경을 가진 근로자를 위한 특별 진흥프로그램을 승낙하려는 태도는 그렇게 강하다고 볼 수 없으며, 이것은 면담에 응한 이주자들에게서도 역시 관찰된다.

이러한 조사결과에 비추어볼 때, 전체적으로 문화적 다양성을 다루는 데 있어서 앞으로 기업의 보다 더 적극적인 관심과 이행을 위한 노력이 요청된다고 볼 수 있다. 그럼에도 불구하고 긍정적인 측면도 역시 관찰할 수 있다. 책임을 지고 있는 사람들의 머릿속에 기회균등에 대한 의무가 자리를 잡아가고 있으며, 이주배경을 갖고 있는 개인들의 잠재력을 긍정적으로 평가하려는 발상의 전환이 시작되고 있다. 그리고 다른 분석결과에 기초할 때, 기업의 특정한 경쟁전략이 그러한 다양성전략(즉, 기업이 다양성을 다루는 방식과 형태라는 의미에서)을 수반할 수 있다는 점이 확인되고 있다. 이를 통하여 결국 이주배경을 갖고 있는 사람들의 고용을 장려하는 결과를 낳을 수 있다 (Ortlieb and Sieben, 2008: 70~93; Krell and Sieben, 2009: 42).

이상에서 논의한 사항을 정리하는 차원에서 키워드를 중심으로 하여 이 장의 논리구조를 간단히 도식화하면 다음 <표 4-3>과 같다.

〈표 4-3〉 사회통합의 착근을 위한 다양성관리의 논리구조

문제 제기	사회통합을 위한 실질적인 접근방안으로의 다양성관리	다양성관리에 관한 구체적인 담론 및 실천방안
- 우리나라에서는 다문화 사회에 관한 담론이 거의 일방적으로 다문화주의 및 다문화교육에 치중하고 있음 - 이 장에서는 보다 더 분화된 사고방식이 필요하다는 전제에서 출발하여, 다문화 이외에 초문화 및 간문화의 관점에 대한 취급 및 논의가 요청된다는 문제를 제기함 - 유럽에서는 최근 여러 사회정치세력이 다문화주의가 실패했다는 진단을 내리면서, 사회통합의 차원에서 특히 평행사회의 위험성을 제기하고 있음 - 평행사회와 같은 현상에 대처하기 위한 패러다임이 초문화주의 혹은 주도문화임	- 다문화주의의 한계 혹은 부작용(평행사회로의 퇴행현상 포함)에 대처하기 위한 대안으로 간주되고 있음 - 이와 동시에 초문화주의 및 주도문화의 한계(의도하지 않은 귀결로 전통적인 동화정책으로 회귀할 수 있다는 내재적 문제점)를 극복하는 차원에서 다양성관리가 적절한 대안으로 제시됨 - 다양성관리는 처음에 미국에서 거론되기 시작했으며, 이제는 기업뿐만 아니라 공공분야 및 다른 조직에서도 고려의 대상임 - 하지만 우리나라에서는 명시적으로 이 개념에 관한 담론 및 실천방안이 거의 없는 상태이기 때문에, 그 의미와 중요성에 대해 환기시키고자 함	- 예시적 차원에서 독일의 경우를 보기로 하여 다양성관리에 관한 담론 및 실천방안을 보다 더 구체적으로 살펴보았음 - 독일의 경우, 최근 이 개념에 대한 관심과 실천이 증가하고 있음을 확인할 수 있음 - 하지만 미국과 비교할 때 우선순위에서 부분적으로 차이를 보여 주고 있음 - 여기서 추론할 수 있는 사항이지만, 우리나라에서도 다양성관리를 실천에 옮길 때, 실천방안 혹은 조치에 관한 경험적 조사 연구의 수행이 요청됨 - 국제적인 비교에 바탕을 두고 우리나라 실정에 더 적합한 조치를 강구해야 함 - 이주배경을 가진 사람들을 표적집단으로 하여 기업이나 다른 조직에서 다양성관리의 기획·운영에 대한 경험적 연구 및 조사가 필요함

이 장은 다문화사회에서 발생하는 사회통합의 문제를 다루거나 해결하기 위한 방안이 무엇인가 하는 문제 제기에서 출발하여, 사회통합의 장애요인으로 작용하는 평행사회의 개념과 이를 해소하기 위한 대안 중의 하나인 다양성관리의 개념을 중심으로 하여 사회통합을 위한 접근방안을 논의하였다. 이상의 논의를 바탕으로 할 때, 요약 및 결론의 차원에서 이 장에서 강조하고자 하는 사항을 다음과 같이 몇 가지 명제로 정리할 수 있다.

(1) 다문화사회의 사회통합 문제와 관련된 선행연구의 분석에 기초할 때, 다문화를 선언적으로 표방하면서 사실상 이주자 혹은 소수집단의 적응에 주된 관심을 두고 있는 동화주의적 통합정책을 문제로 삼을 수 있다. 또한 우리나라에서는 다문화사회에 관한 이론적·실천적 접근방안에 관한 담론이 거의 일방적으로 다문화주의 및 다문화교육에 치중하고 있다는 점을 지적할 수 있다. 이 점에 대해서 이 장에서는 보다 더 분화된 사고방식이 필요하다는 점을 염두에 두면서 다문화 이외에 특히 초문화 및 주도문화의 관점(혹은 패러다임)에 대한 취급 및 논의가 요청된다는 문제 제기에서 출발하였다.

(2) 유럽대륙에 거주하는 다수의 유럽인들은 이미 상당히 오래전부터 다문화주의가 실패한 것으로 간주하고 있다. 특히 '소박한 다문화주의(naive multiculturalism)'는 사회통합이 마치 저절로 잘 굴러갈 것처럼(Integration als Selbstlaeufer) 간주하는 경향이 있는데(Lau, 2007a: 1), 평행사회는 이와 같은 다문화주의의 부작용 또는 의도하지 않은 부수결과라고 해석할 수 있다. 사회통합의 큰 틀 속에서 바라볼 때, 평행사회와 같은 현상을 경계하면서 그것을 예방하기 위한 대안이 초문화주의 혹은 주도문화의 입장이다. 물론 이 두 가지 준거 사이에는 미묘한 차이가 존재하기도 하지만, 두 입장 모두 비판적인 입장에서 바라볼 때 사실상 동화주의의 위험성을 안고 있는 것이 아닌가 하는 의혹 때문에 유럽대륙에서도 이를 둘러싸고 계속해서 논쟁이 벌어지고 있다.

(3) 초문화주의(공화주의적 보편주의)와 주도문화는 둘 다 자유민주사회의 핵심적인 정치문화 요소로 시민성 혹은 헌정애국주

의를 강조하고 있기 때문에, 일견 사회통합에 적절한 대안으로 간주할 수 있다. 하지만 이주배경을 갖고 있는 사람들 혹은 소수집단의 문화적 정체성을 결국에는 부분적으로 혹은 상당 부분 포기하도록 하고, 주류문화에 동화시키려 한다는 내재적 문제점을 안고 있다. 따라서 한편으로는 다문화주의의 부작용으로 나타날 수 있는 평행사회로의 퇴행을 방지하고, 다른 한편으로는 초문화주의 및 주도문화의 한계를 극복하는 차원에서 본고에서는 다양성관리를 적절한 대안의 하나로 제시하였다.

(4) 다양성관리는 처음에는 미국에서 그것도 주로 기업에서 많이 거론되었지만, 그동안 다른 분야에도 보급 확산되어 공공행정기관, 교육기관 그리고 다른 조직에서도 역시 이 다양성관리의 관점이 고려의 대상이 되었다. 하지만 우리나라에서는 명시적으로 이 개념을 둘러싼 담론이나 실천방안이 아직은 거의 없는 상태에 있기 때문에, 다문화사회에서의 사회통합 문제를 다루기 위한 접근방안으로 주의를 기울일 필요가 있다. 이 맥락에서 여기서는 독일의 사례를 중심으로 하여 다양성관리의 현황과 실태를 개관하였다.

(5) 다양성관리를 바라보는 입장으로는 경제성 관점을 강조하는 진영과 형평성 관점을 강조하는 진영으로 구분할 수 있는데, 여기서는 두 가지 입장을 대립적인 관계보다는 오히려 통합적인 관계로 바라보는 것이 더 적절하다는 전제에서 출발하여, 윤리적·도덕적 목표와 경제적 목표 양자를 모두 달성할 수 있는 방안을 모색할 필요가 있다는 점을 강조하고자 한다. 그리고 다양성에 대한 이해에 있어서 차이에만 국한된 시각이 아니라 '차이점과 공통점으로서의 다양성'에서 출발함으로써, 결국 다문화조직과 그 구성원들에

게 도움을 주거나 이득을 가져오도록 하는 것이 바람직하다.

(6) 독일의 사례를 중심으로 하여 살펴본 다양성관리에 입각할 때, 최근에 이에 대한 관심과 실천이 점점 더 증가하고 있음을 확인할 수 있다. 하지만 다양성관리의 구체적인 실천방안 혹은 조치에서 미국과 비교할 때 우선순위에서 차이를 보여 주고 있다. 이러한 보기에서 추론할 수 있는 사항이지만, 우리나라에서도 앞으로 다양성관리를 실천에 옮길 때, 실천방안 혹은 조치에 관한 경험적인 조사 및 연구가 수행될 필요가 있으며 국제적인 비교에 바탕을 두고 우리나라 실정에 더 적합한 조치를 강구해야 할 것이다. 이와 더불어 특히 이주배경을 가진 사람들을 표적집단으로 하여 기업이나 다른 조직에서 다양성관리가 어떻게 계획되고 운영되는가에 대하여 경험적인 연구와 조사를 할 필요가 있다.

(7) 다문화사회 혹은 이주사회가 안고 있는 사회문제를 처리하고 사회를 민주적으로 구성하기 위해서는 모든 개인들이 그들의 생활, 학습, 노동세계에서 간문화능력(intercultural competence)을 발휘할 것이 점점 더 많이 요청되고 있다. 이 맥락에서 예를 들면 간문화교육 및 시민교육, 그리고 경제부문이 공동으로 협력하여 필요한 조치를 강구할 수 있다. 또한 지속가능성(혹은 미래에 대한 책임)의 구현이라는 의미에서, 특히 시민교육은 가용한 수단과 자원을 활용하여 기업시민성(CC: corporate citizenship) 및 다양성관리에 관한 공공적 담론을 구성할 수 있다. 기업시민성과 다양성관리의 측면에서 다문화사회를 구성하는 일과 관련된 토의와 논의는 결국 공공적이고 정치적인 사안이기 때문이다(Piontek, 2004: 44~47; 허영식, 2010: 74~75).

<요약>

이 장에서는 다문화사회에서 발생하는 사회통합의 문제를 다루거나 해결하기 위한 방안이 무엇인가 하는 근본적인 문제 제기에서 출발하여, 사회통합의 장애요인으로 작용하는 평행사회의 개념과 이를 해소하기 위한 대안 중의 하나인 다양성관리의 개념을 중심으로 하여 사회통합을 위한 접근방안을 논의하였다. 이 장에서 강조하고자 하는 사항은 다음과 같이 정리할 수 있다. 첫째, 다문화사회의 사회통합 문제와 관련된 선행연구의 분석에 기조할 때, 보다 더 분화된 사고방식이 필요하다는 점을 염두에 두면서 다문화 이외에 특히 초문화 및 주도문화의 관점(혹은 패러다임)에 대한 취급 및 논의가 요청된다는 점을 강조하였다. 둘째, 소박한 다문화주의는 사회통합이 마치 저절로 이루어질 것처럼 간주하는 경향이 있는데, 평행사회는 이와 같은 다문화주의의 부작용 또는 의도하지 않은 부수결과라고 해석할 수 있다. 평행사회와 같은 현상을 경계하면서 그것을 예방하기 위한 대안이 초문화주의 혹은 주도문화의 입장이다. 그런데 두 입장 모두 비판적인 입장에서 바라볼 때, 사실상 동화주의의 위험성을 안고 있는 것이 아닌가 하는 의혹 때문에 논란의 여지가 여전히 남아 있다. 셋째, 따라서 한편으로는 다문화주의의 부작용으로 나타날 수 있는 평행사회로의 퇴행을 방지하고, 다른 한편으로는 초문화주의 및 주도문화의 한계를 극복하는 차원에서 다양성관리의 접근방안에 주의를 기울일 필요가 있다. 넷째, 다양성관리에 관한 독일의 사례에 기초할 때, 최근에 이에 대한 관심이 증가하고 있다는 사실을 확인할 수 있다. 그러나 다양성관리에 초점을 맞추어 문화적 다양성을 보다 더 생산적·건설적으로 다루기 위한 방안을 모색할 필요가 있다. 다섯째, 우리나라에서도 앞으로 다양성관리를 실행하고자 한다면, 실천방안 또는 조치에 관한 경험적인 조사 및 연구가 수행될 필요가 있으며, 국제적인 비교에 바탕을 두고 우리나라 실정에 더 적합한 조치를 강구해야 할 것이다. 또한 특히 이주배경을 가진 사람들을 표적집단으로 한 경험적인 연구와 조사를 수행할 필요가 있다.

05

다문화주의와
공화주의적 주도문화의
긴장관계[2]

독일에서 2010년에 논란이 되었던 소위 '자라친(Sarrazin) 효과'는 2002년 네덜란드에서 발생했던 '핌 포르퉨(Pim Fortuyn) 충격'과 유사한 점이 많다. 두 가지 경우 모두 당시 양국의 상황을 살펴보면, 비교적 안정된 상태에 놓여 있었으며 경제발전도 인근 타국에 비해 잘 이루어지고 있었다. 이주자와의 관계에 있어서도 낙관적인 관점을 취할 수 있는 이유가 있는 것으로 보였다. 그리고 그동안 모든 정당과 사회집단이 수긍을 한 사회통합의 합의가 수립된 것처럼 보였다.

그런데 갑자기 담론이 방향을 바꾸었다. 2002년 핌 포르퉨이 내세운 명제와 2010년 자라친(Thilo Sarrazin)이 내세운 명제가 많은 사람들의 이목을 끌었으며, 거의 모든 매체가 이것을 대서특필하여 다루었다. 2002년 네덜란드의 경우와 마찬가지로 2010년 8월부터 마치 다른 주제가 더 이상 없는 것처럼 보였다. 두 사람 모두 1945년 이후 일종의 사회적 합의로 간주되고 존중되었던 민주적 토론의 경기규칙을 의도적으로 어겼다. 그들은 원칙적인 수준에서 모든 사람의 평등성에 의문을 제기하고, 특히 이슬람교도가 현대사회의 생산적인 구성원이 될 수 있는 자질과 능력을 갖추고 있는지에 대하여 의문을 제기하였다(Ahlheim, 2011: 46~48; Prevezanos, 2011: 1~2; Ripperger, 2011: 1~3).

이에 대하여 여러 군데서 빗발치는 비판은 모든 이러한 진술이 띠고 있는 센세이션의 성격을 오히려 강화시켰으며, 두 사람 모두에게 말하자면 대담하게 기존의 금기를 깨뜨린 순교자의 분위기를 제공하였다. 자라친 자신은 마치 공개재판을 받고 있는 것 같다면서 불평을 늘어놓았다. 그리고 이와 같은 선정주의의 만연으로 인하여 문제의 본질과 관련된 오류와 모순을 입증하는 일은 더 어렵게 되었다.

어쨌든 이와 같이 갑작스럽게 반전이 이루어진 사실을 어떻게 설명할 수 있을까? 왜 네덜란드는 처음에 다문화주의에 탐닉하였는가? 그러다가 오늘날 거기서 그 개념의 신용도가 왜 떨어지게 되었나? 그리고 독일의 경우 '추후 만회하는 사회통합(nachholende Integration)'에 대한 보고가 많이 발표된 이후, 왜 이제 와서 이주자가 통합에 대한 의지를

---

2) 제5장의 내용은 『유럽연구』 제30권 제1호에 게재한 필자의 글을 부분적으로 수정, 보완한 것임.

별로 보이지 않는다는 비판이 거세지고 있는가? 독일, 네덜란드, 프랑스 등의 경우, 다양한 인종, 민족을 포함한 축구팀이 국제경기에서 성공을 하면 한때 환호하다가 왜 얼마 지나지 않아 사람들은 그러한 다양성의 장점을 쉽게 잊어버리고 마는가? 2002년 이후 네덜란드에서 관찰할 수 있는 반전, 즉 다문화주의에 대한 선호에서 갑자기 외국인공포증으로 전환한 경험을 통하여 독일은 어떤 반응을 보이고 있는가?

이러한 질문과 문제의식에서 출발하여 이 장에서는 네덜란드와 독일의 경우를 중심으로 하여, 특히 다문화주의와 공화주의적 주도문화의 긴장관계에 초점을 맞추어 사회통합에 관한 담론과 해석의 동향을 살펴보고, 다문화사회에서의 사회통합을 위하여 바람직한 목표와 과제를 탐색해보고자 한다. 이러한 목적에 도달하기 위하여, 우선 최근 네덜란드에서 관찰할 수 있는 사회통합의 상태와 변화, 즉 다문화주의적 관용정책에서 체계적 국가통합정책으로의 전환을 알아보고, 이웃나라인 독일에서 이를 어떻게 받아들이고 이에 대해 어떠한 반응을 보였는지 개관하고자 한다. 이어서 독일에서의 사회통합문제에 주의를 돌려, 특히 다문화주의의 실패에 관한 진단과 이를 둘러싼 논쟁에 관해 기술한다. 그다음 다문화주의의 가능성과 한계에 관한 독일의 담론과 현실에서 거론되고 있는 공화주의적 주도문화의 개념을 중심으로 하여, 보다 더 일반적인 수준에서 다문화사회에서의 사회통합을 위한 접근방안을 제시하고자 한다.

1. 다문화주의에서 국가통합정책으로의 전환

1) 다문화주의에 대한 낙관주의에서 근본적 비관주의로의 반전

다문화주의는 1979~1980년의 제도적 개혁 이래 네덜란드가 대내외적으로 긍지를 갖고 표방한 운동이며, 바로 이웃에 놓여 있는 독일이 부러워하면서 바라본 대상이기도 하였다. 1995년만 해도 네덜란드 정부는 자기 국가의 통합정책이 유럽 전체를 위한 모범사례라고 기술하였다. 1993년 독일의 졸링겐(Solingen)에서 외국인에 대한 방화테러가 발생하자, 네덜란드의 한 디스크자키는 우편엽서 보내기 운동을 전개하였는데, 이 운동에 참여한 120만 명의 네덜란드인들은 당시 독일연방수상이었던 콜(Helmut Kohl)에게 "나는 분노한다"라는 내용을 담은 우편엽서를 보냈다고 한다. 물론 이러한 행위는 인접한 나라에 대한 도덕적 우월감으로 가득 찬 것이었다(Boecker and Thraenhardt, 2003: 3).

네덜란드는 스스로를 다문화국가라고 규정하였으며, 관용의 정책과 차이의 정당성을 인정하는 정책을 계획하고 있었다. 내국인과 동등한 권리를 갖춘 외국인의 충분한 참여, 사회경제적 상황의 개선, 외국인의 법적 지위를 내국인과 동일한 상태로 조정, 그리고 차별의 금지가 당시 공식적인 목표였다. 당시 기민당 수상이 이슬람사원과 힌두교협회를 방문하였는데, 이와 때를 같이 하여 1986년 외국인을 위한 지방선거권이 도입되었으며, 이를 통하여 네덜란드 정부는 개방적인 사회와 국가의 본보기를 보여 주고자 하였다.

1985년에는 귀화절차가 간소화되었으며, 1992~1997년에는 원칙적으로 복수(複數)국적이 허용되었다. 이 기간 동안 네덜란드는 높은 귀화비율을 보이면서 유럽의 다른 모든 나라를 앞질렀다. 정당들은 이주배경을 가진 후보자를 확보하려고 노력했으며, 몇 년 지나지 않아서 좌파정당뿐만 아니라, 보수주의자들과 자유주의자들도 역시 모든 수준에서 이주배경을 가진 의원을 갖추게 되었다. 이주민단체는 재정적 지원을 받았으며, 이슬람과 힌두교의 의식(儀式)과 제도는 국가에 의해 인정을 받았다.

그런데 새천년에 접어들면서 이와 같은 낙관적 상태가 갑자기 근본적인 비관주의로 돌변하였다. 이런 와중에 포르튄은 이슬람공포증을 담고 있는 진술인 '정치적으로 올바르지 못한(politically incorrect: 사회적 약자에 대한 배려를 고려하지 않는)'이라는 발언과 함께 오락성 소품을 갖고 등장하면서 2002년도에 정치적 분위기를 확 바꾸어 놓았다. 그는 헌법에 반영된 평등권 관련 규정에 의문을 제기하였으며, 더 이상 이슬람교도의 이주가 이루어지지 않도록 해야 한다고 주장하였다.

그는 마치 기존체제에 저항하는 국민의 목소리를 대변하는 것처럼 자처했으며 학자, 정치가, 언론인으로 구성된 '좌파교회'와 그들의 소위 '정치적으로 올바른(politically correct)' 태도에 반기를 들었다. 그의 주장에 따르면 이 '좌파교회'는 보통의 국민들이 자유롭게 그리고 공개적으로 그들의 의견을 개진할 수 없도록 만들었다는 것이다. 그가 설립한 정당인 '핌 포르튄 후보자 명부(List Pim Fortuyn)'는 비록 어느 동물보호주의자에 의해 포르튄 자신이 살해당하는 바람에 곧 실패로 돌아갔지만, 그가 제기한 주제는 다른 사람들의 이목을 받으면서 여전히 관심의 대상으로 남아 있었다.

2004년에 고흐(Gogh)가 살해되면서 이슬람공포증은 절정에 달하였다. 이 사람은 「순종(Submission)」이라는 제목을 달고 그가 제작한 영화에서 이슬람을 공격하는 내용을 담았다. 살인사건이 발생하자 여러 이슬람사원이 공격의 대상이 되었으며, 며칠 뒤에는 거꾸로 기독교회에 대한 공격이 뒤따랐다. 이때부터 네덜란드에서는 이슬람에 대한 토론, 그리고 이슬람이 도대체 계몽주의 및 근대와 양립 가능한 것인지에 관한 토론이 지속적으로 다루어지는 주제가 되었다(Thraenhardt, 2011: 2~3; Todorov, 2011: 168~172).

그리고 대중영합주의에 입각한 선거에서의 성공이 줄을 이었다. 포르튄에 대한 살인사건 이후에 우선 자유우파에 속하는 자민당(자유민주국민당: Volkspartij voor Vrijheid en Democratie)이 큰 성공을 거두었다. 이 정당 소속의 여성(Verdonk)은 2003~2006년 동안 장관으로 근무하면서 이주 및 통합에 대하여 유럽에서 가장 제한적인 입법을 도입하였다. 2010년에는 빌더스(Wilders)가 이슬람에 반대하는 내용을 담고 있는 캠페인을 통하여 큰 관심을 불러일으키면서 선거를 승리로 이끌었으며, 150개의 의석 중 24개의 의석을 획득하였다. 이와 같

이 정치적 분위기가 급격하게 반전을 이룬 현상을 분석하면서, 트렌
하르트는 다음 <표 5-1>과 같이 네 가지 사항을 주된 요인 혹은 계
기로 제시하고 있다.

〈표 5-1〉 정치적 반전과 관련된 계기(네덜란드의 경우)

(1) 다문화정책의 경제적 기반 부족	다문화주의로 이행하는 동안 서의 동시에 1980년의 경제위기와 관련하여 대거 해고바람이 불었다. 제2차 오일위기(1979~1980) 이후 고용체계상의 심각한 충격을 흡수하기 위하여 많은 네덜란드인과 더불어 특히 적지 않은 이주자들이 '노동불능연금'의 상태로 밀려났다. 이러한 조치는 일단 고용주 및 해고된 자 모두에게 편리한 해결책으로 간주할 수 있지만, 이로 인하여 이주자들은 경제적으로 하는 일 없이 지내는 사람들이라는 오명을 벗어나기 어렵게 되었다. 노동세계에서 정착하는 비율이 낮아진다는 것은 곧 사회에서 정착할 수 있는 가능성도 역시 낮아진다는 것을 의미한다. 그 결과 내국인과 외국인 사이의 경제적·사회적 격차가 많이 벌어지게 되었다. 1983년에 소수집단정책의 표적집단에 해당하는 실업률은 내국인의 그것과 비교해볼 때 2~3배에 달했지만, 1990년대 초에는 5배 이상까지 도달하였다.
(2) 차이를 지나치게 많이 강조한 다문화주의	예를 들어 캐나다의 통합적 다문화주의와 대조적으로 네덜란드의 다문화주의는 애초부터 차이를 지나치게 많이 강조하였다. 다문화주의를 위한 구상에 있어서 '정체성 집단'이나 '정체성 진흥'과 같은 키워드가 많이 거론되었으며, 국가는 출신배경에 입각하여 이주자집단의 통일된 문화적 결속을 지원하였다. 네덜란드의 이주연구자인 라트(Rath)는 이미 1991년에 이러한 정책을 '소수자집단 지향'이라고 비판한 바 있다. 여기서 소수자집단 지향이란 이주자들을 그들의 문화적 차이에 고정시키는 것을 말한다.
(3) 전통적인 좌·우파의 긴장관계 소멸	2002년 당시 사회민주세력과 자유보수세력의 연정이 8년 동안 통치를 해오고 있었으며, 이와 함께 전통적인 우파와 좌파의 긴장관계가 사라졌다. 게다가 보스니아 내전 당시 발생했던 스레브레니차(Srebrenica) 대량학살(1995)에 네덜란드가 공동책임이 있다는 사실이 관련 위원회의 조사 결과 드러난 이후, 정부는 2002년에 물러났다.
(4) 특정한 이주자집단의 정당성에 대한 문제 제기	이미 1991년부터 특정한 이주자집단의 정당성에 대하여 문제가 제기되었다. 자유당 원내 교섭단체의 장으로 활동하고 나중에 유럽연합 집행위원을 지낸 바 있는 볼켄슈타인(Bolkenstein)은 서구의 가치와 이슬람의 가치는 양립할 수 없다는 점을 표명하였다. 그는 소수집단이 네덜란드의 생활방식에 보다 더 강하게 적응해야 한다는 것을 요구하였다. 이와 함께 사회지도층에서 일련의 담론이 시작되었는데, 여기서 주된 논의사항은 다름 아니라 이슬람은 위험하고, 서구의 문화 혹은 생활방식과는 다른 종류의 것이며, 또한 통합할 수 있는 능력이 부족하다는 것이었다.

출처: Thraenhardt, 2011: 3~4.

2) 네덜란드에 대한 독일의 시각과 반응

독일인들은 인접국가 네덜란드에서 발생한 폭력사건에 대하여 마치 당사자인 것처럼 즉각적인 반응을 보였다. 고흐에 대한 살인사건이 발생하자, 사민당의 한 내무(內務)전문가는 네덜란드에서 발생한 사건은 어디서나 도처에서 일어날 수 있다는 논평을 달았다. 독일의 정치권은 이슬람을 본격적으로 다루기 시작했으며, 이슬람대표자들과의 대화를 제도화하기 시작하였다. 이것은 전통적인 태도에서 부분적으로 벗어난 것이라고 해석할 수 있다. 그 이전에는 이슬람교에 대한 담당은 주로 독일터키이슬람종교연맹(DITIB)에게 넘겨주었으며, 그렇게 함으로써 사실상 터키의 국가(Diyanet)에게 위임한 것이나 마찬가지였다.

네덜란드의 알리(Ali)를 본보기로 삼아 독일에서도 역시 이와 비슷하게 이주배경을 가진 일부 여성들이 이제 이슬람을 공개적으로 비판하면서 발언을 하기 시작했다. 이슬람가정에서 여성에 대한 억압은 지속적으로 다루어지는 공공적 주제가 되었으며, 이슬람여성이 머리에 두르는 두건은 억압받는 여성을 상징하는 고정관념으로 대중매체를 통해 보급, 확산되었다. 하지만 네덜란드와 비교해볼 때, 독일에서는 오랫동안 이슬람에 반대하는 담론이 그렇게 현저하지도 않았고 그렇게 근본적이지도 않았다(Boecker and Thraenhardt, 2003: 5; Thraenhardt, 2011: 4; Todorov, 2011: 171~172).

2003년 이래 네덜란드는 유럽 전역에 걸쳐서 바라볼 때, 체계적인 국가통합정책의 본보기가 되었다. 여기에는 해당자에게 이수해야 할 의무를 지운다는 의미에서 구속력 있는 통합강좌, 귀화를 위해 필수로 거쳐야 하는 시험, 이산가족의 결합을 하기 전에 거쳐야 하는 어학시험, 그리고 나중에 뒤따라 들어오는 이주자에 해당하는 최소결혼 연령의 상향조정이 포함되었다. 여기에 영향을 받은 독일은 이와 같은 조치의 일부를 따라 하긴 했지만, 그러나 네덜란드에 비하면 그렇게 철저한 것은 아니었다(Michalowski, 2006: 31~35; Thraenhardt, 2011: 4). 앞에서 이미 언급한 다문화주의 표방정책과 여기서 지적한 반전 이후 정책을 비교하여 도식화하면 다음 <표 5-2>와 같다.

〈표 5-2〉다문화주의적 관용정책과 체계적 국가통합정책의 비교(네덜란드의 경우)

다문화주의적 관용정책	체계적 국가통합정책
- 스스로를 다문화적인 나라라고 규정 - 관용의 정책과 차이의 정당성을 인정하는 정책을 계획 - 공식적 목표: 내국인과 동등한 권리를 갖춘 외국인의 충분한 참여, 경제적 상황의 개선, 외국인의 법적 지위를 내국인과 동일한 상태로 조정, 차별의 금지 - 보수당 수상이 이슬람사원과 힌두교협회 방문, 외국인을 위한 지방선거권 도입 - 개방적인 사회와 국가의 본보기 제시 - 귀화절차의 간소화 - 원칙적으로 복수국적 허용 - 좌파정당과 더불어 보수정당도 모든 수준에서 이주배경을 가진 의원 확보 - 이주민단체에 대한 재정적 지원 - 국가 수준에서 이슬람, 힌두교의 의식과 제도 인정	- 해당자에게 구속력 있는 통합강좌 요구 - 귀화를 위해 필수로 거쳐야 하는 시험 - 이산가족의 결합을 하기 전에 거쳐야 하는 어학시험 - 나중에 뒤따라 들어오는 이주자에 해당하는 최소결혼연령의 상향조정 - '출신국가에서의 첫 번째 통합'에 관한 법률 마련(2006)[네덜란드로 이주하기 전 출신국가에서 'A1-' 수준(문어지식을 요구하지 않는 수준)의 간단한 어학시험을 통과한 자에게만 이주허가(특히 가족이주자에게 해당)] - 정부의 부르카금지법 의결(2011)(공공장소에서 얼굴을 포함하여 전신을 가리는 옷의 착용을 금지하는 조치로 프랑스가 취한 조치와 밀접한 관련이 있음, 독일에서도 이에 대한 요구가 계속 제기되고 있음)

출처: Michalowski, 2006: 31~32, 38; Thraenhardt, 2011: 2~4; Conrad, 2011b: 1~2 재구성.

어쨌든 독일은 네덜란드의 정책에 대하여 계속해서 부러워하는 모습을 보였다. 네덜란드에서 위기가 발생하기 1년 전인 2001년에도 여전히 쥐스무트위원회(Suessmuth-Kommission)는 네덜란드의 통합정책을 본받을 만한 것이라고 지칭하였다. 하지만 거꾸로 네덜란드에서는 처음으로 독일의 접근방안을 가능한 모범사례라고 인정하기 시작했다. 그 근거로는 다음과 같은 사항을 들 수 있다. 이주자의 노동참여가 독일에서 더 많이 나타나고 있으며, 사회복지수당에 의존하는 이주자의 비중이 더 낮으며, 도시에서 사회적 격리생활(즉, 평행사회의 측면)의 정도가 덜하고, 교육격차의 정도가 덜하다.

이와는 대조적으로 독일에서는 이와 같이 비교적 긍정적인 데이터에는 별로 관심을 기울이지 않았다. 그 대신 네덜란드에서의 위기상황, 그리고 나중에 프랑스의 도시 변두리에서 발생한 소요와 폭동사태로 인하여, 그러한 사태가 독일에서도 발생할 수 있다는 불안한 질문에 보다 더 많은 주의를 기울이게 되었다. 그렇지만 여기서는 참고로 네덜란드보다 독일이 더 긍정적인 데이터를 보여 주는 국제비교연구를 소개하기로 한다.

뉘른베르크의 노동연구자가 수행한 연구결과에 따르면, 노동시장에서 내국인과 이주자 사이의 격차가 독일에서보다는 네덜란드에서 상당히 더 컸다(Kiehl and Werner, 1998; Thraenhardt, 2011: 5 재인용). 유럽의 7개국에서 터키 출신의 제2세대를 대상으로 하여 수행된 비교연구에 의거하면 독일, 스위스, 오스트리아에 거주하는 터키 출신의 청년에 해당하는 실업률이 프랑스, 벨기에, 네덜란드의 경우보다 3~4배 낮다는 것을 확인할 수 있었다(Crul and Vermeulen, 2003; Thraenhardt, 2011: 5 재인용). 여기서 특기할 만한 사항은 독일, 스위스, 오스트리아는 모두 2원(二元) 직업교육제도(직업학교+직업양성기업)를 갖추고 있는 나라들이다. 어쨌든 이러한 연구결과에 입각하여 볼 때 특별프로그램보다는 오히려 일반적인 조정·규정과 정책이 이주배경을 가진 청년의 교육 및 노동시장 상태에 훨씬 더 강력한 영향을 미친다는 결론을 도출하게 되었다.

2. 다문화주의의 실패에 관한 논쟁

1) 통합에 대한 합의와 통합 관련 비관주의

독일에서 외국인근로자 모집과 이주는 처음부터 두 가지 사항의 격차와 모순을 보여 주었다. 한편으로는 내국인근로자와 경제적·사회적 측면에서 대등한 관계에 놓으려는 정책(사회경제적 동등대우정책)을 지향하였다. 즉, 동등한 임금, 사회보장보험에서의 동등한 권리를 부여하였으며, 1972년부터는 직원협의회에 대한 선거권과 피선거권도 역시 허용하였다(Boecker and Thraenhardt, 2003: 11). 게다가 이 모든 것은 유럽연합의 조정·규정의 세밀화, 그리고 유럽연합과 터키 사이의 제휴조약(1963)을 통하여 초국가적인 법에 의한 안전장치를 확보하게 되었으며, 독일의 사법부는 점점 더 많이 국제법적 근거를 고려하게 되었다. 이주자는 수출 지향적인 독일산업의 핵심적인 근로자층에 속하게 되었으며, 상당 부분 노조에 가입하여 활동하였다. 그리고 그들은 주로 성장을 주도하는 독일 남부 및 서부지역으로 많이 이주하였다.

하지만 이와 같은 발전과정에도 불구하고 다른 한편으로는 오랫동안 정치적 승인에 도달하지 못하였다. 외국인근로자가 본국으로 귀환할 것이라는 신화가 한참 동안 남아 있었으며, 귀화비율은 낮은 상태에 머물러 있었다. 이와 같은 맥락에서 콜(Kohl) 정부는 '귀환진흥법'을 관철시켰다. 이 법에 입각하여 1984년에는 수천 가구에 달하는 터키인에게 재정적 유인책을 제공함으로써 이들이 터키 본국으로 돌아가도록 유도하였다. 1982~1988년에 걸쳐서 연방정부는 독일이 '이주국가'가 아니라는 점을 기회가 있을 때마다 강조하였다. 이러한 입장표명에도 불구하고 독일통일 전후에 독일을 향한 대규모의 이주물결이 발생하였다. 여기에는 폴란드, 루마니아, 구소련에서 나온 독일혈통 이주자(Aussiedler), 터키와 유고에서 나온 난민, 나중에 뒤따라 들어오는 가족구성원, 그리고 유럽연합시민이 포함되었다. 또한 베를린장벽 붕괴 이후에는 구동독지방에서 구서독지방을 향한 이주자(Uebersiedler)가 많이 생겨났다. 이로 인하여 외국인의 수는 그동안 두 배 가까이 증가함으로써 총 700만 명에 달하게 되었다.

네덜란드에서의 다문화적인 낙관주의와 대조적으로 독일에서의 이주는 1980년 이후 다양한 방식으로 부정적인 관찰의 대상이 되었다. 콜(Kohl) 정부는 1982년에 소위 '외국인문제'의 해결을 예고하였다. 1991년 이래 정부는 망명자의 피보호권을 문제시하였으며, 그에 반해서 그 당시 사민당(SPD)의 수상후보였던 라퐁텐(Lafontaine)은 독일혈통 이주자의 유입과 이주를 문제로 삼았다. 독일의 대중매체는 이주자 및 그들의 수용에 대해서 계속해서 문제가 있는 것처럼 묘사하였다.

현실적인 상황은 부정적인 측면만 안고 있는 것이 아니라, 이주자들이 해를 거듭하면서 독일어를 더 잘 말하고, 해당 문화·민족집단에서뿐만 아니라 독일의 각종 협회나 단체에서도 역시 참여를 하면서 활동을 하고, 직장이나 여가시간에 다른 사람들과의 접촉이 증가하고, 많은 이주자들이 자신들의 고유한 전통을 유지하면서도 동시에 독일의 생활현실에 대해서 점점 더 많이 편하게 느끼고 있다는 점을 여러 경험적인 연구가 확인하고 있었지만, 이것이 공론장에서는 별로 받아들여지지 않았다.

1998년 정권교체가 이루어진 이후 독일에서는 이주사의 통합이 필요하다는 점에 대해서 대체로 합의가 존재한다고 말할 수 있다. 특히 2001년의 쥐스무트위원회(Suessmuth-Kommission), 그리고 기민당이 가동시킨 뮐러위원회(Mueller-Kommission)에 의해 그러한 합의가 정식화되었다. 독일에서 8년 동안 거주한 외국인의 아동을 위한 생득권[즉, 출생지주의(ius soli)에 입각한 시민권]은 그동안 원칙적으로 더 이상 논란의 여지가 없는 것으로 통하게 되었다. 정보통신기술 전문가를 모집하기 위한 소위 그린카드운동(Green Card-Initiative)은 이주와 경제적 효율성을 결합하였으며, '인도인(즉, IT업계 전문가) 대신에 아이들이 필요하다'라는 구호에서 확인할 수 있는 비판에도 불구하고 관철되었다.

그리고 오랫동안 진행되었던 논란을 뒤로하고 2005년에는 결국 이주법(Zuwanderungsgesetz)이 통과되었는데, 이것은 새로운 통일된 법적 틀을 마련하였지만, 동시에 이주를 정체시키는 데 기여하였다. 이 이주법에 의거하여 과거 소련의 후기독일혈통 이주자(Spaetaussiedler) 및 유대인의 유입이 상당 부분 중단되었다. 어학시험의 도입으로 인하여 가족결합이 상당히 억제되었다. 2005년 우크라이나에서 비자발급과 관련된 스캔들이 알려진 이후 독일의 비자정책은 더욱 엄격해졌으며, 이에 따라 외국의 전문인력과 대학생이 독일로 가는 것이 그만큼 어려워지게 되었다(Lau, 2007a: 1; Santel, 2006: 9~24; Thraenhardt, 2011: 5~6).

2006년 이래 큰 비중을 차지하는 이주가 더 이상 이루어지지 않았음에도 불구하고, 그리고 고용상황이 비교적 유리하게 전개되고 있음에도 불구하고, 독일에서도 역시 통합과 관련된 비관주의가 새삼스럽게 다시 퍼지고 있는 것 같다. 이 맥락에서 트렌하르트는 네덜란드의 경우와 마찬가지로 독일에서도 여론에 영향을 미치는 계기를 다음 <표 5-3>과 같이 네 가지 사항으로 정리하고 있다.

〈표 5-3〉통합 관련 비관주의 여론에 영향을 미친 계기(독일의 경우)

(1) 경제적 기반의 감소	이주자의 제1세대는 모집에 입각하여 대개 기업에서 안정된 상태로 정착을 한 반면, 제2세대와 제3세대에게는 해마다 나아지는 학교졸업과 어학지식에도 불구하고 경제적으로 자리를 잡는 일이 점점 더 어려워지고 있다. 그 첫째 이유는 경제의 구조변동에서 찾을 수 있는데, 이것은 예를 들면 통일 이후 베를린에서 전개된 탈산업화 과정에서 분명하게 확인할 수 있다. 둘째 이유는 노동시장의 유연화와 오랫동안 지속된 높은 수준의 실업에 놓여 있으며, 이것은 특히 연고가 별로 없는 집단에게 심각하게 영향을 미친다. 1980년까지 외국인의 실업은 독일인의 그것을 밑돈 반면, 오늘날에는 두 배 이상에 달하고 있다. 가족결합을 위해 나중에 들어오는 구성원과 망명신청자는 노동금지의 조치로 인하여 일자리를 잡지 못하고 있다. 독일 국적을 갖지 못한 직업훈련생(Azubi)의 비율도 역시 1994년 이래 줄어들고 있다. 유럽연합 바깥에서 획득한 자격은 여전히 제대로 인정을 받지 못하고 있다. 제한적인 규정으로 인하여 귀화의 건수가 다시 줄어들었으며, 독일은 유럽의 다른 국가와 비교할 때 이 사항에서 뒤처져 있다. 이것은 노동과 경제에 대하여 영향을 미치고 있다. 즉, 유럽연합에 속하지 않는 시민에게는 특정한 자격을 전제로 한 직업(보기: 의사)을 갖는 데 있어서 여전히 법적인 혹은 사실적인 장애물이 존재한다.
(2) 통합에 대한 토론의 문화주의적 경향	최근 연방 수준에서 실행하고 있는 통합프로그램은 교육과 언어를 특별히 강조하고 있으며, 이와 더불어 이주민단체를 포함한 시민사회에서의 활동에 국한하는 경향이 있다. 사회경제적 통합을 위해 중요한 직업적 측면은 부차적으로 다루어질 뿐이다. 지난 여러 해 동안에 네덜란드의 본보기에 따라 의무적으로 이수해야 하는 통합강좌가 도입되었다. 이 통합강좌는 어학프로그램 이외에 독일 사회에 관한 정보를 포함하고 있다. 이와 동시에 이주자가 통과해야 하는 단계별 시험제도가 구축되었다. 이것은 비자를 발급받기 전에 외국에서 합격해야 하는 독일어시험과 비자발급을 위한 다른 조건으로 시작된다. 두 번째 시험은 독일에서 의무적으로 이수해야 하는 어학 및 오리엔테이션 강좌 이후에 치러야 한다. 세 번째 시험은 귀화를 위한 조건으로서 독일어시험과 지역학시험을 포괄한다. 이러한 시험제도의 결과 이주 및 귀화의 숫자가 감소하였으며, 이는 사회적 선별과정과 연결되어 있으며, 특히 교육경험이 별로 없는 이주자에 대한 배제와 연결되어 있다.

(3) 정치에서 좌·우파의 긴장관계 소멸	오랫동안 독일의 난민 및 이주정책은 좌·우파 사이의 논쟁을 수반하였다. 그런데 2005년의 통합합의 이래 국내정치에서 전통적인 긴장관계가 상당히 사라졌다. 이것은 2005~2009년 동안의 대연정 동안뿐만 아니라, 그 이후에도 역시 해당하는 이야기이다. 이와 동시에 공식적인 정책은 계속해서 이주자의 통합의지 결여를 문제로 삼았다. 이것은 또한 자유민주사회에서 그동안 암묵적인 합의로 간주되었던 가치관을 도외시하거나 관행에서 벗어난 논쟁이 나타날 수 있는 여지를 마련하였다. 특히 터키인과 이슬람교도에 대한 심상이 변화되었다. 그 이전에는 신체적으로 힘든 직업에서 열심히 일하는 이주자의 모습을 연상시키는 심상이 지배적이었다면, 오늘날에는 사회복지 보조금을 받으면서 주류사회와 접촉을 하지 않으면서 살아가는 사람을 연상시키는 심상이 널리 퍼져 있다. 독일의 낮은 출생률에 그동안 이주자들이 적응했음에도 불구하고, 이주자는 애를 많이 낳는다는 편견이 계속 작용하고 있다.
(4) 평행사회에 대한 우려	다원주의가 독일사회의 자기이해를 구성하는 기초에 속하고, 분화된 사회의 현실에 부응함에도 불구하고, 이주자와 관련해서는 이주자가 적응해야 하는 동질적인 사회의 이념이 여전히 작용하고 있다. 이 맥락에서 다문화사회에 대한 부정적인 투쟁개념으로 1996년에 이른바 '평행사회(Parallelgesellschaft, parallel society)'의 개념이 등장하였다(Heitmeyer, 1996). 이 개념은 특히 터키인 혹은 이슬람교도가 외부(또는 주류사회)와 접촉이나 교류를 하지 않고, 단절된 상태에서 자기 고유의 문화적 세계에서 살아가고 있는 현상을 가리킨다. 보다 더 일반적으로 말해서, 평행사회는 주류사회에 통합할 의지가 없거나 부족한 사람들이 모여 사는 사회를 가리킨다(Halm and Sauer, 2006a, 46~48; Halm and Sauer, 2006b: 18~20; Finkelstein, 2006).

출처: Thraenhardt, 2011: 6~9.

상기 평행사회의 우려와 관련된 명제는 그동안 여러 경험적인 연구에서 반증이 되었으며, 터키 출신의 사람들이 독일사회에서 다양한 방식으로 네트워크를 형성하고 상당히 주류사회에 통합되었다는 점이 입증되었다. 그럼에도 불구하고 다른 한편으로 대중매체에서는 나름대로 근거가 되는 사례를 들면서 통합의 결여에 대한 보도가 집중적으로 다루어졌다. 예를 들면 베를린 소재 뤼틀리 학교(Ruetli-Schule)에서 이주자 청소년에게 공격을 당한 교사가 도움을 요청한 사건, 뮌헨에서 두 명의 젊은 이주자가 저지른 강도사건이 공론장에서 세인의 주목을 끈 추문으로 부각되었다(Lau, 2007a: 1).

이런 전개과정에서 정점에 도달한 것이 다름 아니라 2010년에 틸로 자라친이 발간한 책『독일이 무너지고 있다(*Deutschland schafft sich ab*)』이었다. 이 책에서 자라친은 특히 베를린의 보기를 들면서 이것을 성급하게 일반화하고 있다. 그는 생물학적·우생학적 명제와 이슬람에 적대적인 문화주의적 명제를 혼합하여 타문화에 의한 독일문화의 소멸을 경고하고 있다. 그는 자신의 문화비관주의적 필법에 들어맞지 않는 측면을 의도적으로 도외시하고 있다. 예를 들면 외국인 아동이 학교를 성공적으로 다니는 사례가 증가하고 있다는 점, 대학교육을 받은 터키 출신의 젊은이들이 유출되고 있다는 점, 또는 최근 터키가 경제적으로 역동성을 보여 주고 있다는 점 따위를 등한시하고 있다 (Ahlheim, 2011: 46~48; Prevezanos, 2011: 1~2; Ripperger, 2011: 1~3).

네덜란드의 포르튄(Fortuyn), 알리(Ali), 빌더스(Wilders)의 경우와 마찬가지로 독일의 자라친은 이슬람 그 자체를 통합문제(즉, 사회통합에 장애가 되는 문제점)로 규정하고 있다. 이와 같은 담론의 압박을 받아 당시 연방내무장관이었던 토마스 메지에르(Maizière)는 2010년 9월에 10~15%가 '통합에 대한 의지가 없는 사람들'이라고 지칭하기도 하였다. 하지만 이 퍼센트에 해당하는 증거를 대기가 어려우며, 또한 통합에 대한 의지가 없다는 것이 도대체 정확하게 무엇을 뜻하는지 명료하지 않은 상태로 남아 있다. 그럼에도 불구하고 여러 정치가들은 이러한 억측에 따라 심지어 더 이상 적응하지 못한 이주자를 추방해야 한다는 요구사항을 내놓기도 하였다(Thraenhardt, 2011: 9).

2) 다문화주의의 사회통합 실패에 관한 담론

2010년 후반에 독일 보수진영은 새삼스럽게 외국인의 통합에 관한 토론에 불을 붙였다. 연방수상인 메르켈(Merkel)은 "다문화주의는 (완전히) 실패했다(Multikulti ist gescheitert, absolut gescheitert)"라는 진술을 공개적으로 했다. 포츠담에서 개최된 청년 보수낭원 선국내회(2010.10.16)에서 다문화사회를 구축하기 위한 그동안의 노력과 시도는 독일에서 실패했으며, 그것도 완전히 실패했다고 진단하였다. 과거에는 그동안 이주해 들어온 외국인에게서 필요한 사항을 지나치게 적게 요구했다는 것이다.

이주자가 노동시장에서 기회를 잡기 위해서 독일어를 배우도록 하는 것은 정당한 요구라는 것이다. 명예살인은 말할 것도 없고, 강제결혼은 독일사회에서 더 이상 받아들일 수 없으며, 이주자가족에 속하는 여학생도 역시 학교에서 당연히 수학여행에 참여하도록 해야 한다. 이와 동시에 범죄행위에 대해서는 신속하게 판결을 내리도록 해야 하고, 경찰이 감히 들어가지 못하는 도시구역이 존재해서는 안 된다는 것이다.

메르켈 수상은 보수당에서 부분적으로 논란을 불러일으킨 연방대통령 불프(Wulf)의 발언, 즉 "이슬람은 독일의 일부분에 속한다"는 진술을 일단 옹호하였다. 하지만 며칠 전에 베를린에 개최되었던 기민당(CDU) 지역회의에서는 다음과 같이 강조하였다. "우리는 기독교의 인간상에 연결되어 있다는 것을 느끼고 있다. 그것이 바로 우리의 정체성을 보여 주는 것이다. 이것을 받아들이지 않는 사람은 우리 사회에서 제대로 적응했다고 보기 힘들다."

바이에른 주의 주지사이면서 기사당(CSU) 당수인 제호퍼(Seehofer)는 이미 청년 보수당원 전국대회 전야제에서 독일에서 살고 있는 외국인들에게 통합을 위해 노력할 것을 촉구하였다. 여기서 살고 있는 사람들은 독일의 주도문화에 따라야 한다는 것이다. 그의 시각에서 바라볼 때, 여기서 통합이란 기독교의 가치를 존중하고 스스로 살아갈 수 있는 능력과 자질을 갖추어야 하며 스스로 통합되어야 한다는 것을 의미한다.

그런데 독일어를 자유롭게 구사하지 못한다면 이러한 일은 성공할 수 없다는 것이다. 그는 "우리가 세계 전체를 위한 사회복지기관이 되어서는 안 된다"라고 경고하면서, 심지어 "다문화주의는 죽었다(Multikulti ist tot)"라는 발언을 했다. 제호퍼는 또한 터키나 아랍국가와 같이 다른 문화권에서 온 이주자는 다른 사람들에 비해 훨씬 더 통합에 어려움이 있다고 하면서, 따라서 이 다른 문화권에서 추가로 이주해 들어오는 것을 우리는 더 이상 필요로 하지 않는다는 결론을 도출하였다(Schrader, 2011: 1～2).

이상에서 살펴본 독일 보수진영의 입장을 분석해볼 때, 최근에 독일에서는 정치가들이 그동안 독일에서 다문화사회 혹은 다문화주의는 실패했다는 진단을 명시적으로 내놓고 있다는 사실을 확인할 수 있다. 그러면서 다문화사회에서 사회통합을 위한 핵심적인 관건을 공화주의적 주도문화(즉, 자유민주적 기본질서 혹은 민주법치국가에 입각한 시민정치문화로의 헌정애국주의)의 구현에서 찾고 있다. 이 맥락에서 또한 언어, 종교와 같은 문화적 요소의 의미와 중요성을 강조하고 있다.

바로 여기서 우리는 프랑스가 공식적으로 표방하고 있는 초문화주의(공화주의적 보편주의)와의 미묘한 차이를 발견할 수 있다. 프랑스의 초문화주의는 철저한(엄격한) 세속주의(정교분리주의)에 입각하고 있는 반면, 독일의 주도문화는 부분적으로 기독교의 가치나 인간상에 대한 신봉을 추가로 요청하고 있다는 점을 확인할 수 있다(아래 <표 5-4> 참조). 프랑스의 초문화주의에 대해 말하자면, 최근 프랑스정부가 추진하고 있는 정책사례(보기: 공공장소에서 부르카착용 금지조치; 대도시의 거리에서 예배를 보는 행위 금지조치)를 통해 확인할 수 있다(Kleber, 2011: 1~2; Conrad, 2011: 1~2; Conrad, 2011: 1~2).

〈표 5-4〉 프랑스의 초문화주의와 독일의 주도문화 비교

프랑스의 초문화주의	독일의 주도문화
- 공식적으로 공화주의적 보편주의 표방 - 엄격한 세속주의(정교분리주의)에 입각 - 민족적·종교적 동일시에 대하여 거리를 유지할 수 있는 시민의 능력과 자세를 전제로 함 - 경우에 따라서는 저항이 있더라도 그러한 거리유지를 관철시키지 않으면 안 됨 - 최근 프랑스정부가 추진하고 있는 정책(공공장소에서 부르카 금지, 거리에서 예배 금지)에서 확인 가능 - 하지만 사회경제적 불이익과 차별대우, 차별의 경험, 사회적 공간측면에서 이주민의 고립과 분리가 다시 민족과 종교로 회귀하는 과정을 조장하게 되면 문제가 됨	- 헌정애국주의(자유민주적 기본질서 혹은 민주법치국가에 입각한 시민정치문화)에 입각 - 부분적으로 기독교의 가치나 인간상에 대한 신봉을 추가로 요청 - 일부 사회정치세력은 독일의 전통과 역사에 입각한 문화적 요소도 주도문화에 포함시키려고 시도 - 명예살인, 강제결혼, 이슬람여성이 걸치는 두건과 부르카, 이슬람여학생의 교육활동(성교육, 생물과목, 수영강습, 수학여행) 참여 여부, 평행사회, 다문화주의, 주도문화 따위와 관련된 문제를 둘러싸고 통합 관련 담론 및 논쟁이 진행되고 있음

그리고 독일 보수진영에서는 대개 다문화주의와 주도문화를 양립하기 힘든 대립개념으로 파악하려는 경향을 발견할 수 있다. 하지만 주도문화에 대한 최근의 담론에 비추어볼 때, 다른 한편으로는 다문화와 주도문화를 대립관계로 바라보던 기존의 관점을 수정하려는 시도도 역시 관찰할 수 있다. 다문화와 주도문화의 두 가지 준거를 서

로 대조적이면서 양립 불가능한 요인으로 간주할 경우, 가상적인 대안을 설정하는 오류에 빠질 수 있다는 견해가 있는 것이다.

왜냐하면 사실상 이미 다문화사회 혹은 이주사회가 된 독일의 경우를 고려할 때, 다문화사회 혹은 이주사회는 자체의 지속 가능한 유지 발전을 위하여 주도문화를 필요로 하기 때문이라는 것이다. 이 입장에서 바라볼 때 문화적·민족적·종교적 측면에서 독일사회가 안고 있는 새로운 내적 다양성을 일단 인정하고, 그 다양성과 더불어 살아가는 것이 더 중요한 과제라는 것이다. 물론 이때 '아무래도 다 좋다'고 하는 가치상대주의의 위험에 유의할 필요가 있기는 하다(Lau, 2007b: 5).

여기서 참고로 다문화주의라는 용어와 그에 대한 서로 다른 해석을 덧붙이고자 한다. 독일어에서 '물티쿨티(Multikulti)'란 '다문화적(multicultural)'의 줄임말이다. 어느 한 사회가 서로 다른 모국어, 여러 가지 다른 전통과 종교로 구성되어 있을 때 그 사회는 문화적으로 다양한 것으로 통한다. 그런데 어떤 사람들은 그것을 우리의 생활을 풍부하게 해준다고 느끼는 반면, 다른 사람들은 그렇지 않다. 그래서 그 개념도 역시 크게 보아 두 가지 방식으로 해석된다. 어떤 사람들은 이주가 수반할 수 있는 위협적인 요소를 가리키기 위하여 '물티쿨티'란 개념을 사용하는 반면, 다른 사람들은 다원적인 사회에서 가능하면 좋은 공동생활을 주제로 삼는다.

예를 들면 독일연방시민교육원(bpb)은 '물티쿨티'가 현대사회의 특징이라는 전제에서 출발하면서, 현대사회는 자유롭고 개방적인 질서에 기초하여 다문화적이라는 것을 사실로 인정한다. 이에 따라 '다문화주의'는 출신배경이 서로 다른 사람들이 서로를 인정 및 존중하면서 공동생활을 영위하고, 서로에게서 이득을 취할 수 있는 방안을 모색하려는 정치적 요구를 지칭한다.

다문화주의라는 말 그 자체는 영어(multiculturalism)에서 나온 것이며, 1960년대에 처음에는 캐나다에서 등장하였으며 좀 더 나중에는 호주, 미국과 같은 다른 이주사회의 정치적 토의에서 등장하였다. 독일에서 '다문화사회'라는 개념은 처음으로 1970년대 말에 사회복지사업과 교회의 토의에서 역할을 수행하였다. 1980년대 말 이래 다문화사회라는 개념은 특히 외국인정책을 고려하여 민족주의적인 흐름에 대한 대항설계로 사용되었다(Woerner, 2011: 1). 최근에는 '주도문화'라는 개념을 둘러싼 논의에서 '물티쿨티'는 대개 이 개념과 대조되는 용어로 사용되고 있다(Akguen and Bouffier, 2009: 107~125; Lammert (ed.), 2006).

이 다문화주의와 최근 발생한 노르웨이 연쇄테러사건은 어떤 연관성이 있는가? 2011년 7월 22일 노르웨이 오슬로 및 우토야(Utoya) 섬에서 무고한 77명의 생명을 앗아간 연쇄테러사건은 테러의 위험을 극명하게 보여준 또 하나의 사례로 간주할 수 있다. 여기서 제기되는 질문 중의 하나는 노르웨이 연쇄테러사건이 다문화사회와 어떤 관계에 놓여 있는가 하는 것이다. 그리고 이 테러사건의 단독범으로 간주되고 있는 브레이빅(Breivik)은 도대체 다문화주의에 대해서 어떤 생각을 갖고 있었나 하는 질문이 제기된다.

'2083'이라는 표제를 달고 있으면서 무려 1,500면에 달하는 온라인 문서를 브레이빅은 여러 해에 걸쳐서 작성한 것처럼 보인다. 그것은 부분적으로 일기의 형식으로 이루어져 있으며, 특히 폭탄제조에 대한 설명서와 테러공격의 준비에 관한 상세한 기술을 포함하고 있다. 게다가 이 문서는 브레이빅이 외국인혐오증과 이슬람혐오증을 품고 있다는 점을 분명하게 보여 주고 있다. 그는 이슬람화의 현상과 마르크

스주의로부터 유럽을 구해야 한다는 점을 촉구하고 있다. 어느 부분에서 브레이빅은 극우파의 사상과 판타지소설 및 컴퓨터게임을 혼합하고 있다. 그는 자기 자신을 일종의 십자군기사로 간주하고 있다. 즉, 다문화주의의 부상과 마르크스주의자들의 영향으로부터 유럽을 정화시켜야 할 임무를 띠고 있는 기사로 생각하고 있다.

그는 이 '연구과제'에 통틀어 9년 정도의 시간을 들인 것으로 보인다. 경찰의 진술에 따르면, 이 범죄자는 극우파집단과 밀접한 관계를 유지하고 있는 기독교 근본주의자라고 한다. 이와 같은 기독교 근본주의 입장에서 브레이빅은 자신의 테러행위를 '끔찍하지만 필요한 (gruesome but necessary)' 일이라고 정당화하고 있다. 그는 노골적으로 이슬람에 대한 증오심을 표출하고 있으며, 이와 더불어 이슬람의 보급 확산을 막지 않으려고 하는 유럽의 모든 '다문화세력'에 대한 증오심을 표명하고 있다(Moussaoui, 2011: 1~2; Elvers-Guyot, 2011: 1~2).

어쨌든 이와 같은 사건을 통해 우리가 다시 고려해야 할 사항은 첫째, 다문화주의에 대한 회의론이 엄연히 존재하다는 사실을 일단 진지하게 받아들이고, 둘째, 그러한 회의론이 존재하는 이유나 근거에 대해 성찰하고, 셋째, 회의론에 입각하여 발생할 수 있는 과격한 행동을 줄여 나가기 위한 과제와 대책을 모색하는 일이다.

3. 사회통합 및 국가정체성의 관건: 공화주의적 주도문화

우리가 누구이고 무엇이 우리를 하나의 국민으로 결속시키는지에 관한 질문은 제2차 세계대전 이후 독일에서 언제나 그렇게 쉽게 답할 수 없는 어려운 문제였다. 그것이 독일국민도 답하기 어려운 문제라면, 이제 이 어려운 조국으로 새로 들어온 이주자 및 그 자녀들에게는 문제가 더 복잡해질 것이라고 추정할 수 있다. 오늘날 사회통합에 대해서 적지 않은 사람들이 이러저러한 방식으로 많이 말을 하고 있다. 이때 통합이라는 개념이 종종 마치 자명한 것이며, 더 이상 부연설명이나 해설이 필요 없는 것처럼 사용되고 있다.

하지만 다른 한편에서 바라볼 때, 통합한다는 것이 도대체 무엇을 뜻하는가의 질문에 대하여 그렇게 자명한 것처럼 답하기 어렵다는 점 또한 부인할 수 없다. 이것은 예를 들면 설문지, 귀화시험, 어학(독일어)의무, 표준교육과정, 주도문화, (이슬람여성의) 두건착용금지를 둘러싼 논쟁적인 토론 혹은 논란에서 확인할 수 있다. 우리가 누군가에게서 그가 스스로 통합해야 한다고 요구한다면, 그가 어디로 통합해야 한다는 것에 대하여 우리가 상당히 명백한 아이디어를 갖고 있다는 것을 암시한다. 하지만 우리 자신이 그러한 명백한 아이디어를 갖고 있는 것인가 하는 질문이 바로 이어서 제기된다. 아니면 단지 때때로 마치 그런 것처럼 행동하는 것은 아닌가 하는 질문이 제기되기도 한다.

독일로 이주해 들어온 사람은 싫든 좋든 간에 어쨌든 독일의 역사적 심상을 수용하지 않으면 안 된다. 하지만 이것이 갈등에서 벗어난 과정이 되기 힘들다. 전후 독일은 민족학살의 부인과 반유대주의에 대하여 결코 방심해서는 안 된다고 하는 귀결을 민족사회주의의 역사에서 도출하였다. 한편으로 오스만제국 당시 아르메니아인들에 대한 터키인들의 민족학살과 다른 한편으로 민족사회주의의 범죄를 동급으로 취급할 것인가의 물음은 일단 논외로 하더라도, 어쨌든 여기서도 역시 이 역사적 교훈은 역사상 보기 힘든 끔찍한 범죄를 상대화시키려는 어떤 시도에도 반기를 들어야 한다는 의무를 함축하고 있다.

또한 독일이 이스라엘에 대해서 견지하고 있는 특별한 관계, 모든 반유대주의(극우파, 이슬람 근본주의, 반시온주의 따위)에 대한 투쟁도 역시 이슬람 이주자집단의 일부와 얼마든지 갈등에 빠질 수 있다. 그러나 이와 관련된 논쟁과 논란을 어쨌든 수행하지 않으면 안 된다. 왜냐하면 이 특별한 자기책임도 역시 독일 주도문화의 일부분을 형성하기 때문이다.

하지만 2000년에 메르츠(Merz)가 '독일의 주도문화(deutsche Leitkultur)'라는 개념을 처음으로 토론에 끌어들였을 때에는, 물론 이와 같은 성찰적 의사소통을 우선적으로 염두에 둔 것은 아니었다. 이 개념은 얼마 지나지 않아 좌파와 자유주의적 여론주도층에 의해 간단히 처리되고 말았다. 물론 완전히 무시할 사항은 아니지만, 이 개념을 통해 사람들은 감상적인 독일숭배(독일정신의 지나친 강조)를 연상하고, 새로 들어온 사람들의 낯선 외국문화에 대하여 독일 원주민의 문화를 고등문화로 서열화하려는 시도가 있는 것처럼 추측하였다. 물론 그러한 목소리가 여기저기서 나왔다(Akguen and Bouffier, 2009: 107~125; Lammert (ed.), 2006).

그러나 다른 한편으로는 비록 '독일의 주도문화'라는 개념이 약간 서투르게 선정되긴 했지만, 그럼에도 불구하고 그것은 독일국민의 자기이해를 위하여 불가피하게 거쳐야 할 토론의 한 이정표를 제시한 것이라는 의식이 그동안 여러 당파를 넘어서서 널리 퍼지게 되었다. 다시 말하면 그러한 토론에는 모든 정당과 모든 정치적 진영이 참여하지 않으면 안 되는 것으로 간주되었다. 그리고 모든 정치적 진영뿐만 아니라 더 나아가서 그동안 오래 살아왔던 토착민이나 원주민과 더불어 얼마 전에 혹은 새로 들어온 이주자도 역시 이러한 토론에 참여하게 되었다.

주도문화를 둘러싸고 진행된 비교적 최근의 토론에서는 다음과 같은 사항이 눈에 띄게 되었다. 즉, 독일의 주도문화라는 개념이 결코 다수집단이 소수집단에게 통합문제와 관련해서 이러저러한 방식으로 처신해야 할 것이라고 말해주거나 심지어 명령을 내리는 것을 함축하고 있지 않다는 점이 부각되고 있다. 이 맥락에서 이주배경을 가진 일부 젊은 지식층이 특히 흥미를 끌고 있는데, 이들은 그렇게 편협한 사고의 틀에 사로잡혀 있지 않은 상태에서, 즉, 보다 더 유연한 태도를 보이면서, 이를테면 주도문화·민족(국민)·애국심과 같은 개념을 다루고 있다.

자유좌파의 주류에서 처음에는 설득력이 별로 없는 것으로 간단히 처리되었던 이 주도문화의 아이디어가 이제 말하자면 사회의 주변부에서 상당히 변형된 모습으로 다시 제안이 되고 있다. 일부 터키 출신 독일인은 극우세력의 폭력행사와 더불어 이슬람전통의 하나인 이른바 '명예살인'에 대하여 영(零) 관용(zero tolerance)을 요구하면서, 자유민주사회를 옹호하는 사람은 자유주의적인 애국심을 가져야 한다는 점을 강조하고 있다. 또한 주도문화의 개념을 통하여 이주자가 스스로 통합해 들어갈 사회의 모습을 전달해야 할 것을 요청하고 있다. 그리고 주도문화에 대한 지향은 특히 주류사회에 통합해 들어가야 할 젊은이들에게 이들이 긍지를 느낄 수 있는 무엇인가를 전달해야 한다는 것이다.

그렇지만 다른 한편에서 바라볼 때 원주민, 이주자, 그리고 앞으로 이주해 들어올 사람들 모두를 포함한 공통의 주도문화라는 이념을 등지려는 경향에도 역시 주의를 기울일 필요가 있다. 여러 하위문화로 분리된 사회의 모형을 선호하는 집단이 여전히 존재한다. 예를 들면 국가교육체제의 지침을 노골적으로 거부하고 따라서 자신의 딸이 수영강습, 성교육, 수학여행에 참여하지 못하도록 하는 이슬람주의(혹은 이슬람 근본주의) 집단이 존재한다. 또한 주류사회(다수사회)의 규범에서 벗어나는 것을 지배적인 질서의 압박에서 해방되는 것으로 칭송하는 다문화주의자들과 반(反)세계화 운동가들이 존재한다. 그리고 부르카(burka: 전신을 가리는 복장)를 걸친 교사와 학생에 대하여 관용을 베풀 것을 요구하면서, 여성해방운동(페미니즘)의 논리로 꾸며진 주장을 내세우는 사람들이 존재한다.

이러한 각종 입장에 대해 회의적인 태도를 취해야 하는 까닭은 주도문화가 어떤 고착된 경전으로 이루어진 것이 아니라, 언제든지 새롭게 협상을 해야 할 대상이기 때문이다. 오늘날에는 특히 이주해 들어온 사람들과 함께 협상을 해야 한다. 기회균등과 주도문화의 이념을 확고하게 지켜야만 비로소 자유민주적 기본질서에 입각한 사회와 국가를 유지, 발전시킬 수 있기 때문이다. 이 맥락에서 이제 공화주의적 수도문화가 사회통합을 위한 관건으로 간주한다면, 그것을 지탱하는 핵심적인 구성요소는 다름 아니라 자유민주적 기본질서에 입각한 시민정치문화를 함축하고 있는 헌정애국주의(Verfassungspatriotismus, constitutional patriotism)로 풀이할 수 있다(Akguen, 2011: 64~74).

이상에서 소개한 주도문화에 대한 최근의 담론에 비추어볼 때, 이미 앞에서도 언급한 바와 같이 다문화와 주도문화를 대립관계로 바라보던 기존의 관점을 수정할 필요가 있다. 다시 말하면 그 두 가지 준거를 서로 대조적이면서 양립 불가능한 요인으로 간주할 경우 가상적인 대안을 설정하는 오류에 빠질 수 있다. 왜냐하면 다문화사회 혹은 이주사회는 그 자체의 지속 가능성을 위하여 어쨌든 주도문화를 필요로 하기 때문이다. 문화적·민족적·종교적 측면에서 나타난 새로운 내적 다양성을 인정하고, 그 다양성과 더불어 살아가는 일이 더 중요한 과제이다. 물론 그렇다고 하여 '아무래도 다 좋은 것이다'라고 하는 가치상대주의의 위험에 빠지지 않도록 주의를 해야 할 것이다.

공화주의적 주도문화는 명령을 내려 강제로 구성할 수 있는 것이 아니라 참여자, 당사자들이 언제나 다시금 간문화적 소통을 유지하면서 협상을 벌여야 할 성질의 것이다. 그리고 이미 우리는 그러한 협상의 과정 속에 들어와 있는 것이다. 이주·통합을 둘러싸고 진행되고 있는 작금의 토론은 바로 이러한 협상과정의 일부분을 형성한다고 볼 수 있다. '통합은 일방통로가 아니다'라는 진술은 이주자들과 더불어 이들을 받아들이는 주류사회도 역시 변화한다는 것을 함축하고 있다.

독일의 주도문화는 영원한 가치의 왕국이 결코 아니다. 사회구성원들이 그것을 민주적 토론과 논쟁의 과정에서 새롭게 규정하면서 그것은 변화하는 것이다. 그것은 모든 편에서 이루어지는 학습과정을 뜻한다. 예를 들면 오늘날 독일어 지식은 녹색당의 입장에서 바라볼 때도 역시 사회적 결속과 통합을 위한 기반으로 인정을 받고 있다. 의무적으로 이수해야 하는 어학강좌에 대해서도 역시 녹색당은 더 이상 과거처럼 '강제로 독일화하는 조치'라고 비난하지 않는다. 동성애와 여성의 권리에 대하여 많은 이슬람교도가 문제시되는 태도를 취하는 것을 고려하여, 보수적인 기민당은 기존의 태도를 어느 정도 수정하여 이제 와서는 여성해방운동(페미니즘)과 동성애협회의 사안을 수용적 입장에서 취급하게 되었다.

이슬람사원 건축계획을 통해 독일의 도시 안으로 이슬람의 자의식(自意識)을 끌어들이려고 하는 이슬람집단의 시도에 봉착하여, 독일사회의 모든 부문에서 이제 연방공화국의 세속적인 질서가 안고 있는 종교적인 뿌리에 대하여 재검토가 이루어지고 있다. 독일국가를 어느 정도 세속적인 상태로 끌고 갈 것인가 하는 근본적인 질문이 제기되고 있는 것이다. 이 맥락에서 이슬람여성이 머리에 걸치는 두건을 금지하는 일이 그렇게 중요한 일인가 하는 질문도 역시 제기된다. 결국 마지막에 가서 독일도 역시 프랑스와 터키가 걸어간 길, 즉 엄격한 세속주의(정교분리주의)로 귀결되고 말 것인가 하는 질문이 제기된다(Lau, 2007b: 5).

특히 종교적 전통과 연결된 가치관의 간문화적 마찰과 관련하여, 여기서 한 가지 아이러니한 사례에 주의를 기울일 필요가 있다. 독일 헌정보호기관이 관찰의 대상으로 삼고 있는 터키 출신 이슬람단체(Milli Goerus)는 두건금지 조치로 인하여 터키의 대학에서 공부를 할 수 없게 된, 독실한 신앙심을 갖고 있는 여성들에게 장학금을 지원함으로써 이들이 독일의 대학에 등록할 수 있도록 하고 있다. 바로 여기서 우리는 거꾸로 뒤집힌 세상에서 살고 있는 것은 아닌가 하는 의문이 든다.

공식적으로 철저한 세속주의에 입각한 터키사회에서 허용되지 않은 것을 독일에서 그대로 받아주어야 하는 것인가? 독일사회의 가치는 도대체 무엇인가? 그 가치를 얼마나 확고하게 방어하고 옹호할 것인가? 따라서 정치와 사회가 어디서 그리고 어느 정도로 이주자를 포함한 사회구성원들에게 진흥조치를 취할(foerdern) 뿐만 아니라, 그들에게 무엇인가를 요구(fordern)하지 않으면 안 된다는 질문은 앞으로도 계속 논의의 대상이 될 것이다(Rollmann, 2007: 1).

프랑스와 터키가 취하고 있는 엄격한 세속주의로 독일사회가 갈 것인가 하는 질문과 더불어, 종교에 해당하는 독일헌법의 제도적 틀 속에 이슬람교를 묶어둘 것인가 하는 질문도 역시 제기된다. 이 모든 것은 아직 모두 결론이 나지 않은 열린 상태에 놓여 있는 토론의 대상이며, 토론이 잘 수행될 경우를 상정한다면 그 결과 어떤 새로운 독일의 주도문화가 등장할 수도 있을 것이다. 이 맥락에서 다시금 '통합은 일방통로가 아니다'라고 하는 진술을 상기하자면, 그것은 한편으로는 주류사회의 민족·국민문화가 대내외적으로 보다 더 유연하게 수용능력을 발휘하면서 이주·통합의 문제에 대처할 뿐만 아니라, 다른 한편으로는 이주자도 역시 이와 마찬가지로 보다 더 감수성을 갖출 필요가 있다는 것을 함축하고 있다(Lau, 2007b: 5; Akguen, 2011: 64~74).

이상의 논의를 바탕으로 하여 이 장의 논지를 명료화하는 차원에서 핵심내용인 다문화주의와 공화주의적 주도문화의 긴장관계를 도식하여 제시하면 다음과 같다.

〈표 5-5〉 다문화주의와 공화주의적 주도문화의 긴장관계

다문화주의의 실패에 관한 주장과 근거	공화주의적 주도문화의 필요성에 관한 주장과 근거	공화주의적 주도문화의 유지 발전과 활성화 과제
- 특정한 이주자집단의 통합의지 부족 - 평행사회(평행세계, 하위문화, 민족적 식민지, 다원적 단일문화)의 발생과 확산에 우려 - (관용 인정의 정책차원에서 집단의 차이와 다양성을 지나치게 강조할 경우) 사회통합이 저절로 잘 이루질 것이라고 하는 '소박한(naive) 다문화주의'로의 전략 우려 - 문화적 측면에 치중한 문화주의적 관점에 머물 경우 사회구조적 관심사 혹은 사회경제적 통합으로 연결되지 못한다는 비판	- 다문화주의의 한계 혹은 부작용(평행사회로의 퇴행현상 포함)에 대처하기 위한 대안 - 자유민주적 기본질서(혹은 민주법치국가)에 입각한 시민정치문화로의 헌정애국주의 확립 필요 - 다문화와 주도문화를 양립하기 힘든 대립관계로 바라보던 기존의 관점 수정 필요	- 하지만 통합정책을 강제적·일방적으로 추진할 경우 전통적인 통합정책으로의 회귀라는 비난을 받을 수 있음(공화주의적 보편주의와 주도문화의 내재적 문제점) - 따라서 간문화적 소통(간문화주의적 입장)에 의한 보완이 요청됨 - 주도문화를 민족적·문화적 본질주의 입장에서 간주하기보다는 오히려 사안별로 참여자·당사자와 더불어 언제나 다시 협상을 해야 할 성질의 것으로 파악할 필요가 있음 - '통합은 일방통로가 아니다'라는 실천원칙에 걸맞은 정책적 대안 모색 필요 - 문화주의적 관점에서 시야와 범위를 확장시켜 사회경제적 통합과 연결시키고, 다양성에 대한 다층적인 아이디어를 포괄하는 관점을 취해야 함

이 장은 네덜란드와 독일의 경우를 중심으로 하여 특히 다문화주의와 공화주의적 주도문화의 긴장관계에 초점을 맞추어 사회통합에 관한 담론과 해석의 동향을 살펴보고, 다문화사회에서의 사회통합을

위하여 바람직한 목표와 과제를 탐색하는 데 목적을 두었다. 이러한 목적을 달성하기 위하여, 먼저 네덜란드의 사회통합문제에 관해 살펴보았다. 여기서는 네덜란드에서 분명하게 드러난 다문화주의의 빛과 그림자, 그리고 이에 대한 독일의 시각과 반응에 관해 기술하였다. 이어서 독일의 사회통합문제에 관한 부분에서는 통합에 대한 합의와 더불어 통합과 관련된 비관주의에 관해 언급하고, 특히 다문화사회와 다문화주의의 실패에 관한 최근의 진단과 이를 둘러싼 담론에 주의를 기울였다. 그다음 다문화주의가 수반할 수 있는 한계를 극복하고 문제점을 보완하는 차원에서 사회통합의 적절한 준거 혹은 접근방안으로 공화주의적 주도문화의 개념을 소개하고, 독일에서의 담론과 현실에 비추어 보면서 보다 더 일반적인 수준에서 다문화사회에서의 사회통합을 위한 대안을 제시하였다. 이상의 논의를 바탕으로 하여 이제 이 장에서 강조하고자 하는 사항은 다음과 같이 몇 가지 명제로 정리하여 정식화할 수 있다.

(1) 독일은 오늘날 네덜란드가 1970~1980년대에 경험한 바와 유사한 오류를 범할 수 있는 위험에 놓여 있다. 즉, 문화주의적인 관점(culturalist perspective)에 따라 언어, 교육과 같은 문화적인 영역에 집중하다 보면, 통합은 일차적으로 국가의 특별프로그램으로 구성할 수 있는 것이 아니라, 경제와 사회에서 실행되어야 한다는 점을 간과할 수 있는 오류에 빠질 수 있다. 시장경제에서 통합을 위해 결정적으로 중요한 사항은 노동시장 혹은 자영업에 대해 다른 사람들과 동등한 대우를 받으면서 효과적으로 접근하는 일이다. 왜냐하면 지위, 소속감 그리고 사회적 접촉이

여기에 달려 있기 때문이다. 과거 네덜란드의 경우와 마찬가지로 노동세계에서 정착하는 사람들이 줄어들게 되면, 이것이 공론장의 인지에도 역시 영향을 미칠 수 있다. 결국 좋은 통합정책이 비록 사회경제적 통합을 촉진할 수는 있지만, 이것을 대체할 수는 없다. 특히 기업, 직원협의회, 노조에서 확고하게 정착했던 점, 그리고 이원적 직업양성체제가 성공적으로 작용했던 점이 독일에서는 초기에 비교적 성공적인 경제적·사회적 통합에 기여하였다. 그 반면에 노동금지, 실업, 임금률체계의 불확실성 따위로 인하여 이와 같은 사회경제적 정착이 약화되면서 성공적인 사회통합도 역시 어려움에 처하게 되었다.

(2) 이주 및 통합과 관련된 현실과 사람들의 인지·지각에 대해서 말하자면, 독일의 경우나 네덜란드의 경우 모두 현실과 인지·지각 사이의 연관성이 상당히 약하다고 볼 수 있다. 네덜란드의 경우를 바라보면, 바로 경제적 통합이 추락했을 때 다문화주의적 관용정책을 적극적으로 표방하였다. 그다음 경제적 통합이 개선되었을 때 역설적으로 통합이 실패로 돌아갔다는 견해가 공론장에서 널리 퍼져나갔다. 독일의 경우를 살펴보면 초기의 성공적인 통합적 접근방안이 최근에 간과된 경향을 보이고 있다. 그 결과 성공적인 사례로 입증된 '독일모델'(즉, 사회경제적 동등대우정책)의 처방을 잊고, 오히려 결정적으로 중요하지 않은 조치에 초점을 맞추고 있는 것은 아닌지 하는 우려를 낳고 있다.

(3) 최근에 독일에서는 정치가들이 그동안 독일에서 다문화사회 혹은 다문화주의는 실패했다는 진단을 명시적으로 내놓고 있다는 사실을 확인할 수 있다. 그러면서 다문화주의가 수반할 수 있는

부작용, 특히 통합할 의지가 없거나 부족한 이주자를 주류사회에 끌어들이고, 평행사회로의 퇴행현상에 대처하기 위한 기본적인 준거 혹은 핵심적인 관건으로 이른바 공화주의적 주도문화(즉, 자유민주적 기본질서 혹은 민주법치국가에 입각한 시민정치문화로의 헌정애국주의)에 기대를 걸고 있다. 이 맥락에서 또한 언어, 종교와 같은 문화적 요소의 의미와 중요성을 강조하고 있다. 그런데 바로 여기서 프랑스가 공식적으로 표방하고 있는 초문화주의(공화주의적 보편주의)와의 미묘한 차이를 발견할 수 있다. 프랑스의 초문화주의는 철저한 혹은 엄격한 세속주의(정교분리주의)에 입각하고 있는 반면, 독일의 주도문화는 부분적으로 기독교의 가치나 인간상에 대한 신봉을 추가로 요청하고 있다는 점을 확인할 수 있다.

(4) 독일 보수진영에서는 다문화주의와 주도문화를 양립하기 힘든 대립개념으로 파악하려는 경향을 발견할 수 있다. 하지만 주도문화에 관한 최근의 담론을 고려할 때, 다문화와 주도문화를 대립관계로 바라보던 기존의 관점을 수정하려는 시도도 역시 관찰할 수 있다. 다문화와 주도문화의 두 가지 준거를 서로 대조적이면서 양립 불가능한 요인으로 간주할 경우, 가상적인 대안을 설정하는 오류에 빠질 수 있다. 왜냐하면 다문화사회 혹은 이주사회는 그 자체의 지속 가능한 유지 발전을 위하여 주도문화를 필요로 하기 때문이다. 공화주의적 주도문화는 명령을 내려 강제로 구성할 수 있는 것이 아니라 참여자, 당사자들이 언제나 다시금 간문화적 소통을 유지하면서 협상을 벌여야 할 성질의 것이다. 이주·통합을 둘러싸고 진행되고 있는 작금의 토론은 바로 이러한 협상과정의 일부

분을 형성한다고 볼 수 있다. '통합은 일방통로가 아니다'라는 진술은 이주자들과 더불어 이들을 받아들이는 주류사회도 역시 변화한다는 것을 함축하고 있다. 그것은 한편으로는 주류사회의 민족·국민문화가 대내외적으로 보다 더 유연하게 수용능력을 발휘하면서 이주·통합의 문제에 대처할 뿐만 아니라, 다른 한편으로는 이주자도 역시 이와 마찬가지로 보다 더 감수성을 갖출 필요가 있다는 것을 함축하고 있다.

(5) 요컨대 다문화주의의 한계 또는 부작용(평행사회로의 퇴행현상 포함)에 대처하기 위한 대안이 바로 프랑스의 초문화주의(공화주의적 보편주의)와 독일의 주도문화라고 간주할 수 있다. 하지만 이 두 가지 접근방안은 통합정책을 강제로 그리고 일방적으로 추진하고 관철시킬 경우, 전통적인 동화정책으로의 회귀라고 하는 비난을 피하기 힘들다. 바로 그렇기 때문에 공화주의적 주도문화에 따른 통합정책을 계획하고 실행하는 데 있어서는 간문화주의의 입장으로 보완할 필요가 있다. 다시 말하면 주도문화를 민족적·문화적 본질주의(essentialism) 입장에서 어떤 확정되고 고정된 불변의 것으로 간주하기보다는 오히려 참여자, 당사자와 더불어 언제나 다시 협상을 해야 할 성질의 것으로 파악하고, 간문화적 소통을 유지하면서 문자 그대로 '통합은 일방통로가 아니다'라는 진술에 부응할 수 있는 정책적 대안을 모색할 필요가 있다. 덧붙여 말하자면 '다문화와 한국의 정체성'이라는 주제영역을 고려할 때, '공화주의적 주도문화'가 결국 동화정책의 변종이 아닌가 하는 우려를 해소하기 위해서 여기서 '공화주의적 시민정치문화'라는 용어를 그 대안으로 제안해보고자 한다.

<요약>

이 장은 네덜란드와 독일의 경우를 중심으로 하여 특히 다문화주의와 공화주의적 주도문화의 긴장관계에 초점을 맞추어 사회통합에 관한 담론과 해석의 동향을 살펴보고, 다문화사회에서의 사회통합을 위하여 바람직한 목표와 과제를 탐색하는 데 목적을 두었다. 이러한 목적을 달성하기 위하여 우선 네덜란드의 사회통합문제에 관해 살펴보았다. 여기서는 네덜란드에서 문명하게 드러난 다문화주의의 빛과 그림자, 그리고 이에 대한 독일의 시각과 반응에 관해 기술하였다. 이어서 독일의 사회통합문제에 관한 부분에서는 통합에 대한 합의와 더불어 통합과 관련된 비관주의에 관해 언급하고, 특히 다문화주의의 실패에 관한 최근의 진단과 이를 둘러싼 담론에 주의를 기울였다. 그다음 다문화주의가 수반할 수 있는 한계를 극복하고 문제점을 보완하는 차원에서 사회통합의 적절한 준거 혹은 접근방안으로 공화주의적 주도문화의 개념을 소개하고, 독일에서의 담론과 현실에 비추어 보면서 보다 더 일반적인 수준에서 다문화사회에서의 사회통합을 위한 대안을 제시하였다. 여기서 도출할 수 있는 결론은 다음과 같이 진술할 수 있다. 다문화주의의 한계 혹은 부작용(평행사회로의 퇴행현상 포함)에 대처하기 위한 대안이 바로 프랑스의 초문화주의(공화주의적 보편주의)와 독일의 주도문화라고 간주할 수 있다. 하지만 이 두 가지 접근방안은 통합정책을 강제로 그리고 일방적으로 추진하고 관철시킬 경우, 전통적인 동화정책으로의 회귀라고 하는 비난을 피하기 어렵다. 바로 그렇기 때문에 공화주의적 주도문화에 따른 통합정책을 계획하고 실행하는 데 있어서는 간문화주의의 관점에서 보완할 필요가 있다. 다시 말하면 주도문화를 민족적·문화적 본질주의 입장에서 어떤 확정되고 고정된 불변의 것으로 간주하기보다는 오히려 참여자, 당사자와 더불어 언제나 다시 협상을 해야 할 성질의 것으로 파악하고, 간문화소통을 유지하면서 문자 그대로 '통합은 일방통로가 아니다'라는 진술에 걸맞은 정책적 대안을 모색할 필요가 있다.

06

사회통합·정체성정책
비교분석 사례[3]

프랑스와 독일에서는 최근 정치적·공공적 담론 및 입법과정에서 이주운동, 이주와 관련된 규정과 조정, 그리고 이주배경을 가진 시민의 사회통합 및 국가정체성 문제가 핵심적인 주제가 되었다. 여기에 해당하는 몇 가지 사례를 들자면, 2006년 여름 개최된 독일의 사회통합정상회담, 2006~2007년에 개최된 독일이슬람회의(DIK), 그리고 베를린 소재 어느 주요학교(Hauptschule)가 처한 상태에 관한 공공적 토론이 있다.

이 과정에서 특히 이주배경을 가진 사람들에게서 통합을 하려는 의지가 부족하다는 것이 널리 알려지게 되었다. 이런 사례는 모두 사회통합 및 국가정체성 확립을 지향한 노력을 강화해야 한다는 점, 그리고 문제에 적합한 사회통합·정체성정책을 위하여 효과적인 새로운 접근방안을 모색해야 한다는 점을 잘 보여 주고 있다(Neumann, 2007: 28; Thraenhardt, 2010: 20~21; Goddar and Huneke (eds.), 2011: 227).

사회통합·정체성정책의 필요성과 관련하여 프랑스는 이보다 더 절실한 상태에 놓여 있다. 2005년 11월 프랑스 여러 도시의 교외에서 그리고 심각한 사회적 문제를 안고 있는 지역에서 수주에 걸쳐 갈등과 소요사태가 발생하였다. 적어도 이 시점을 기준으로 삼을 때, 그 이후로 사회통합·정체성정책이 국내정치에서 다루어야 할 가장 중요한 의제의 하나로 부상하였다.

2007년의 대선과정에서 당시 내무장관이었던 사르코지(Sarkozy)가 대통령후보로 나섰는데, 그때 그는 소위 '이주·국가정체성부(ministère de l'immigration et de l'identité nationale)'를 신설하겠다는 공약을 내세워 논란을 불러일으킨 적이 있는데, 이것도 역시 사회통합·정체성정책의 민감성과 중요성을 입증하는 시사적인 사건이었다. 사르코지가 대통령으로 당선된 이후, 이러한 공약사항이 실제로 이행되어 '이주·통합·국가정체성·개발협력부(ministère de l'immigration, de l'intégration, de l'identité nationale et du codéveloppement)'라는 이름의 부서가 새로 마련되었다(Neumann, 2007: 28; Eckardt, 2007: 32~33; Riedel, 2007: 40~41).

이러한 배경에서 출발하여 이 장에서는 프랑스와 독일의 사회통합·

---

3) 제6장의 내용은 『한독사회과학논총』 제22권 제1호에 게재한 필자의 글을 부분적으로 수정, 보완한 것임.

정체성정책을 비교분석하는 데 주된 목적을 둔다. 이 목적에 도달하기 위하여 우선 사회통합·정체성정책의 새로운 위상에 대해 간단히 언급하고, 이어서 사회통합·정체성정책 및 담론에 관해서 차이점을 중심으로 살펴본다. 그다음 차이점에도 불구하고 양국 사회통합·정체성정책의 수렴현상을 보여 주는 사례를 탐색하는 차원에서, 보다 더 구체적인 수준에서 한편으로는 사회통합·정체성정책 프로그램을 비교하고, 다른 한편으로는 지방자치단체 수준의 사회통합·정체성정책에 주의를 기울인다. 마지막으로 결론 부분에서는 이 장에서 강조하고자 하는 사항을 몇 가지 명제로 진술하고자 한다.

1. 사회통합·정체성정책의 새로운 위상

위에서 지적한 바와 같이 프랑스와 독일에서 관찰할 수 있는 사회통합·정체성정책의 새로운 이니셔티브에 비추어볼 때, 최근 양국에서는 정책의 우선순위에서 사회통합·정체성정책이 매우 중요한 위상을 차지하고 있다는 점에서 상당한 유사성이 존재한다는 것을 확인할 수 있다. 하지만 이러한 유사성에도 불구하고 양국에서 진행되고 있는 토론은 다른 한편으로 각각 확연히 구별되는 차이점을 보여주고 있다. 그 근거로는 적어도 다음과 같은 세 가지 사항을 들 수 있다(Neumann, 2007: 28).

① 이주의 서로 다른 형태에서 연유하는 차이점
② 이주집단 및 그들에게 특정한 문제의 상이성을 반영하는 차이점
③ 양국이 서로 대조적인 이주정책의 모형을 대표한다는 점

특히 세 번째 사항과 관련하여 말한다면, 역사적으로 살펴볼 때 프랑스는 고전적인 이주국가였다. 그에 반해서 독일은 오랫동안 공식적인 수사(修辭)에서 이주국가라는 사실을 부인하거나 심지어 금기시하였다.

그래서 최근에 이르기까지 이와 같은 서로 다른 기본사상이 양국의 이주·사회통합정책에 중요한 영향을 주었다. 프랑스의 기본사상에 포함된 원래의 아이디어는 사람들의 공화주의적 평등에서 출발한다. 그리고 이 평등의 이념은 이주정책의 법적 규정을 통하여, 특히 국적의 획득을 통하여 사실상 실행된다. 여기서 결정적으로 중요한 사항은 국가에 대한 개개인의 관계, 즉 '시민성(citoyenneté)'의 원칙이다. 이 시민성의 원칙에 따라 사회통합은 전적으로 개인을 위해 이루어져야 한다. 그 결과 이주배경을 가진 특정한 집단의 진흥 혹은 문화적 다양성의 진흥은 사회통합·정체성정책의 일부분이 되지 못한다.

이와는 대조적으로 독일의 기본사상은 법적인 지위와는 별도로 민족적 혹은 문화적 소속의 진흥을 특징으로 하며, 이에 따라 민족적·문화적 소속을 사회통합·정체성정책의 토론 및 구체적인 접근방안에서 강조하는 경향이 있다. 이와 같이 서로 다른 기본사상이 사회통합·정체성정책의 구조에 영향을 주기 때문에, 독일에서는 집단에 특정한 사회통합·정체성정책이 상대적으로 더 강하게 나타나며, 그 반면 프랑스에서는 집단에 특정한 사회통합·정체성정책보다는 오히려 평등한 시민으로서의 개인에 지향을 둔 정책이 더 강하다(Neumann, 2007: 28~29; Riedel, 2007: 40).

이상에서 기술한 바와 같이 사회통합·정체성정책의 분야에서 독일과 프랑스 사이에 상당히 큰 차이점이 있다. 하지만 최근 몇 년 동안의 동향을 살펴볼 때, 서로 다른 기본사상에도 불구하고 특히 사회통합·정체성정책과 관련된 입법과 사회적 담론 및 실천에서 공통점도 역시 확인할 수 있다. 독일에서는 2000년에 새로운 국적법이 마련되었으며, 여기에 이어서 2005년에는 새로운 이주법이 통과되었다. 프랑스에서는 2003~2006년 동안 통합정책과 관련된 법적인 틀의 개정이 이루어졌다. 결국 프랑스와 독일을 비교해볼 때, 법적인 규정과 조정에 있어서 수렴현상이 증가하고 있음을 확인할 수 있다. 양국에서는 국적 및 이주에 관한 법적인 규정·조정이 성공적인 사회통합을 위해 필요한 전제조건으로 이해되고 있다.

양국 사이에 존재하는 수렴현상의 증가는 공공적인 토론과 실천에서도 역시 확인할 수 있다. 한편으로는 서로 다른 종교 및 문화 사이의 대화가 필요하다는 점이 강조되고 있으며, 다른 한편으로는 시민사회의 통합과 관련하여 여러 분야에서 개선방안이 모색되고 있다. 여기에는 학교교육정책, 직업양성 및 노동시장정책, 기회균등진흥 및 차별철폐정책, 시민적·문화적 참여정책 등이 포함된다(Neumann, 2007: 29; Michalowski, 2006: 28~30).

2. 사회통합·정체성정책 및 담론

프랑스와 독일에서 사회통합 및 기회균등에 관한 최근의 토론에서 핵심적인 주제가 다르다는 것을 확인할 수 있다. 독일에서는 언어와 문화가 주요쟁점인 반면, 프랑스에서는 공화주의적 자기이해(불가분의 공화국과 보편적 가치)가 핵심주제이다. 이것은 토론이 상당히 다르다는 것을 입증하고 있다. 따라서 모든 유럽의 나라가 이주민의 통합문제를 공유하고 있다는 주장을 반복해서 주장하기 전에 서로 다른 차이점을 분명하게 파악해야 하며, 이러한 차이를 의식하고 있어야 또한 타자에게서 무엇인가를 배울 수 있다.

1) 프랑스의 사회통합·정체성모형

프랑스의 사회통합·정체성모형은 흔히 동화(즉, 기존의 상태와 행동규범에 대한 완전한 적응이나 조정)의 개념으로 특징지어진다. 프랑스의 법에서 동화의 개념이 거의 아무런 역할을 수행하지 못하고 있다는 사실을 인정하더라도, 그러한 성격규정을 완전히 무시할 수는 없다. 왜냐하면 프랑스혁명 이래 공화국 이념의 본질적인 성격은 국경 내에 살고 있는 여러 다른 민족을 하나의 그리고 불가분의 민주공화국에 속한 시민으로 만드는 데 놓여 있었기 때문이다. 그리고 출신배경을 서로 달리하는 집단의 민족적 특징을 가능하면 배제하고, 보편적이라고 이해된 공화주의적 가치를 전달하는 데 주된 관심을 두었다.

하지만 프랑스혁명(1789)이 발생한 지 90년이 지난 1879년이 되어서야 비로소 공화주의자들이 정치적 다수를 획득할 수 있었다. 이 정치적 다수와 공화국을 지속적으로 유지하기 위하여 그들은 공화주의적 학교에서 개개인을 공화국의 시민으로 교육시키는 데 기대를 걸었다. 1905년 소위 드레퓌스 사건(Dreyfus affair: 1894년 유대계 대위 Alfred Dreyfus가 기밀누설혐의로 종신금고형을 선고받아 국론이 갈라질 만큼 사회문제가 되었으나 결국 무죄가 된 사건)이 종결된 이래 공화주의적 학교는 국가와 마찬가지로 엄격한 세속주의(laïcité, laicism)의 입장을 취하게 되었다.

시민이 어느 종교에 소속되어 있는가 하는 점은 국가에 대한 그 시민의 관계에 있어서 더 이상 아무런 역할을 수행해서는 안 되는 것으로 되어 있었다. 하지만 공화국을 지속적으로 확보하고 지키는 일이 그렇게 쉬운 일은 아니었다. 공화주의적 학교는 예를 들면 비시(Vichy) 정부(제2차 세계대전 중 Pétain 원수에 의해 설립된 정부, 1940~1944년 동안 프랑스 중부 소재 도시인 Vichy가 임시수도 기능을 수행하였음)의 등장을 막지 못했다. 그렇지만 독일에서 나치 정권의 등장으로 인하여 인본주의교육이 완전히 실패로 돌아갔다고 말할 수 없는 것과 마찬가지로, 프랑스에서는 그동안의 우여곡절에도 불구하고 공화주의적 학교의 이상은 여전히 포기할 수 없는 준거로 남아 있다(Mueller-Haerlin, 2006: 36).

그런데 오늘날 다문화사회에서의 사회통합·정체성문제와 관련하여 다시 이 공화주의적 이상이 부분적으로 문제시되고 있다. 그동안의 약속에 따르면 공화국의 가치를 공유하고 프랑스어를 말하는 자는 프랑스인이 될 수 있었다. 그러한 원칙이 통해 왔던 나라에서 이제 적지 않은 사람들이 공화국의 가치를 공유하고 프랑스어를 완벽하게 구사함에도 불구하고 스스로 배제되어 있다고 느끼고 있다. 그들은 평등(égalité)이라고 하는 공화국의 핵심적인 이념을 공허한 상투어로 경험하고 있다. 그 이유로는 적어도 다음과 같은 세 가지 사항을 들 수 있다(Mueller-Haerlin, 2006: 36).

① 공화주의적 학교가 존재함에도 불구하고 프랑스라는 공화국에서도 역시 사회적 관계 혹은 상태가 여러 세대를 거치면서 별로 개선되지 않고 그대로 계승되고 있다.
② 차별이 사람들의 일상에 속하는 일로 자리를 잡아가고 있다. 특히 낯설게 들리는 이름을 갖고 있는 사람들이나 방치된 도시구역에서 살고 있다는 이유만으로 구직신청서가 아예 고려되지 않는 사람들이 그러한 차별을 일상적으로 경험하고 있다.
③ 여기에 더하여 공화주의적 이상을 공유하지 않는 사람들이 늘어나고 있다. 물론 이들 중 소수만이 보편적 인권을 문제시할 것이다. 하지만 종교를 사적인 영역으로 밀어내는 것에 대하여

불만을 갖거나, 아니면 프랑스문화와 구별하면서 자신의 출신 문화를 강조할 경우, 그들 중 다수는 거꾸로 바로 이 인권에 호소하면서 자신의 주장을 내세울 수 있다. 이럴 경우 자기 자신의 전통이 지닌 풍부함을 주장하면서 오히려 계몽주의의 보편주의와 과거의 식민주의에 대항하려는 태도를 취하기도 한다.

그런데 이것은 바로 공화주의적 자기이해에 대한 정면도전이라고 해석할 수 있다. 왜냐하면 그 자기이해의 중심에는 공화국의 평등한 시민으로서 간주되는 추상적인 개인이 놓여 있기 때문이다. 이때 물론 성별, 신앙, 문화적 뿌리와 같은 집단적 결부를 일단 고려하지 않는다는 것을 전제로 하고 있다. 적어도 공화주의적 자기이해의 관점에서 바라볼 때, 프랑스에서 '공동체주의(communautarisme)'는 독일에서의 '평행사회(Parallelgeselllschaft, parallel society)'와 마찬가지로 어쨌든 바람직하지 못한 비정상적인 현상이다. 여기서 말하는 '공동체주의'는 개별집단이 그들의 민족적·문화적·종교적 정체성으로 돌아가고, 더 큰 공동체(즉, 공화국민 혹은 공화주의적 국가)의 모든 가치를 공유하지 않는다는 입장을 함축하고 있다.

이와는 대조적으로 영국의 사회통합모형에 입각한 정책은 구체적인 개개인이 소속감을 갖고 있는 개별집단에서 추상화하지 않는다. 여기서 그 개별집단은 복수로서의 국민(nationalities), 소수집단(minorities), 공동체(communities) 따위로 불릴 수 있다. 이와 같은 영국모형은 그동안 다문화주의 정책의 관점에서 바람직한 것으로 간주되었다. 하지만 과격 이슬람교도에 의하여 런던 지하철에 대한 테러가 자행된 이래 이 영국모형의 우수성도 역시 부분적으로 문제시되고 있다(Mueller-Haerlin, 2006: 37).

2) 독일의 사회통합·정체성모형

독일에서는 프랑스의 사회통합·정체성모형에 대응할 만한 것이 그동안 존재하지 않았다는 진단을 내릴 수 있다. 그 근거로는 다음과 같이 세 가지 사항을 들 수 있다(Mueller-Haerlin, 2006: 37).

① 독일은 제국 설립부터 제2차 세계대전의 종언까지 본격적인 의미에서 이주민을 받아들이는 이주국가(Einwanderungsgeselllschaft)가 아니었다. 숫자상으로 거론할 만한 예외로는 단지 루르(Ruhr)지역의 폴란드인들과 1920년대에 베를린에 거주했던 러시아인들을 들 수 있지만, 당시 러시아인들에게 독일은 단지 지나가는 중간단계에 불과하였다.

② 혈통주의(ius sanguinis)의 전통이 지배적으로 작용함으로써 프랑스의 경우와는 달리, 국적(혹은 국적취득)이 사회통합의 목표로 규정되지 않았다. 2000년도에 와서야 비로소 국적법이 개정되면서 출생지주의(ius soli)의 요소가 독일법에 도입되었다. 이때부터 외국인 부모를 가진 아동이 독일에서 태어날 경우 일정한 전제조건에서 독일국적을 취득할 수 있게 되었다. 그렇지만 오늘날까지도 여전히 독일의 조상을 가진 자가 독일인이라는 기존의 견해가 지배적으로 작용하였다. 바로 그렇기 때문에 제2차 세계대전 이후 1,200만 명에 달하는 독일난민의 통합(이것은 독일연방공화국의 정치적·사회적 업적 중의 하나였다)이나, 1989년 이후 동구권에서 들어온 200만명에 달하는 독일혈통 이주자(Aussiedler)의 통합문제는 사실상 사회통합의 과제로 이해되지 않았다. 그런데 독일혈통 이주자

의 경우 이러한 사정이 바뀌고 있다. 그 대표자들이 2006년 연방수상이 마련한 사회통합정상회담(Integrationsgipfel)에 참여하였다. 그 까닭은 독일혈통 이주자들과 정치가들이 이제 그들의 문제가 다른 이주자집단이 안고 있는 문제와 거의 동일하다는 것을 인식했기 때문이다. 그러한 문제에는 독일어 지식의 부족, 평균을 밑도는 교육결과, 실업, 범죄, 차별 따위가 포함된다.

③ 세 번째 근거로는 독일의 연방주의를 들 수 있다. 교육정책과 더불어 귀화정책의 기획은 각 연방주가 담당한 사안이다. 그래서 국가의 시민(즉, 공민)으로서 공식적으로 받아들이는 일도 그렇고 학교에서 시민으로 교육을 시키는 일도 역시 하나의 단일한 모형에 따를 의무가 없다. 그 반면에 프랑스에서는 바로 이 국가 수준의 단일모형에 따라 공화국의 존속을 보장하는 것으로 되어 있다.

오늘날 독일에서는 흔히 이른바 '물티쿨티(Multikulti: 다문화주의)'의 종언이 거론되고 있는데, 이것은 이웃나라 네덜란드에서의 경우와 같이 다문화주의 모형의 갑작스러운 종언을 뜻한다기보다는 오히려 이주자의 일부분과 독일인 사이에 일종의 말이 통하지 않는 상태를 가리키거나 아니면 그들 사이에 공동의 가치·태도가 결여되어 있는 상태를 뜻한다고 해석할 수 있다. 앞에서도 이미 언급한 바와 같이 비록 프랑스의 사회통합·정체성모형에 대응할 만한 것은 없지만, 이주자들이 문화적으로 통합되지 않으면 안 된다고 하는 뿌리 깊은 기대가 존재한다고 볼 수 있다(Schrader, 2010: 1~2; Woerner, 2010: 1).

이것은 물론 혈통주의의 전통 및 [프랑스의 공화국민(repulikanische Nation) 혹은 국가국민(Staatsnation)과 확연히 구별되는] 문화국민(Kulturnation)의 이념과 밀접한 관련이 있다. 또한 이주자의 문화적 통합에 대한 그러한 기대와 열망은 '다문화(Multikultur)'의 개념에 대하여 독일 사람들 사이에 널리 퍼져 있는 거부감에서 표현될 뿐만 아니라, 소위 독일의 '주도문화(Leitkultur)'를 둘러싸고 자꾸 등장하는 토론에서도 역시 표현되고 있다. 하지만 독일의 주도문화에 대한 무리한 기대는 문제가 되고 있다. 왜냐하면 문화적 다양성은 이미 다원주의적 사회에서 포기할 수 없는 특징이며, 역사적으로 살펴보아도 문화적 다양성이 연방형태의 독일사회를 특징지었기 때문이다(Mueller-Haerlin, 2006: 37; Eder, 2006a: 42~43).

도대체 어떤 형태의 독일문화가 모든 사람들에게 공통된 것이어야 하는지에 대한 합의는 어차피 도달하기 힘든 것이며, 기껏해야 더 이상 협상대상이 될 수 없는 기본가치에 대한 합의에 더 많은 기대를 걸 수 있을 뿐이다. 이 맥락에서 특히 후자에 초점을 맞출 때 '공화주의적 주도문화'라는 용어를 사용할 수 있으며, 이것은 다시 인권과 민주주의의 기본가치에 입각한 헌정애국주의(Verfassungspatriotismus) 혹은 공화주의적 시민정치문화라고 풀이할 수 있다.

주도문화를 둘러싼 논란이 안고 있는 문제점이 여전히 남아 있긴 하지만, 그럼에도 불구하고 독일은 현재 적어도 프랑스 및 영국과 비교해볼 때 사회통합·정체성과 관련하여 문제를 덜 안고 있다고 진단할 수 있다. 그 근거로는 다음 세 가지 사항을 들 수 있다(Mueller-Haerlin, 2006: 38).

① 프랑스 및 영국과 비교해볼 때 독일은 식민주의와 관련된 과거가 상당히 약한 편이다.
② 1950년부터 유입되기 시작한 소위 '외국인노동자(Gastarbeiter)'는 주로 남부유럽의 나라와 세속주의적인 터키에서 나왔다.

③ 프랑스와 비교해볼 때 이주자에 대하여 동화를 요구한 정도가
비교적 약하다고 볼 수 있으며, 다른 한편으로 네덜란드 및 영
국과 비교해볼 때 자유공간을 허용한 정도가 상당히 약하다.

다시 말하면 동화와 자유공간의 연속선상에서 바라볼 때, 독일은
한편으로 프랑스와, 다른 한편으로 네덜란드 및 영국의 사이에 놓여
있다고 평가할 수 있다. 그런데 이것을 가능하게 만든 요인을 찾아본
다면, 일차적으로 사회복지국가로서 정부가 출연한 보조금이 상당히
많았다는 점, 그리고 현장에서의 사회통합사업이 비교적 순탄하게 실
시되었다고 하는 점을 들 수 있다. 지방 수준에서 이루어진 그러한
사회통합사업은 물론 다른 나라와 비교해볼 때 연방체제를 갖춘 독
일에서 더 용이하게 실행할 수 있었다. 여기서 언급한 사회통합사업
에는 이주자 아동의 부모를 위한 독일어강좌, 시구(市區)관리자, 새로
운 경찰전략 등이 포함된다.

프랑스가 공식적으로 표방하고 있는 공화주의적 보편주의(초문화
주의, transculturalism)는 모든 국민이 평등한 시민으로 살아갈 수 있다
는 암묵적 약속이나 기대를 함축하고 있었다(Demorgon and Kordes,
2006: 31~33; Scherr, 2005: 17). 하지만 그러한 약속이나 기대가 주어
지지 않았던 곳에서는 실망의 정도도 그만큼 약했다고 볼 수 있다.
하지만 한편으로 그러한 약속이나 기대가 주어지게 되면, 그리고 다
른 한편으로 이주민 가정에서 실업률이 증가하고 사회복지국가의 보
조금이 줄어들게 된다면, 다른 나라에 비해 상대적으로 더 심각한 사
회적 불평등의 문제는 독일의 정치와 사회에 대해서 더 큰 도전으로
다가올 것이다(Mueller-Haerlin, 2006: 38).

3. 사회통합·정체성정책 프로그램

앞에서 언급한 바와 같이 최근 법적인 규정과 조정에 있어서 수렴현상이 증가하고 있음을 확인할 수 있다. 프랑스와 독일에서는 국적, 이주에 관한 법적 규정·조정이 성공적인 사회통합 및 국가정체성 확립을 위해 필요한 전제조건으로 이해되고 있다. 이 맥락에서 여기서는 사회통합·정체성정책의 시행을 위한 대표적인 프로그램을 예시적 차원에서 보다 더 자세하게 살펴보기로 한다.

1) 프랑스의 사회통합계약

새로 들어온 이주자의 일차적 사회통합을 위하여 프랑스정부가 취한 조치의 중심에 놓여 있는 것은 반나절 동안 정보를 제공하는 행사인 이른바 '영입소양교육(plate-forme d'accueil)'이다. 이 영입프로그램은 영속적인 체류의 전망을 갖고 새로 들어온 모든 합법적인 이주자(유학생, 망명신청자, 계절노동자, 유럽연합 회원국 출신 이주자는 제외)에게 프랑스의 국가 및 생활에 대하여 필요한 정보를 간단하게 제공하는 데 취지가 있다.

여기에 더하여 일차적인 체류자격을 부여하는 데 필요한 건강검진이 실시된다. 여기에 이어서 수행되는 개별면담에서는 새로 들어온 이주자가 추가로 필요로 하는 사회통합프로그램(보기: 어학강좌, 노동청에서의 신고, 중요한 보험체결)이 무엇인지 확인한다. 이러한 상담을 넘어서서 언어능력검사를 위한 시험, 주거지 부근의 어학강좌 안내 및 소개가 제공되고, 긴급한 경우에는 이주자전담 사회복지사에 의한 동행이 제공된다.

1998~1999년 이 영입소양교육이 마련된 이래 드러난 큰 어려움 중의 하나는 새로 들어온 이주자의 개인적인 사회통합 진행과정을 추적하고, 그 과정에서, 예를 들면 어학강좌에의 참여를 보장하는 데 놓여 있었다. 영입소양교육에의 참여는 자발적으로 이루어지기 때문에 당시 소양교육의 조직을 담당한 기관인 국제이주청(OMI: office des migrations internationales)의 직원은 신이주자의 사회통합 진행과정을 불과 몇 개월 동안만 추적할 수 있었다. 추천한 어학강좌에 신이주자가 신고하지 않을 경우 국제이주청 담당자는 거기에 대한 정보를 얻지 못하거나 아니면 개입할 수 있는 가능성이 없었다.

이러한 이유 때문에 2002년 중도우파정당이 정부를 인수한 다음에 신이주자의 일차적 사회통합프로그램을 확대하기에 이르렀다. 기존의 영입소양교육에 포함된 상담에 더하여 2003년의 '이주조정법'과 2005년의 '사회통합법'을 통하여 이제 의무적으로 체결해야 하는 '영입·통합계약(contrat d'accueil et d'intégration)'이 도입되었다. 이것은 2006년을 거치면서 프랑스 전역에 걸쳐 적용되었으며, 상담프로그램이 진행되는 동안 계약서를 신이주자에게 제시하고 그의 서명을 받는 것으로 되어 있다.

이 사회통합계약을 통하여 신이주자는 200~500시간에 달하는 어학강좌를 이수하고, 적어도 하루 동안 시민교육상좌를 이수하겠다는 약속을 한다. 이를 통하여 신이주자가 적어도 최저수준의 언어능력[문어(文語)지식을 포함하고 있지 않기 때문에 유럽공동언어준거틀의 A1 등급에 밑도는 수준]에 도달할 수 있도록 한다. 원칙적으로 사회통합계약의 체결 여부는 신이주자 자신에게 달려 있다. 그가 계약체결에 동의할 경우 계약사항을 준수해야 할 의무가 있으며, 그 반대로 계약체결을 거부할 경우 영주권신청과 관련하여 발생할 수 있는 불이익을 감수해야 한다.

이 사회통합계약의 구상 및 실행에 있어서 새로운 핵심적 행위주체는 '외국인영입·이주청(ANAEM: agence nationale de l'accueil des etrangers et pour les migrations)'이다. 사회통합영역에서 사회통합계약의 서명이 의무화되고 있는 경향과 더불어 이주정책영역에서는 최근 선별적인 이주정책이 강조되고 있는데, 이것은 특히 니콜라 사르코지가 내세운 '선별이주(immigration choisie)'의 개념과 밀접한 연관성이 있다. 사르코지는 내무장관으로 근무하던 2006년 당시 장래의 프랑스 이주정책을 추진하기 위한 모토로서 '선별이주, 성공적 사회통합(une immigration choisie, une intégration réussie)'을 내세웠다. 이에 따르면 기한부 체류권 및 영주권을 부여함에 있어서 '공화주의적 사회통합'을 강조하고, 자질과 능력을 갖춘 대학생의 이주나 이미 언어능력을 갖춘 사람의 이주를 장려하는 데 목표를 두고 있다(Michalowski, 2006: 32~34; Riedel, 2007: 41).

2) 독일의 사회통합강좌

2005년 1월 이주법이 발효되면서 독일에서도 역시 이주자를 대상으로 하여 국가 수준의 사회통합프로그램이 제공되고 있다. 네덜란드 및 프랑스의 경우와 유사하게 이 프로그램은 일차적으로 처음 독일로 이주해 들어오고 비교적 오래 체류할 것으로 전망되는 사람들을 표적집단(target group)으로 삼고 있다. 여기에는 가족결합 이주자, 난민 및 독일혈통 이주자의 가족구성원이 속한다. 여기에 더하여 이미 상당한 기간 독일에서 거주하고 있는 이주자 중 언어능력이 부족한 사람도 역시 사회통합강좌에 참여할 수 있으며, 불충분한 언어지식이 노동시장에서의 사회통합을 어렵게 하는 이유가 될 경우, 심지어 강좌에의 참여가 의무로 부과되기도 한다.

독일의 프로그램은 그 구조상 명백하게 네덜란드의 모형에 의존하고 있다. 독일 사회통합프로그램의 틀 속에서는 각각 300시간에 달하는 두 개의 어학강좌(총 600시간)와 30시간(나중에 45시간으로 확충됨)에 달하는 시민교육강좌가 마련되어 있다. 후자는 독일의 법질서, 역사, 문화에 관한 지식과 정보를 제공하는 데 주된 목표를 두고 있다(<표 6-1> 참조). 이주자가 영주권을 획득하기 위해서는 어학강좌 및 시민교육강좌에의 '성공적인 참여'를 입증하지 않으면 안 된다. 시행령에 따르면 유럽공동언어준거틀의 B1 등급에 도달함으로써 '성공적인 참여'를 입증하게 된다. 성공적인 참여자가 아닌 사람 혹은 사회통합프로그램에의 참여를 거부하는 신이주자는 영주권을 받지 못함으로써 제재를 받을 수 있다. 체류법과 관련된 제재 이외에 또한 참여거부에 대한 재정적인 제재가 이루어질 수 있다. 게다가 모든 프로그램 참여자는 가능한 범위 내에서 강좌수강비용(즉, 시간당 1유로, 총 630유로)의 일부를 스스로 부담해야 한다.

〈표 6-1〉 시민교육강좌 프로그램[45수업단위(차시), 1수업단위=45분]

도입(2차시): 내용, 목표, 강좌의 효용, 기대효과 소개		
모듈 1: 민주주의와 정치	모듈 2: 역사와 책임	모듈 3: 인간과 사회
ㅇ 독일국가의 구조원리(4차시)	ㅇ 민족사회주의와 그 결과(3차시)	ㅇ 가족의 공동생활(3차시)
ㅇ 기본권과 시민의 의무(4차시)	ㅇ 1945년 이후 역사의 주요국면	ㅇ 교육(2차시)
ㅇ 헌법기관, 정당, 국가상징(4차시)	(3차시)	ㅇ 간문화적 공동생활(4차시)
ㅇ 사회복지국가(3차시)	ㅇ 통일, 유럽통합(3차시)	ㅇ 종교적 다원성(2차시)
ㅇ 정치참여(4차시)		ㅇ 재량시간(2차시)
정리(2차시): 시험형태, 시험준비, 추가학습자료		

출처: Feil, 2009: 275; Wilhelm et al., 2010: 50~51 재구성.

강좌의 조직 및 실행은 연방정부를 통해 이루어진다. 그 까닭은 이주법에 대한 협상에서 사회통합강좌의 시행을 위한 비용을 연방정부가 부담해야 한다는 것을 지방자치단체가 강력하게 요구했기 때문이다. 그래서 지금은 뉘른베르크(Nuernberg) 소재 연방이주난민청(BAMF: Bundesamt fuer Migration und Fluechtlinge)이 사회통합강좌의 계획 및 실행을 담당하고 있다. 연방이주난민청이 전국에 걸쳐 어학강좌 제공단체를 인증하고, 강좌의 내용을 결정하며, 총 24개의 지부를 통해서 현장에서 강좌의 시행을 조정한다(Michalowski, 2006: 34~35; Feil, 2009: 270~279; Wilhelm et al., 2010: 49~51).

이상에서 살펴본 바와 같이 신이주자를 대상으로 한 독일과 프랑스의 사회통합조치는 그 구상에 있어서 유사한 점을 보여 주고 있다. 즉, 사회통합조치의 목표는 새로 이주해 들어온 사람들에게 기본적인 자질과 능력을 키워주는 조치를 통해 특히 이주자의 경제적 사회통합을 개선하려는 데 놓여 있다. 하지만 프로그램의 구체적인 기획 혹은 구성(표적집단, 범위, 내용, 담당부서, 재정)에 있어서는 특수성이 존재한다. 이러한 이유 때문에 한 나라에서 수행된 평가결과를 다른 나라에 바로 전이시킬 수 없지만, 유럽에서 사회통합프로그램의 전개과정에 대하여 어느 정도 일반적인 경향을 파악할 수는 있다.

4. 지방자치단체 수준의 사회통합·정체성정책

1) 지방자치단체 수준의 의미와 중요성 증가

사회통합·정체성정책의 담론 및 실천에서 프랑스와 독일 양국 사이에서 관찰할 수 있는 수렴현상과 관련하여, 특히 사회통합이 부족하다는 진단에서 출발하여 최근 지방자치단체 수준이 정책의 주변에서 핵심으로 부상했다는 점을 특기할 만하다. 지방자치단체의 의미와 중요성이 부각되고 있는 근거로는 적어도 다음 세 가지 사항을 지적할 수 있다(Neumann, 2007: 29).

① 지방 수준은 법적으로 확정되고 제도화된 사회통합·정체성정책을 구체적으로 실행에 옮겨야 하는 곳이다.
② 지방자치단체는 국가와 지방·지역 수준 사이의 연계체제 속에서 중요한 동반자이다. 특히 프랑스에서 지방자치단체는 사회통합·정체성정책의 틀 속에서 핵심적인 역할을 수행한다.

③ 지방자치단체는 이른바 워크숍 혹은 실험실의 기능을 수행한다. 여기서 여러 가지 다른 접근방안이 실천에 옮겨지고, 새로운 혁신적인 방안을 시험적으로 모색할 수 있다.

지방자치단체의 사회통합·정체성정책이 지닌 의미와 중요성이 이렇게 증가하고 있지만, 그것이 도시정책을 위해 갖고 있는 함의는 양면가치를 띠고 있다. 한편으로 소관사항 및 책무성의 확대, 그리고 상당한 규모의 재정적인 비용부담은 자원과 예산의 한계를 고려할 때 지방자치단체의 행위능력을 초과하는 도전을 제기한다. 그러나 이와 동시에 지방·지역 수준은 다른 한편으로 새로운 혹은 혁신적인 사회통합의 접근방안을 개발하는 데 특별히 적합한 것으로 보인다. 문제에 대한 접근성, 서로 다른 행위주체의 네트워킹 가능성, 분화된 맞춤형 방도의 필요성은 지방·지역 수준에서 새로운 해결방안을 탐색하고 이행할 수 있는 기회를 제고한다.

이 맥락에서 독일의 일부 도시에서는 상당히 독자적인 지방자치단체의 사회통합·정체성정책이 수립되었으며, 이것은 특히 독일의 정치행정체제가 지닌 특정한 지방분권구조를 통하여 가능하다. 여기에 더하여 일부 도시는 본보기가 되는 재량권을 추가로 이용하였으며 이니셔티브를 개발하였다. 독일의 지방자치단체 수준에서 사회통합·정체성정책은 기초지방자치단체, 노동청 및 사회복지청, 이주민을 위한 사회봉사 사이의 밀접한 협력관계에 기반을 두고 있다. 다시 말하면 사회통합·정체성정책의 조치는 지방 수준의 현장에서 집약적으로 구현된다. 구체적인 실행에 있어서는 독일체제의 특정한 행위주체로서 민간복지단체가 핵심적인 역할을 수행한다.

좁은 의미에서 법적인 해석에만 국한된 사회통합·정체성정책이 아니라 더 포괄적인 사회통합·정체성정책을 위해 지방·지역 수준이 지닌 의미와 중요성은 또한 다음과 같은 실정을 고려할 때 분명하게 확인할 수 있다. 즉, 연방정부 수준에서 입법과 관련된 큰 조치가 취해지기 이전에 이미 오랫동안 지방·지역 수준에서 폭넓은 사회통합과 관련된 행위 및 활동이 이루어졌다는 점에 유의할 필요가 있다. 예를 들면 직업양성의 진흥, 보통교육의 진흥, 넓은 의미에서 노동고용의 진흥, 언어교육의 진흥, 그리고 지방·지역 수준의 참여 따위가 그러한 폭넓은 행위 및 활동에 속한다(Neumann, 2007: 29~30; Bommes, 2010: 37~40).

2) 도시정책을 통한 사회통합: 프랑스의 두드러진 특징

지방·지역 수준의 의미와 중요성 증가 측면에서 바라볼 때 프랑스는 추가로 특기할 만한 특징을 보여 주는데, 그것은 다름 아니라 도시정책을 통합 사회통합정책의 추진이다. 일부 도시 혹은 시구(市區)에서 사회통합문제가 공간적 차원으로 환원되는 경향이 상당히 두드러지게 나타난다. 이러한 현상을 가리켜서 '사회문제의 영토화(Territorialisierung sozialer Probleme)'라고 부른다. 그래서 프랑스 방식의 사회통합정책은 시간이 가면서 점점 더 강화되고 공고화된 도시정책(politique de la ville)과 거의 동일시되기도 한다(Neumann, 2007: 30; Eckardt, 2007: 35~36).

프랑스는 그동안 이 사회(복지)적 도시개발정책 분야에서 이미 30년에 걸친 경험을 갖고 있다. 이 도시개발정책은 여러 가지 다른 부분정책(주택건축, 노동고용진흥, 학교관리, 사회문화복지의 개선)의 연계와 조정이라고 해석할 수 있다. 또한 명시적으로 시구와 관련된 '기회균등정책'이라고 해석할 수도 있다. 이 기회균등을 위한 정책은 특히 문제를 안고 있는 이른바 '민감한 시구(ZUS: zones urbaines sensibles)' 로 불리는 곳에 거주하고 있는 젊은 이주세대의 사회통합을 목표로 하고 있다. 이 맥락에서 2006년 빌팽(Villepin) 정부에서 통과된 '기회 균등을 위한 법(pour l'égalité des chances)'을 대표적인 보기로 들 수 있 다(Neumann, 2007: 30; Eckardt, 2007: 33~34).

사회적 도시개발정책은 사회통합의 촉진을 목표로 삼고 있는 모든 조치가 수렴하는 행위의 틀이다. 사회통합이 가장 위협을 많이 받고 있는 곳, 즉 문제가 많은 시구 혹은 혜택을 받지 못한 시구가 도시개 발정책의 주요대상이 되는 것은 거의 당연한 일이다. 도시정책의 개 념은 중앙정부 차원에서 구상이 되지만, 이것은 지방·지역 수준에서 구체적으로 기획된다. 그리고 지방 수준에서 이니셔티브를 잡고 여러 가지 다른 상위 수준에서 지원을 해주는 경우도 늘어나고 있다. 어쨌 든 이와 같은 지방분권적 도시정책에서는 사회적 배제의 퇴치를 목 표로 하는 사회(복지)적 조치가 도시계획 및 주택건축과 관련된 정책 의 조치와 결합된다.

도시와 관련된 이와 같은 사회통합정책의 핵심적인 수단은 1990년 대 이래 추진되고 있는 '도시계약(contrat de ville)'이다. 이 도시계약은 여러 가지 다른 동반자와 해당분야를 통합적으로 결합한 행위개념이 다. 도시계약은 국가와 지방·지역 수준의 행위주체 사이에서 이루어 진 협력의 결과로, 여기서 국가와 지방·지역 수준의 행위주체는 공 동으로 모든 중요한 도시개발 및 사회통합의 조치를 정식화하고 계약 을 통하여 공동으로 확정한다. 이 연계체제 속에서 문제분석과 각 조치의 실행에 있어서 지방자치단체가 결정적으로 중요한 기능을 수행한다.

2000~2006년 동안 총 247개의 지방자치단체에서 도시계약이 체결되었으며, 이에 해당하는 시구는 1,500개에 달한다. 물론 이 시구의 대부분은 사회통합문제의 관점에서 심각한 결함을 보여 주는 곳이었다. 2007년부터 이 도시계약은 새로운 '사회통합도시계약(contrats urbains de cohésion sociale)'으로 대체되었으며, 이것은 3년의 유효기간을 갖고 있으며, 평가를 받은 이후 한번 연장이 가능한 것으로 되어 있다.

계약형식으로 확정된 이와 같은 국가 및 지방자치단체의 연계체제 이외에 지방 수준의 사회통합정책은 일련의 다른 접근방안을 포함하고 있다. 국가·지방의 연계체제와 구조적으로 유사한 협력관계가 지방 수준의 여러 행위주체 사이에서 이루어져 있으며, 이 틀 속에서 사회통합정책이 실행에 옮겨진다. 또한 중앙정부에서 구상을 하고 재정지원을 하지만, 지방자치단체가 실행에 옮기는 방안도 있다. 여기에 해당하는 보기로는 이른바 '면세지대(ZFU)'를 들 수 있는데, 이것은 이주배경을 가진 주민의 비중이 크고 특별히 많은 문제를 안고 있는 지구에서 일자리를 창출하는 데 주된 목적을 두고 있다.

2004년도에 제안된 포괄적인 '사회통합계획(plan cohésion sociale)'은 프랑스 사회 전체의 사회통합을 회복하고 확보하는 데 목표를 두었으며, 민감한 시구(ZUS)에 존재하는 특별한 경제적·사회적 문제를 다루고자 한다는 목표를 명시적으로 제시하였다. 특히 학교, 이주 및 차별철폐정책의 분야에서 세 가지 주요한 축(고용, 도시계획, 기회균등)을 중심으로 하여 총 107개의 개별조치를 포함한 20개의 개별프로그램이 계획 및 운영되었다고 한다. 5개년에 걸친 사업기간 동안 재정적 비용은 약 130억 유로에 달하였다. 도시쇄신 및 사회통합을 위한 프로그램에 해당하는 계획안을 근거로 삼을 때, 프랑스정부는 주택공급 및 주택의 질, 그리고 경제적·사회적 통합의 개선을 지향한 특정한 진흥조치를 위하여 국가 차원에서 거의 500억 유로에 달하는 재원을 조달했다(Neumann, 2007: 30~31).

3) 평가

프랑스는 갈등잠재성을 안고 있는 시구의 문제에 대처하기 위하여 상당히 분화되고, 재정적 수단을 갖춘 정책을 추진해왔으며, 지금도 그렇게 하고 있다는 평가를 내릴 수 있다. 이를 보완하는 차원에서 지방자치단체 수준에서는 특정한 진흥정책을 추진하고 있으며, 이것은 특히 새로 이주해 들어온 주민을 표적집단(target group)으로 삼고 그들이 처음에 거쳐야 하는 사회통합의 단계를 용이하게 하는 데 지향을 두고 있다.

내용적인 중점은 노동고용과 관련된 분화된 진흥조치 이외에 학교에 대한 지원조건을 개선하는 데 놓여 있다. 여기에는 촉진수업을 위한 재정수단의 제고, 소위 '제2의 기회 학교(ecoles de deuxième chance)'의 지원 강화, 문제지구에 해당하는 시구 출신의 학생을 위한 우수기숙학교 마련 등이 속한다. 특히 우수기숙학교는 고등전문학교(grandes ecoles)와 같이 명문에 속하는 상급학교에 진학할 수 있는 기회를 제고하는 데 도움을 준다. 여기에 더하여 '긍정적 차별(discrimination positive)' 전략의 일부로 선정된 학교 및 학군(ZEP: zones d'éducation prioritaires)에 대한 진흥조치는 이제까지의 프랑스 도시정책에서 핵심적인 부분을 차지하고 있으며, 앞에서 언급한 '면세지대(ZFU)' 이외에 지역적·사회적 불평등을 해소하기 위한 사회통합정책의 두 번째 주요기반을 형성한다(Bongrand, 2006: 64~68).

이와 같이 학교진흥정책의 전개과정에 대하여 특별히 주의를 기울여야 하는 까닭은 갈등문제를 안고 있는 도시 및 시구에 대한 프랑스 사회통합정책의 강점과 약점이 바로 여기서 매우 분명하게 나타나기 때문이다. 이미 1981년에 '긍정적 차별'의 형태가 중앙정부 차원에서 도시정책에 통합되었다. 하지만 원래 의도한 바에 따르면 선정된 학군에 대한 재정수단의 제고와 거기서 근무하는 교사를 위한 재정적 유인책은 4~5년 정도의 제한된 기간에 해당하는 것이었다. 목표는 물론 학교의 성과에서 나타나는 불균형을 해소하고, 학교교육을 위한 일반적인 기본조건을 조정하는 데 두었다. 하지만 교육진흥정책이 도입된 지 20여 년이 지난 다음에도 역시 문제가 괄목할 만하게 해소되지 않았으며, 특별지원대상에 포함된 학교의 수는 오히려 더 늘어났다.

지원기간과 규모가 1980년대 초에 도입된 정책에서 상당히 벗어났을 뿐만 아니라, 2005년도에 발간된 연구결과에 따르면 그동안의 성과가 원래 처음에 설정한 목표와 크게 다르게 나타났다고 한다. 차별 혹은 격차의 구조가 해소되지도 않았으며, 일부 선정된 특별학교 (ZEP)의 성과가 크게 개선되지도 않았다. 이 정책을 위해 유능한 교사를 확보하는 일이 성공적이었다고 평가하기 힘들며, 근무조건(보기: 학생·교사의 관계)이 눈에 띄게 개선되지도 않았다. 결국 이 부문에 투입된 상당한 규모의 추가적인 재정수단을 고려할 때, 그리고 원래 설정한 목표에 비추어볼 때, 사회통합정책 차원에서 추진된 조치와 사업이 전반적으로 기대에 부응하지 못했다는 평가를 내릴 수 있다.

이러한 경험적인 연구결과에 따라 학교정책뿐만 아니라, 프랑스에서 상당히 오랫동안 추진되어 왔던 (공간에 지향을 둔) 사회통합정책 전반도 역시 부족한 점을 노정시켰다. 따라서 앞으로의 과제는 진흥조치를 보다 더 정확한 목표설정에 입각하여 추진해야 하고, 사회복지정책에서 자의적으로 행해지는 예산할당방식을 지양하는 데 놓여 있다. 그리고 사회통합의 측면에서 특정한 주택지구가 당면한 사회적 배제의 논리를 인식하고, 실제로 사회적 장애물과 공간적인 고립·분리를 극복하는 데 핵심적인 기능을 수행할 수 있는 시험적 예비연구를 개발할 필요가 있다. 여기에 더하여 국가 수준의 사회통합정책을 실천에 옮기는 지방자치단체의 권한을 확충할 필요가 있으며, 지방 수준의 사회통합관리(local management of integration)를 개선하기 위하여 지방자치단체가 지방네트워크의 조정자 혹은 주도자로 기능을 수행할 수 있도록 하는 것이 바람직하다(Neumann, 2007: 31~32; Bommes, 2010: 40~41).

이상에서 논의한 사항을 바탕으로 하여 이 장에서 다룬 주제의 핵심내용인 프랑스와 독일의 사회통합·정체성정책 비교분석의 결과를 표로 도식화하여 간단히 제시하면 다음과 같다.

〈표 6-2〉 프랑스와 독일의 사회통합·정체성정책 비교분석

비교분석의 측면	독일	프랑스	유사성·상이성
기본사상 (모형, 비전, 주요쟁점)	- 언어와 문화가 주요쟁점 - 주도문화(보수진영)와 다문화주의(진보진영) 사이의 논쟁 - 문화국민 요소 강조 - 현대적 유형의 이주국가 - 법적인 지위와 별도로 민족적·문화적 소속의 진흥 강조	- 공화주의적 보편주의(초문화주의) - 불가분의 공화국과 보편적 가치 - 국가국민, 세속주의 요소 강조 - 현대적 유형의 이주국가 - 공화주의적 평등에서 출발 - 이것이 이주정책의 법적 규정(국적 획득)에 반영 - 국가에 대한 개개인의 관계(시민성)의 원칙 강조	상이성

이주민의 사회통합 정책의 필요성 인식	- 이주민의 사회통합문제 공유	- 이주민의 사회통합문제 공유	유사성
사회통합정책과 관 련된 입법과 사회 적 담론 및 실천	- 2000년 새로운 국적법 마련 (기존의 혈통주의에서 출생 지주의로의 전환) - 2005년 새로운 이주법 제정	- 2003~2006년 동안 통합정 책과 관련된 일련의 법적인 틀의 개정	유사성
법적인 규정·조정 상의 수렴현상	- 국적 및 이주에 관한 법적인 규 정·조정이 성공적인 사회통합 을 위한 필요조건으로 이해됨	- 국적 및 이주에 관한 법적인 규 정·조정이 성공적인 사회통합 을 위한 필요조건으로 이해됨	유사성
공공적 담론 및 실 천상의 수렴현상	- 서로 다른 종교 및 문화 사이 의 대화가 필요하다는 점 강조 - 시민사회의 통합과 관련하여 여러 분야에서 개선방안이 모색되고 있음 - 학교교육정책, 노동시장정책, 기회균등진흥, 차별철폐정책, 시민적·문화적 참여정책	- 서로 다른 종교 및 문화 사이 의 대화가 필요하다는 점 강조 - 시민사회의 통합과 관련하여 여러 분야에서 개선방안이 모색되고 있음 - 학교교육정책, 노동시장정책, 기회균등진흥, 차별철폐정책, 시민적·문화적 참여정책	유사성
사회통합정책을 위 한 대표적 프로그램	- 사회통합강좌 - 새로 이주해 들어온 사람들에 게 기본적인 자질과 능력을 키 워주는 조치를 통해 특히 이주 자의 경제적 사회통합을 개선 하는 데 주된 목표가 있음 - 하지만 프로그램의 구체적인 기획 구성(표적집단, 범위, 내용, 담당 부서)에 있어서는 특수성이 존재	- 사회통합계약 - 새로 이주해 들어온 사람들에 게 기본적인 자질과 능력을 키 워주는 조치를 통해 특히 이주 자의 경제적 사회통합을 개선 하는 데 주된 목표가 있음 - 하지만 프로그램의 구체적인 기획 구성(표적집단, 범위, 내용, 담당 부서)에 있어서는 특수성이 존재	유사성
사회통합이 부족하 다는 진단	- 이주민의 사회통합이 부족하 다는 진단이 부각되고 있음 - 최근 다문화주의의 실패에 대 한 진단이 강조되고 있음	- 이주민의 사회통합이 부족하 다는 진단이 부각되고 있음 - 최근 다문화주의의 실패에 대 한 진단이 강조되고 있음	유사성
지방자치단체 수준의 정책	- 최근 정책의 주변에서 핵심으 로 부상	- 최근 정책의 주변에서 핵심으 로 부상 - 도시정책을 통한 사회통합정책 추진(프랑스의 두드러진 특징)	유사성

프랑스와 독일에서는 최근 정치적·공공적 담론 및 입법과정에서
이주운동, 이주와 관련된 규정과 조정, 그리고 이주배경을 가진 시민
의 사회통합문제가 핵심적인 주제가 되었다. 이러한 배경을 단서로

삼아 이 장은 프랑스와 독일의 사회통합·정체성정책을 비교하는 데 목적을 두었다. 이 목적에 다가가기 위하여 우선 사회통합·정체성정책의 새로운 위상과 더불어 사회통합·정체성정책 및 담론에 관해서 살펴보았다. 그다음 보다 더 구체적인 수준에서 사회통합·정체성정책 프로그램을 비교하고, 특별히 지방자치단체 수준의 사회통합·정체성정책에 관해 기술하였다. 이상의 논의를 바탕으로 할 때, 이 장에서 강조하고자 하는 사항은 다음과 같이 몇 가지 명제로 정식화하여 제시할 수 있다.

(1) 프랑스와 독일에서 사회통합 및 정체성에 관한 최근의 담론에서 핵심적인 주제가 다르다는 것을 확인할 수 있다. 독일에서는 언어와 문화가 주요쟁점인 반면, 프랑스에서는 공화주의적 자기이해(불가분의 공화국과 보편적 가치)가 핵심주제이다. 이것은 담론이 상당히 다르다는 것을 입증하고 있다. 따라서 모든 유럽의 나라가 이주민의 사회통합문제를 공유하고 있다는 주장을 반복해서 주장하기 전에, 서로 다른 차이점을 분명하게 파악할 필요가 있다.

(2) 최근에 이르기까지 서로 다른 기본사상이 양국의 사회통합·정체성정책에 중요한 영향을 주었다. 프랑스의 기본사상은 공화주의적 평등에서 출발한다. 이 평등의 이념은 이주정책의 법적 규정을 통하여, 특히 국적의 획득을 통하여 사실상 실행된다. 여기서 결정적으로 중요한 점은 국가에 대한 개개인의 관계, 즉 '시민성(citoyenneté)'의 원칙이다. 이 시민성의 원칙에 따라 사회통합은 전적으로 개인을 위해 이루어져야 한다. 이와는 대조적으로 독일의 기본사상은 법적인 지위와는 별도로 민족적 혹은

문화적 소속의 진흥을 특징으로 하며, 이에 따라 민족적·문화
적 소속을 사회통합정책의 토론 및 구체적인 접근방안에서 보
다 더 많이 강조하는 경향이 있다.

(3) 이상에서 기술한 바와 같이 적어도 기본사상의 측면에서 바라
볼 때, 사회통합·정체성정책의 분야에서 독일과 프랑스 사이
에 상당히 큰 차이점이 있다. 하지만 최근 몇 년 동안의 동향을
살펴볼 때 서로 다른 기본사상에도 불구하고, 특히 사회통합·
정체성정책과 관련된 입법과 사회적 담론 및 실천에서 공통점
도 역시 확인할 수 있다. 독일에서는 2000년에 새로운 국적법이
마련되었으며, 여기에 이어서 2005년에는 새로운 이주법이 통
과되었다. 프랑스에서는 2003~2006년 동안 통합정책과 관련된
법적인 틀의 개정이 이루어졌다.

(4) 최근 프랑스와 독일의 동향을 살펴볼 때, 결국 법적인 규정과
조정에 있어서 수렴현상이 증가하고 있음을 확인할 수 있다. 양
국에서는 국적 및 이주에 관한 법적인 규정·조정이 성공적인
사회통합을 위해 필요한 전제조건으로 이해되고 있다. 양국 사
이에 존재하는 수렴현상의 증가는 공공적인 토론과 실천에서도
역시 확인할 수 있다. 서로 다른 종교 및 문화 사이의 대화가
필요하다는 점이 강조되고 있으며, 또한 시민사회의 통합과 관
련하여 여러 분야에서 개선방안이 모색되고 있다. 여기에는 학
교교육정책, 직업양성 및 노동시장정책, 기회균등진흥 및 차별
철폐정책, 시민적·문화적 참여정책 등이 포함된다.

(5) 양국 사이의 수렴현상과 관련하여 사회통합·정체성정책의 시
행을 위한 대표적인 프로그램, 즉 프랑스의 '사회통합계약'과

독일의 '사회통합강좌'를 예시적 차원에서 보다 더 자세하게 살펴보았다. 이 두 가지 프로그램의 비교에서 확인할 수 있는 바와 같이, 신이주자를 대상으로 한 독일과 프랑스의 사회통합조치는 그 구상에 있어서 상당히 유사한 점을 보여 주고 있다. 즉, 사회통합조치의 목표는 새로 이주해 들어온 사람들에게 기본적인 자질과 능력을 키워주는 조치를 통해, 특히 이주자의 경제적 사회통합을 개선하려는 데 놓여 있다. 하지만 프로그램의 구체적인 기획 혹은 구성(표적집단, 범위, 내용, 담당부서, 재정)에 있어서는 특수성이 존재한다. 이러한 이유 때문에 한 나라에서 수행된 평가결과를 다른 나라에 바로 전이시킬 수 없지만, 유럽에서 사회통합프로그램의 전개과정에 대하여 어느 정도 일반적인 경향을 파악할 수는 있다.

(6) 상기 수렴현상과 관련하여, 특히 사회통합이 부족하다는 진단에서 출발하여 최근 지방자치단체 수준이 정책의 주변에서 핵심으로 부상했다는 점을 특기할 만하다. 하지만 특히 도시정책의 틀 속에서 시행된 프랑스의 경험에 비추어볼 때, 문제점을 보완할 수 있는 과제를 고려할 필요가 있다. 진흥조치를 보다 더 정확한 목표설정에 입각하여 추진해야 하고, 사회복지정책에서 자의적으로 행해지는 예산할당방식을 지양해야 한다. 특정한 시구(市區)가 당면한 사회적 배제의 논리를 인식하고, 사회적 장애물과 공간적인 고립·분리를 극복하기 위한 시험적 예비연구를 개발할 필요가 있다. 또한 지방자치단체의 권한을 확충할 필요가 있으며, 지방자치단체가 지방네트워크의 조정자로 기능을 수행할 수 있도록 하는 것이 바람직하다.

<요약>

프랑스와 독일에서는 최근 정치적·공공적 담론 및 입법과정에서 이주운 동, 이주와 관련된 규정과 조정, 그리고 이주배경을 가진 시민의 사회통합 문제가 핵심적인 주제가 되었다. 이러한 배경을 단서로 삼아 이 장은 프랑 스와 독일의 사회통합·정체성정책을 비교하는 데 목적을 두었다. 이 목적 에 도달하기 위하여 우선 사회통합·정체성정책의 새로운 위상과 더불어 사회통합·정체성정책 및 담론에 관해서 살펴보았다. 그 다음 보다 더 구체 적인 수준에서 사회통합·정체성정책 프로그램을 비교하고, 특별히 지방 자치단체 수준의 사회통합·정체성정책에 관해 기술하였다. 이상의 논의 를 바탕으로 할 때, 이 장에서 강조하고자 하는 사항은 다음과 같이 몇 가 지 명제로 정식화하여 제시할 수 있다. 첫째, 프랑스와 독일에서 사회통합 및 정체성에 관한 최근의 담론에서 핵심적인 주제가 다르다는 것을 확인 할 수 있다. 독일에서는 언어와 문화가 주요쟁점인 반면, 프랑스에서는 공 화주의적 자기이해(공화국과 보편적 가치)가 핵심주제이다. 이것은 담론이 상당히 다르다는 것을 입증하고 있다. 둘째, 적어도 기본사상의 측면에서 바라볼 때 사회통합·정체성정책의 분야에서 독일과 프랑스 사이에 상당 히 큰 차이점이 있다. 하지만 최근 몇 년 동안의 동향을 살펴볼 때, 사회통 합·정체성정책과 관련된 입법과 사회적 담론 및 실천에서 공통점도 역시 확인할 수 있다. 셋째, 양국 사이의 수렴현상과 관련하여, 프랑스의 사회통 합계약과 독일의 사회통합강좌를 살펴보았다. 이 두 가지 프로그램은 구상 에 있어서 유사한 점을 보여 주고 있다. 즉, 사회통합조치의 목표는 새로 이주해 들어온 사람들에게 기본적인 자질과 능력을 키워주는 조치를 통해 특히 이주자의 경제적 사회통합을 개선하려는 데 놓여 있다. 또한 상기 수 렴현상과 관련하여 사회통합이 부족하다는 진단에서 출발하여 최근 지방자 치단체 수준이 정책의 주변에서 핵심으로 부상했다는 점을 특기할 만하다.

07

이주·사회통합정책
비교분석의 사례[4]

최근 세계화·국제화가 전개되면서 인적·물적 자원의 국제적인 교류와 이동이 점점 더 강화되고 있다. 이런 경향과 더불어 이주·사회통합의 문제가 세계 도처에서 중요한 정책의제로 부상하고 있다. 또한 공적담론에서 세계화와 문명충돌에 대한 논의가 되고 있으며, 이와 관련하여 사회통합과 평행사회의 긴장관계가 거론되고 있다(Huntington, 1997; Kordes et al., 2006: 15; Finkelstein, 2006; Halm and Sauer, 2006a: 46~65; Halm and Sauer, 2006b: 18~24). 세계화의 빛과 그림자를 고려할 때 기본적인 과제는 한편으로 가능하면 긍정적인 측면을 살려 나가고 부정적인 측면을 감소시키며, 다른 한편으로 가능한 한 문명충돌의 여지를 줄여 나가고 간문화적 대화와 실천의 폭을 넓혀 나가는 데 놓여 있다(Mueller, 2008: 114~119; Terkessidis, 2010).

특히 다문화사회로의 전개과정을 고려해볼 때 사회통합의 정책과제는 다양성과 통일성 또는 다양성과 시민성의 긴장관계를 고려하면서 평화로운 공동생활을 가능하게 만들고 확보하기 위하여 공동체적 연대의식을 확고하게 수립하는 데 놓여 있다(Banks, 2009: 303~322; Georgi, 2008: 79~82; Gundara, 2008: 193). 이 맥락에서 다문화와 집단정체성의 긴장관계를 둘러싼 정책과제에 대한 논의를 구체화해야 한다(Eder, 2006a: 37~38, 44~45; Eder, 2006b: 90~92).

이러한 배경에서 출발하여 이 장은 다문화와 집단정체성의 긴장관계를 어떻게 설정할 것인가 하는 근본문제에 대한 해결방안 탐색을 시도하고자 한다. 이에 고전적 유형의 이주국가이면서 다문화주의 정책을 비교적 모범적으로 운영한다고 평가되고 있는 캐나다와 미국, 그리고 현대적 유형의 이주국가에 속하면서 다문화사회에서 집단정체성 유지의 어려운 문제를 더 많이 안고 있는 프랑스와 독일을 대상으로 4개국(독일, 프랑스, 미국, 캐나다) 교차국가사례 비교분석을 실시한다. 상기한 4개국 교차국가사례 비교분석을 시도함으로써 보다 더 일반적인 수준에서 이주·사회통합정책의 과제와 방안을 탐색하는 데 이 장의 주된 목적이 놓여 있다.

---

4) 제7장의 내용은 『EU연구』 제31호에 게재한 필자의 글을 부분적으로 수정, 보완한 것임.

1. 교차국가사례 비교분석 방법론

1) 최대유사체계기법(MSSD)을 통한 비교연구 방법론

비교연구 또는 비교정책연구란 연구대상의 정책 간 유사점과 차이점을 확인하고 그 원인을 밝히거나 그 결과를 추정하는 연구이다. 비교연구에 있어서 연구대상은 매우 다양하나 지금까지 정책의 내용, 정책형성 및 집행구조나 절차, 정책과정에 있어서 참여자들의 상호작용 및 행태 등이 주된 대상이었다. 학문적 목적의 비교연구는 정책 및 정책을 둘러싼 복잡한 현상들을 이해하고 설명하기 위한 일반법칙, 나아가 이론을 구축하기 위해 현상의 원인에 역점을 둔다. 그러나 실천적 측면에서 비교연구는 ① 자국의 정책결정자들로 하여금 타국의 정책추진전략 및 정책수단의 효과를 숙지케 하여 자국의 정책을 개선토록 하거나, ② 국가 간의 정책조정을 위해 각국의 정책내용을 파악할 필요가 있거나, ③ 국내에서 시행 중인 정책이 타국에 비해 성공적인지를 평가하기 위해 수행된다(이송호, 1995: 339~340; 김신·최진식, 2009: 6).

최대유사체계분석기법(MSSD)은 Przeworski와 Teune가 지적한 바와 같이 "부적절한 체계속성들을 제거(eliminating irrelevant systemic factors)"하는 데 목적을 두고 있다(Przeworski and Teune, 1982: 32~34; 김지희, 2002: 269). 즉, 이 기법에 따르면 체계속성들은 연구대상현상을 설명할 수 있는 독립변수가 될 수 없다는 잠정적 가정을 세운 후, 이러한 가정의 타당성을 독립변수의 작동 수준을 가장 낮은 수준(개인의 수준)으로부터 점차 상향조정하면서 경험적으로 판정해 나가는 데 특징이 있다. 즉, 체계속성은 체계 내 현상의 변이에 아무런 영향을 주지 못한다는 가정('표본동질성'의 가정)에 따라 '체계 이하'의 수준에서 독립변수를 상정한 후, 이들과 종속변수 간의 공변관계를 추적하는 방식을 취한다. 따라서 이처럼 '체계 이하'의 수준에서 상정된 독립변수가 설명력을 지니는 법과는 달리 소수사례를 활용하는 방법이다(김지희, 2002: 269; 김신·최진식, 2009: 6~9).

변수 1	변수 2	
a	a	전반적인 유사성 (overall similarities)
b	b	
c	c	
x	not x	결정적인 상이성 (crucial difference)
y	not y	

x=인과관계변수(causal variable)
y=설명해야 할 현상(phenomenon to be explained)
출처: 김신·최진식, 2009: 8; Przeworski and Teune, 1982: 37 재구성.

〈그림 7-1〉 최대유사체계분석기법(MSSD)의 차이법

최대유사체계분석기법(MSSD)의 초점은 체계 간 유사성(intersystemic similarities)과 체계 간 상이성(intersystemic differences)이라는 개념하에 파악 될 수 있다. 즉, 분석사례 간 공통적인 체계속성은 통제된 것으로 간 주되고, 반면에 체계 간 상이성은 독립변수화된다(Przeworski and Teune, 1982: 32). 즉, 최대유사체계분석기법(MSSD)은 유사한 여러 측면들은 상수로 통제하고, 이러한 유사한 여러 측면은 주어진 설명대상현상 (종속변수)이나 앞으로 분석을 통해 밝혀낼 설명원인현상(독립변수) 들에 영향을 미치지 않는 것으로 간주한다. 따라서 유사한 측면들을 분석대상에서 제외하고, 선정된 사례 간에 변화하는 측면들만을 집중 분석함으로써 현상 간의 인과관계 성립 여부를 추론하려는 설계이다 (이송호, 1995: 342). 이러한 최대유사체계분석기법(MSSD)은 차이법(method of difference)을 인과추론방식으로 채택하고 있다(<그림 7-1> 참조)(김 지희, 2002: 268).

2) 교차국가사례 비교분석의 틀

이러한 최대유사체계분석기법(MSSD)을 적용하여 선정된 4개국(독일, 프랑스, 미국, 캐나다)을 중심으로 하여 이주·사회통합정책을 비교분 석하여 유의미한 비교분석의 연구결과를 도출하고자 한다(<표 7-1> 참조).

	비교사례 (프랑스)	비교사례 (미국)	비교사례 (캐나다)	
잠정적 독립변수 A (예: 적극적 차별수정정책)	가	가	가	사례 간 유사성
잠정적 독립변수 B (예: 소수민족문화에 대한 공적지원)	나	나	나	사례 간 유사성
잠정적 독립변수 C (예: 편견해소를 위한 정책)	다	다	다	사례 간 유사성
잠정적 독립변수 X (예: 소수민족의 언어사용정책)	마	마	마	사례 간 유사성
잠정적 독립변수 Z (예: 간문화교육 정책지원)	바	사	카	사례 간 상이성

3) 이주·사회통합정책지수에 입각한 교차국가사례 비교분석

이주·사회통합정책지수(MIPEX: migrant integration policy index)는 사회통합정책의 평가, 비교, 개선을 위한 정보를 제공하는 출처이면서 동시에 상호 정보교환을 할 수 있는 도구이다. 그것은 유럽과 북미에 걸쳐 총 31개국의 사회통합정책에 대한 분석을 포함하고 있다. 이 지수는 148개의 정책지표를 근거로 삼아 이주자의 사회적 참여가능성에 대한 정보를 제공하고, 각국의 정부가 사회통합을 위해 어떻게 일을 하고 있는지를 보여 준다. 이 지수는 정치적 전략과 그 이행을 계량화함으로써 모든 사람들에 대한 동등한 권리, 의무, 기회가 어느 정도 보장되고 있는지 보여 주고자 한다.

유럽연합 수준에서 영국이사회(British Council)와 이주정책연구원(Migration

Policy Group)이 주도적으로 나서서 이주·사회통합정책지수를 작성해 나가고 있다. 여기에 더하여 여러 전문가집단, 비정부기구, 재단, 대학, 연구소 등이 이 사업에 참여하고 있다. 이주·사회통합정책지수는 7개 정책영역(노동시장의 이동성, 가족재결합, 교육, 정치참여, 장기체류, 귀화가능성, 차별금지)에서 모든 주민을 위해 동등한 권리, 의무, 가능성을 실현하기 위하여 최상의 국제적인 표준을 찾아내고자 한다. 이 맥락에서 특히 자유, 안전, 법을 위한 유럽연합의 실행프로그램(2010~2014)을 참고할 만하다. 이에 따르면 모든 사람을 위한 동등한 권리, 의무, 기회를 보장한다는 목표가 사회통합의 분야에서 유럽협력의 중심에 놓여 있다. 최상의 표준은 유럽이사회의 협약이나 유럽연합의 지침에서 도출할 수 있다.

이주·사회통합정책지수에서 이주민의 사회통합은 148개의 정책지표에 기반을 두고 분석 평가된다. 정책지표는 상기한 7개 정책영역의 특정한 정책요소와 관련된 질문을 포함하고 있다. 각 질문에 대하여 세 가지 답변의 가능성이 존재한다. 해당정책이 동등한 대우를 위한 최상의 표준에 부응할 경우, 최대점수인 3에 도달한 것으로 간주한다. 최상의 표준에 중간 정도 접근할 경우에는 2점이 부여된다. 최상표준과 거리가 먼 조치는 1점의 평가를 받는다. 유럽연합 수준의 지침이나 국가 수준의 실천 중 비교적 제한적인 규정은 1점이나 2점이 부여된다. 특정한 지표에 해당하는 정책적 규정이 부재할 경우 대개 1점이 부여된다.

7개 정책영역에서 각 지표에 해당하는 점수의 평균치를 고려하여, 각 정책에서 4개의 차원에 해당하는 점수를 산출한다. 4개의 차원점수에 대한 평균치를 구하게 되면, 이제 7개의 정책영역에 해당하는 점수가 나온다. 다시 이 7개 점수에 대한 평균치를 구하면, 해당 국가에 대한 총점수가 산출된다. 국가 간 비교분석의 편의를 위하여 이제 마지막으로 차원과 정책영역에 대한 원래의 3점 척도를 백분율 척도(100점 만점)로 환산하면, 최종적으로 각국에 해당하는 이주·사회통합정책지수가 도출된다(Huddleston et al., 2011: 6~7).

〈표 7-2〉 4개국 이주·사회통합정책지수

4개국	캐나다	미국	독일	프랑스
이주·사회통합정책지수(총점)	72	62	57	51
31개 국가 중 순위	3위	9위	12위	15위

<표 7-2>는 비교분석의 대상으로 삼고 있는 4개국에 초점을 맞추어 각국에 해당하는 이주·사회통합정책지수(즉, 7개 정책영역에 해당하는 점수의 평균치를 백분율로 환산한 총점) 및 조사대상 31개국(유럽연합 27개 회원국+다른 4개국, 즉 스위스, 노르웨이, 캐나다, 미국) 중 차지하는 순위를 제시하고 있다(Huddleston et al., 2011: 11).

2. 교차국가사례 비교분석의
과정과 내용

　이 글에서는 상기 4개국을 대상으로 한 교차국가사례 비교분석에 중
점을 두고 있기 때문에 여기서는 위에서 소개한 이주·사회통합정책지
수를 교차국가사례 비교분석의 틀 속에서 기초자료(데이터)로 활용하
고자 한다. 이 맥락에서 좀 더 구체적으로 살펴보기 위하여, 이주·사
회통합정책지수에서 각 정책영역별 네 가지 차원에 해당하는 점수(60~
100 → 상; 41~59 → 중; 0~40 → 하)를 각각 ○, △, ×의 기호로 변환
시켜 활용하고자 한다(아래 <표 7-4>와 <표 7-5> 참조).

　그리고 위에서 언급한 148개의 지표를 일일이 이 장에서 다시 소개
하는 데에는 지면관계상 한계가 있으므로, 어느 정도 간소화하여 재
구성함으로써 이주·사회통합 정책영역의 변수로 활용하고자 한다.
여기서 문제가 되고 있는 7개의 정책영역을 변수군으로 삼고, 각 정
책영역 및 그 하위차원(영역별 4가지 차원)에 포함되어 있는 지표(총
148개 지표)를 어느 정도 묶어 이주·사회통합 정책영역 변수로 설정
한 결과를 제시하면 다음 <표 7-3>과 같다.

〈표 7-3〉 이주·사회통합 정책영역 변수

정책영역(변수군)	하위차원과 세부변수(지표)
(1) 노동시장의 이동성	- 접근성: 고용(민간·공공부문), 자영업에의 접근성이 용이한가? - 일반적인 지원에의 접근성: 공공적 고용서비스에의 접근성, 교육·직업훈련에의 접근성이 용이하고, 기존 학력·경력을 인정하는가? - 목표지향 지원: 노동시장에의 통합을 촉진시키기 위한 조치가 있는가? - 근로자의 권리: 노조 및 근로 관련 협상기구에의 가입이 용이하고, 사회보장제도에의 균등한 접근성, 균등한 작업조건이 보장되는가?
(2) 가족 재결합	- 자격(기준): 가족구성원의 재결합을 위한 허용의 폭이 넓은가? - 지위획득(귀화)을 위한 조건: 언어 및 사회문화적 측면에서 지위획득을 위한 조건이 용이한가? - 지위의 안정성: 지위의 안정성에 대한 고려·배려가 있는가? - 지위와 연관된 권리: 거주허가에 대한 권리가 보장되고, 교육·훈련, 고용 및 자영업에의 접근성이 용이하고, 사회안전망·보건·주택에의 접근성이 용이한가?
(3) 교육	- 접근성: 의무교육에의 접근성, 초·중등교육에의 접근을 위한 지원, 직업훈련에의 접근성 및 접근을 위한 지원, 고등교육에의 접근성 및 접근을 위한 지원, 교육제도에 대한 안내·조언이 존재하는가? - 필요지향: 집중적인 적응프로그램, 언어습득을 위한 조치, 이주집단의 교육적 상황을 고려한 맞춤형 정책, 다문화 관련 교사교육 및 전문성개발 프로그램이 있는가? - 새로운 기회(가능성): 이주자의 언어, 이주학생 및 출신국가의 문화를 학습할 수 있는 선택의 가능성, 이주학생의 교육을 위한 학부모 및 지역사회 지원조치가 있는가? - 모든 사람을 대상으로 한 간문화교육: 문화적 다양성을 고려하는 간문화교육의 공식적인 목표, 홍보를 위한 국가의 지원, 교육과정 및 교수자료의 수정·보완, 문화적·종교적 필요에 입각한 일상적 학교생활의 적응, 이주자의 교직취득을 지원하는 조치, 간문화교육과 문화적 다양성을 포함한 교사교육 및 전문성개발 프로그램이 있는가?
(4) 정치참여	- 선거권: 국가·지역·지방 수준에서의 선거권, 지방 수준에서의 피선거권이 존재하는가? - 정치적 자유권: 결사의 권리, 정당 가입 및 활동의 가능성, 대중매체(신문·라디오·텔레비전 등)를 운영할 권리가 있는가? - 자문기구: 국가·지방 수준에서 이주집단을 대상으로 한 자문기구, 이주집단을 대표하는 자문기구가 있는가? - 실행조치(정책): 국가·지역 수준에서 능동적인 정보제공정책이 있으며, 국가·지역·지방 수준에서 이주집단의 기구에 대한 공공적 기금조성 및 지원이 있는가?
(5) 장기체류	- 자격(기준): 요구된 습관적 거주기간, 장기체류 자격 관련 서류, 유학생의 거주기간, 허용된 부재기간 측면에서 허용의 폭이 넓은가? - 지위획득(허가)을 위한 조건: 요구된 언어형태, 수준 사회문화적 통합형태, 요구된 언어·통합의 비용, 요구된 언어·통합조건의 충족을 장려하기 위한 지원, 지원규모, 신청절차기간의 한도, 신청·발행비용 측면에서 당사자에게 유리한가?

	- 지위의 안정성: 거주허가증의 유효기간, 허가증 갱신, 허가취소의 합당한 근거, 허가취소의 경우 법적 보장 측면에서 당사자에게 유리한가? - 지위와 연관된 권리: 퇴직 이후의 거주권, 고용·자영업·기타경제활동에의 접근성과 작업조건, 사회안전망·보건·주택에의 접근성, 기존 학력·경력의 인정 측면에서 당사자에게 유리한가?
(6) 국적 (귀화가능성)	- 자격(기준): 세대별(1세대, 2세대, 3세대) 자격기준, 국적취득 이전에 허용된 부재기간 측면에서 허용범위가 넓은가? - 지위획득(허가)을 위한 조건: 요구된 언어 수준, 요구된 언어의 학습비용, 요구된 언어시험 통과를 위한 지원, 지원비용 규모, 시민성·사회통합 관련 요구사항, 요구사항 충족을 위한 비용, 요구사항 통과를 위한 지원, 범죄기록 요구사항, 좋은 성격 단서조항, 신청절차기간의 한도, 신청·발행비용 측면에서 당사자를 가능하면 많이 배려하는가? - 지위의 안정성: 지위 거절의 경우 재량권의 범위, 합당한 근거제시, 법적 보장, 취소의 경우 시간한도 측면에서 당사자를 가능하면 많이 배려하는가? - 이중국적: 1세대의 경우 귀화와 더불어 외국국적 포기·상실과 관련된 요구사항, 2세대·3세대를 위한 이중국적 허용 여부 측면에서 당사자를 가능하면 많이 배려하는가?
(7) 차별금지	- 개념규정: 차별근거(인종과 민족, 종교와 신념, 국적)의 범위, 차별금지법의 적용범위(자연인·법인, 공무원·경찰을 포함한 공공부문), 평등한 대우를 방해하는 경우 집회·결사·언론의 자유 제한, 다중차별을 포괄하는 특정한 규칙 존재여부 측면에서 당사자를 가능하면 많이 배려하는가? - 적용분야: 차별금지법이 고용 및 직업훈련, 초·중등 수준의 교육, 사회보장제도, 보건·주택을 포함한 공공적 재화·용역의 접근성 및 공급 측면에서 당사자를 가능하면 많이 배려하는가? - 집행기제: 피해자의 경우 민사·형사·행정절차에의 접근성, 대안적인 분쟁해결절차, 피해자를 위한 접근성의 경우 차별근거(인종과 민족, 종교와 신념, 국적)의 범위, 피해자를 위한 재정지원(혹은 무료변호인 선임), 법적 행위의 활동범위, 제재조치의 범위 측면에서 당사자를 가능하면 많이 배려하는가? - 평등정책: 차별퇴치를 위한 전문적 평등담당기구 설립 여부, 피해자 지원을 위한 평등담당기구의 권한범위, 준사법적 기구로서의 활동 여부, 차별퇴치를 위한 국가의 관심과 실천 측면에서 당사자를 가능하면 많이 배려하는가?

이 글에서 연구대상으로 삼은 4개국에 해당하는 이주·사회통합정책지수를 도출하는 데 있어서 근거가 될 수 있는 현황(2010년 기준)을 분석 및 평가한 결과는 다음과 같이 요약할 수 있다(Huddleston et al., 2011: 44~49, 62~67, 86~91, 194~199).

(1) 중요한 분석 · 평가결과(독일)

① 교육정책은 주(州) 수준에서 구속력 있는 청구권보다는 개별사례와 관련된 재정지원과 프로젝트가 많은 편이다.

② 전문적인 귀화시험이 존재한다. 그러나 요구된 어학지식의 수준이 지나치게 높은 편이다.

③ 차별금지법의 실행을 위한 위원회, 단체의 제도화와 활동이 비교적 약한 편이다.

④ 다른 대부분의 큰 이주국가와 마찬가지로 귀화를 위한 방법이 명백하다.

⑤ 노동시장에의 통합을 위한 목표 지향적 조치가 있지만, 외국에서 획득한 자격을 인정하는 부분에서는 개선의 여지가 남아 있다.

⑥ 외국(출신국가)에서 배우자가 거쳐야 하는 어학시험은 독일에서의 사회통합을 위해 긍정적으로 영향을 미칠 수도 있고 부정적으로 영향을 미칠 수도 있다.

⑦ 다른 북구의 나라와 마찬가지로 가족구성원을 위한 안정된 체류와 동등한 권리가 보장되어 있다.

⑧ 다른 유럽국가 및 북아메리카보다는 장기체류를 위한 조건이 더 제한적이다.

⑨ 외국국적을 가진 사람은 지방 수준에서 정치적으로 참여할 수 있는 가능성을 어느 정도 갖고 있지만, 선거와 연방 수준에서는 그렇지 못하다.

(2) 중요한 분석·평가결과(프랑스)

① 가족재결합의 경우 고용, 언어, 사회통합의 측면에서 조건을 충족시켜야 하는데 이 사례를 따르는 나라는 별로 없는 편이다.

② 새로운 목표지향 노동시장조치가 취해지고 있지만 접근성 측면에 있어서 여전히 상당한 문제가 해결되지 않은 채로 남아 있다.

③ 새로운 이주통합법(2007)은 출신국가에서 가족구성원이 이수해야 하는 새로운 사회통합강좌를 포함하고 있다.

④ 프랑스의 귀화절차는 기본적으로 다른 이주국가의 절차에 부응하지만 재량의 여지가 매우 큰 편이다.

⑤ 출신국가에서 이수해야 하는 강좌는 프랑스 국내에서의 사회통합계약에 비해 여전히 비용의 효율성이 떨어진다. 그러나 이와 비교할 수 있는 독일 및 네덜란드의 프로그램보다는 더 유익하다고 평가할 수 있다.

⑥ 이주자의 자녀를 위한 목표지향 교육조치의 경우 여전히 미흡한 점이 남아 있다.

⑦ 다른 많은 나라에서 귀화의 진흥을 위한 구성요소인 (외국인을 위한 지방 수준의) 선거권이 아직 부여되지 않고 있다.

⑧ 차별금지의 경우 프랑스는 선도적이라고 평가할 수 있지만, 국적으로 인한 차별로부터의 보호와 기회균등을 위한 위원회(단체) 측면에서 아직 미흡한 점이 남아 있다.

(3) 중요한 분석·평가결과(미국)

① 캐나다와 함께 가장 엄격한 차별금지법을 갖고 있으며, 이것은 새로 이주해 들어온 사람들에게도 해당한다.

② 그린카드(green card) 제도가 있지만 불안정한 지위에 놓여 있다. 국가가 수행해야 할 중요한 급부(給付)가 부족한 상태에 놓여 있다.

③ 가족재결합의 경우 상당한 수수료가 있으며 처리기간이 비교적 길다고 볼 수 있다. 그린카드와 귀화의 측면에서 바라볼 때 이주체제가 미흡한 문제점을 안고 있다는 것을 보여 주고 있다.

④ 가족재결합에 관한 정책은 미국인과 이주민의 가족공동생활이 취할 수 있는 다양한 형태를 고려하지 못하고 있다.

⑤ 영어지식이 부족한 학생을 도와주기 위한 사업과 관련해서는 학습부진아 철폐 프로그램이 학교를 지원하고 있다.

⑥ 시민권 취득의 경우 이중국적과 출생지주의 원칙이 유효하다. 이 점에 있어서 미국과 캐나다는 다른 기존의 이주국가와 개혁을 진행하는 이주국가의 본보기가 되고 있다.

⑦ 개정된 시민권취득시험이 이주자를 위한 진흥조치로 작용하고 있다.

⑧ 이른바 '새로운 시민'과 선거권 부여를 위한 운동이 일부 주(州) 및 지방자치단체 수준에서 일어나고 있다.

(4) 중요한 분석·평가결과(캐나다)

① 미국과 더불어 캐나다 정부는 차별금지와 기회균등을 위해 가장 지속적인 관심을 보이고 있으며, 여기에 부응하는 정책과 조치를 취하고 있다.

② 장기체류 혹은 영주를 하는 노동이주자와 그 가족을 위해 나라의 매력을 제고하려는 시도에 있어서 선도적인 역할을 수행하고 있다.

③ 외국에서 취득한 자격에 대한 평가 및 인정을 개선하기 위하여 일반적인 기본조건을 마련하고 있다.

④ 이주배경을 갖고 있는 학생의 필요에 부응하는 데 있어서 학교가 모범적인 역할을 수행한다.

⑤ 이주자의 정치참여와 모든 이주자를 위한 다양성교육을 개선하기 위한 다문화주의 정책을 모범적으로 추진하고 있다.

⑥ 캐나다 및 미국에서 전개되고 있는 시민운동에도 불구하고, 아직은 귀화 이전에 지방자차단체 수준의 선거에 참여할 수 없다.

⑦ 새로운 귀화시험과 준비서류가 다른 나라에 비해 보다 더 전문적으로 구성되고 있다.

 # 3. 교차국가사례 비교분석의 결과와 적용

1) 최대유사체계분석기법(MSSD)에 따른 비교분석의 결과

상기하였듯이 최대유사체계분석기법(MSSD)은 "경쟁적 독립변수들을 논리적으로 소거하는(eliminating competing variables as possible causes)" 방식을 사용하고 있다. 즉, 최대유사체계분석기법(MSSD)에 있어서 독립변수는 체계(system)의 수준, 즉 비교사례들이 지닌 거시적 속성이라는 맥락에서 상정되며, 그러한 '체계속성'의 비교사례 간 유사성(intersystemic similarities)을 극대화함으로써 변수의 수를 축소시켜 나간다는 논리를 채택하고 있다. 결국 최대유사체계분석기법(MSSD)의 방법론 적용상의 목적은 독립변수를 가능한 한 축소시키는 것이다 (Przeworski and Teune, 1982: 32~34).

아래 <표 7-4>와 <표 7-5>는 최대유사체계분석기법(MSSD)에 따라 4개국 교차국가사례를 비교분석한 것이다. 앞에서 이미 언급한 바와 같이 이주·사회통합정책지수에서 각 정책영역별 네 가지 차원에 해당하는 점수(60~100 → 상; 41~59 → 중; 0~40 → 하)를 각각 ○, △, ×의 기호로 변환시켜 제시하였다.

비교분석결과는 ① 노동시장의 이동성 변수군에서는 일반적인 지원에의 접근성 및 근로자의 권리, ② 가족의 재결합 변수군에서는 지위의 안정성 및 지위와 연관된 권리, ③ 교육 변수군에서는 접근성, ④ 정치참여 변수군에서는 선거권, 정치적 자유권 및 실행조치, ⑤ 장기체류 변수군에서는 지위와 연관된 권리, ⑥ 국적 변수군에서는 자격기준 및 이중국적, ⑦ 차별금지 변수군에서는 개념규정, 적용분야 및 집행기제 등은 사례 간 유사한 것으로 나타났다. 최대유사체계분석기법(MSSD)에 따르면 체계 간 유사성은 하나의 상수(constant)로 통제될 수 있으므로, 상기의 14개의 변수는 통제될 수 있다.

〈표 7-4〉 4개국 교차국가사례 비교분석의 현황(점수)

정책영역 및 변수(지표)	독일	프랑스	미국	캐나다
(1) 노동시장의 이동성	**77**	**49**	**68**	**81**
- 접근성	70	20	100	90
- 일반적인 지원에의 접근성	50	50	83	83
- 목표지향 지원	88	63	25	50
- 근로자의 권리	100	63	63	100
(2) 가족 재결합	**60**	**52**	**67**	**89**
- 자격(기준)	55	35	50	90
- 지위획득(귀화)을 위한 조건	57	34	58	67
- 지위의 안정성	63	63	75	100
- 지위와 연관된 권리	67	75	83	100
(3) 교육	**43**	**29**	**55**	**71**
- 접근성	43	50	86	64
- 필요지향	30	13	60	90
- 새로운 기회(가능성)	50	19	31	63
- 모든 사람을 대상으로 한 간문화교육	50	33	42	67

(4) 정치참여	**64**	**44**	**45**	**38**
- 선거권	0	0	17	0
- 정치적 자유권	100	67	100	100
- 자문기구	68	28	15	0
- 실행조치(정책)	90	80	50	50
(5) 장기체류	**50**	**46**	**50**	**63**
- 자격(기준)	33	8	50	67
- 지위획득(허가)을 위한 조건	8	46	50	35
- 지위의 안정성	71	79	36	50
- 지위와 연관된 권리	88	50	63	100
(6) 국적(귀화가능성)	**59**	**59**	**61**	**74**
- 자격(기준)	90	75	80	95
- 지위획득(허가)을 위한 조건	33	25	36	67
- 지위의 안정성	64	36	29	36
- 이중국적	50	100	100	100
(7) 차별금지	**48**	**77**	**89**	**89**
- 개념규정	50	86	100	100
- 적용분야	75	100	100	100
- 집행기제	50	67	88	63
- 평등정책	17	56	67	94

〈표 7-5〉 4개국 교차국가사례 비교분석의 현황(기호변환)

구분 \ 국가	변수	독일	프랑스	미국	캐나다
(1) 노동시장의 이동성	① 접근성	○	×	○	○
	② 일반적인 지원에의 접근성	△	△	○	○
	③ 목표지향 지원	○	○	×	△
	④ 근로자의 권리	○	○	△	○
(2) 가족의 재결합	① 자격(기준)	△	×	△	○
	② 지위획득(귀화)을 위한 조건	△	×	△	○
	③ 지위의 안정성	○	○	○	○
	④ 지위와 연관된 권리	○	○	○	○
(3) 교육	① 접근성	△	△	○	○
	② 필요지향	×	×	○	○
	③ 새로운 기회(가능성)	△	×	×	○
	④ 모든 사람을 대상으로 한 간문화교육	△	×	△	○

(4) 정치참여	① 선거권	×	×	×	×
	② 정치적 자유권	○	○	○	○
	③ 자문기구	○	×	×	×
	④ 실행조치(정책)	○	○	△	△
(5) 장기체류	① 자격(기준)	×	×	△	○
	② 지위획득(허가)을 위한 조건	×	△	△	×
	③ 지위의 안정성	○	○	×	△
	④ 지위와 연관된 권리	○	△	○	○
(6) 국적(귀화가능성)	① 자격(기준)	○	○	○	○
	② 지위획득(허가)을 위한 조건	×	×	×	○
	③ 지위의 안정성	○	×	×	×
	④ 이중국적	△	○	○	○
(7) 차별금지	① 개념규정	△	○	○	○
	② 적용분야	○	○	○	○
	③ 집행기제	△	○	○	○
	④ 평등정책	×	△	○	○

반면에 ① 노동시장의 이동성 변수군에서는 접근성 및 목표지향 지원, ② 가족의 재결합 변수군에서는 자격기준 및 지위획득을 위한 조건, ③ 교육 변수군에서는 필요지향, 새로운 기회 및 모든 사람을 대상으로 한 간문화교육, ④ 정치참여 변수군에서는 자문기구, ⑤ 장기체류 변수군에서는 자격기준, 지위획득을 위한 조건 및 지위의 안정성, ⑥ 국적 변수군에서는 지위획득을 위한 조건 및 지위의 안정성, ⑦ 차별금지 변수군에서는 평등정책 등 변수의 경우 사례 간 상이한 것으로 분석되었다. 즉, 14개 변수는 체계 간 상이성으로 현상의 변화 양상을 설명하는 독립변수로 상정될 수 있다. 결국 최대유사체계분석 기법(MSSD)의 차이법(method of difference)에 의거하여 14개 변수만이

독립변수로서 유의한 것이다. 이것은 이주·사회통합정책을 중심으로 하여 4개국 간에도 정책 간에 차이가 있음을 보여 주는 것이다.

2) 최대유사체계분석기법(MSSD) 변수별 비교분석결과

최대유사체계분석기법(MSSD)에 따라 4개국의 사례에서 나타나는 유사점은 상수로 통제시키고, 사례 간 나타나는 상이점을 추적하여 일반화를 만들게 된다. 이렇게 생산된 일반화의 설명능력과 적용범주를 재확인하거나 확장함으로써 향후 다문화사회에서 요청되는 이주·사회통합정책의 제도화 및 실행을 위한 방안을 도출할 수 있을 것으로 기대된다.

이러한 기초하에 4개국 교차국가사례 비교분석결과 중 각 정책영역의 하위차원 수준에서 특히 상이점에 초점을 맞추어 정책영역별로 적절한 정책적 과제와 방안을 도출하고자 한다. 이때 상기한 이주·사회통합정책지수를 도출하는 데 있어서 근거가 된 분석 및 평가자료(2010년 기준)를 재원용하면서(Huddleston et al., 2011: 44~49, 62~67, 86~91, 194~199), 적절한 부분을 찾아 장단점(즉, 지속적으로 유지 발전시켜야 할 장점과 개선하거나 극복해야 할 단점)을 중심으로 하여 기술하기로 한다.

(1) 노동시장의 이동성

캐나다의 경우를 살펴보면 노동이주자 및 그 가족을 위한 노동시장조건이 다른 나라에 비해 매우 좋은 것으로 보인다. 노동이주자의 수가 많은 대부분의 나라와 마찬가지로 임의의 경제영역에서의 취업, 기업설립(창업), 공공적 근로알선의 이용에 관한 한, 외국출신의 주민은 정주시민과 거의 동등한 권리를 누릴 수 있다. 노동조건과 사회보험에의 접근도 역시 모든 사람들에게 동동하게 적용된다. 하지만 외국에서 교육을 받은 상태에서 새로 들어온 사람들의 특정한 문제에 대한 해결방안은 아직 만족스럽지 못한 상태에 있다.

이와는 대조적으로 프랑스의 경우를 살펴보면 정부가 '선별적' 노동이주를 장려한다고 공언하고 있음에도 불구하고, 유럽연합에 속하지 않는 국가 출신의 시민이 노동시장의 영역에서 기회균등을 경험할 수 있는 범위는 유럽의 다른 나라에 비해 상당히 제한적이다. 노동시장의 여러 분야에서 작용하고 있는 보호주의적인 경향으로 인하여, 이주자의 경제적 잠재력이 충분히 이용되지 못하고 있으며, 따라서 지속적인 사회적·경제적 배제의 위험성이 존재하고 있다. 접근성 부족의 근본적인 문제점이 여전히 남아 있으며, 이주자가 어떤 활동을 하는가는 개개인의 자격(자질과 능력)보다는 그때그때의 노동력 수요에 의해 더 많이 결정되는 경향이 있다. 이주자의 자격을 동등하게 인정하고, 인정을 위한 절차를 간소화하는 측면에서 프랑스는 다른 나라에 비해 아직 부족한 것으로 보인다.

미국의 경우 공식적인 체류의 지위를 갖고 있는 대부분의 노동이주자와 그 가족은 노동시장에서 미국 태생의 미국인과 동등한 기회를 활용할 수 있다. 하지만 일부 주(州) 및 직업조합이 외국에서 취득한 졸업장을 인정하는 데 협조하지 않기 때문에, 개개인의 자격에 훨씬 미달하는 고용관계를 맺는 경우가 적지 않다. 그 반면에 포괄적인 사회통합전략을 갖고 있는 일부 주에서는 외국에서 태어나고 교육을 받은 근로자의 특정한 필요를 더 잘 고려하려는 경향을 관찰할 수 있다.

(2) 가족의 재결합

프랑스의 가족재결합 정책은 종종 '가장 자유주의적인 것'으로 지칭되고 있지만, 실제로 사회통합을 위한 출발점으로서 재결합을 위한 법적 가능성은 다른 유럽연합 국가에 비해 상당히 저조한 편이다. 매우 제한적인 기준과 조건으로 인하여 이주자들이 그들의 가족구성원들과 떨어져 사는 경우가 종종 있다. 대부분의 나라가 주거관계나 소득에 대하여 일정한 최소요구사항을 제기하고 있긴 하지만, 프랑스에서는 여러 영역에서 요구사항이 점점 더 강화되는 경향이 있다. 그동안 고용, 사회통합, 그리고 출신국가에서 충족시켜야 할 새로운 조치가 취해졌으며, 단지 DNA 검사를 포함한 법안만이 최종단계에서 통과되지 않았을 뿐이다.

이와는 대조적으로 캐나다에서는 모든 외국출신 주민을 위해 사회통합을 위한 출발점으로써 안정된 가족생활을 가능한 한 보장하고 있다. 가족의 개념을 상당히 폭넓게 파악하고 있으며, 모든 가족구성원이 신청당사자와 동등한 권리를 갖고 있다. 경제이주자와 가족재결합 이주자 모두에게 도움을 주려는 법적·제도적 체계를 갖추고 있다. 이에 비하면 많은 유럽 국가들은 아직 배울 점이 많다. 하지만 가족재결합을 위해 이미 제출된 신청서를 행정적으로 처리하는 데 있어서, 캐나다는 개선할 여지가 상당히 많이 남아 있다. 왜냐하면 기다리는 시간이 몇 년을 끄는 경우가 적지 않으며, 그로 인해 신청당사자와 그 친족에게 불확실성을 수반하게 된다. 이와 관련하여 행정처리 기간을 법적으로 제한하는 규정을 갖고 있는 나라도 상당히 많다는 점에 유의할 필요가 있다.

(3) 교육

프랑스에서는 다른 확립된 이주국가에서와 마찬가지로 모든 학생이 학교에 접근할 수 있으며, 여건이 갖추어진 곳에서 소외계층 학습자를 위한 일반적인 지원[예를 들면, 우선교육지대(ZEP: zones d'éducation prioritaires, 긍정적 차별전략의 일부로서 선정된 학교 및 학군); 희망교외계획(PEB: plan espoire banlieue)]에 접근할 수 있다. 훈련을 받은 담당직원을 갖춘 시설과 기관이 새로 이주해 들어온 아동과 청소년을 평가하고 필요한 정보를 제공한다. 하지만 나중에 유사한 사회적 배경을 가진 동년배와 차이가 발생하여 조치가 필요한 경우 당사자가 지원받을 수 있는 방안이 별로 없다. 1980년대에 주지교육이 상당히 사라진 이후 다양성의 주제가 교육과정에 별로 반영되지 못하고 있다. 하지만 이주자의 언어를 장려하기 위한 양자 간 협정이 존재한다. 그렇지만 다른 나라의 교육제도와 비교해볼 때, 교사가 학습자의 특정한 필요를 고려하여 가르칠 수 있는 여지가 부족한 편이며, 다문화사회에서의 생활과 학습에 관하여 모든 학습자가 간문화교육을 받을 수 있는 기회가 부족한 편이다.

독일의 경우를 살펴보면 재정과 정치적 의지에 달려 있는 프로젝트가 이주배경을 가진 학습자의 필요에 부응하는 정도가 부족한 편이다. 따라서 많은 교육기관은 무엇을 해야 하는지 알고는 있고, 또한 이에 부응하여 활동할 수 있긴 하지만, 모든 학생과 학부모를 위해 필요한 조치가 부족한 편이다. 최근에는 국가 수준의 사회통합지표와 목표설정을 통하여 이주배경을 가진 학생과 그렇지 않은 학생에 대한 성취도 및 참여의 목표가 이미 모든 연방주에서 확정되어 있다. 학급에서 점점 더 증가하고 있는 다양성과 관련하여 발생한 새로운 필요와 가능성을 고려할 것인지의 여부에 대해서는 많은 학교가 상당 부분 자율적으로 결정할 수 있다. 하지만 이주배경을 가진 학습자와 학부모, 그리고 교사가 일반적인 재정지원 이외에 추가로 지원을 요구할 수 있는 여지는 별로 없는 편이다.

미국의 경우를 살펴보면 특정한 프로그램(예를 들면, 학습부진아 철폐)을 통하여 소수집단의 구성원과 영어지식이 부족한 학생이 학교(유치원에서 대학까지)를 졸업할 수 있도록 도와주는 경향이 있다. 하지만 이주배경을 가진 아동과 청소년에 의한 새로운 기회를 의식하고 있는 주는 별로 없는 편이다. 이주배경을 가진 학생이 자신의 원래 모국어를 외국어로 배울 수 있는 여건을 마련해주고 있는 주는 별로 없으며, 10개 주에서 이중 언어수업이 요구되고 있다. 약 3분의 1에 해당하는 주에서는 다문화학급을 적절하게 다루기 위한 특별교육을 교사교육의 틀 속에서 실시하고 있다. 하지만 많은 학생들이 다문화사회에서의 공동생활에 대하여 별로 배우지 못하고 있으며, 교과서에도 이와 관련된 주제가 별로 다루어지지 않고 있다.

캐나다의 다문화주의 정책은 모든 학습자에게 도움을 주는 경향을 보이고 있다. 이주배경을 가진 학습자는 정규수업에서 그들의 언어적·문화적 유산에 대하여 지식을 습득하거나 아니면 정규수업에 이어서 그렇게 할 수 있다. 이주집단의 언어 및 문화에 대한 학습내용을 모든 학습자에게 전달하는 것과 관련하여 외국어 프로그램과 교육과정이 적절한지의 여부에 대해서는 해당 학교가 스스로 결정한다. 하지만 이주배경을 고려한 교사의 다원화를 추진하고 있는 지방은 별로 안 된다. 그럼에도 불구하고 전체적으로 바라볼 때, 교육영역과 간문화 교육에서 새로운 가능성을 모색한다는 측면에서 캐나다는 다른 나라들의 모범으로 간주할 수 있다.

(4) 정치참여

다른 대부분의 확립된 이주국가에서와 마찬가지로 독일에서는 새로 들어온 이주자가 정치적으로 참여할 수 있는 가능성을 어느 정도 갖고 있다. 하지만 민주정치구조와 연방정치에 참여할 수 있는 가능성은 거의 없다. 유럽연합 회원국이 아닌 국가 출신의 시민은 정당원이 될 수 있는 가능성을 포함하여 일부 정치적 자유를 누릴 수 있다. 게다가 그들의 이해관계를 대변하는 데 있어서 시민사회의 지원을 받고 있다. 연방정부 수준에서보다는 기초자치단체와 연방주 수준에서 이주자와 자문 상담할 수 있는 기회가 더 많이 존재한다. 지방 수준에서 선출된 독립적 자문기구는 장래 연방 수준의 사회통합회의를 위해 유망한 모델로 간주할 수 있다.

프랑스의 경우 이주자단체는 시민사회 수준에서 참여를 위한 어느 정도의 지원을 받고 있다. 하지만 일부 도시에서 운영되고 있는 이주자 자문기구는 이주자에 의해 선출되지도 않고 이주자가 주도적으로 운영하지도 않기 때문에 독일에 비해 상당히 제한적이다.

캐나다의 경우를 살펴보면 다문화주의 정책의 틀 속에서 국가가 이주민단체를 재정적으로 지원함으로써, 새로운 공동체를 사회통합 차원에서 끌어들이고, 그들과 지속적인 협력을 구축하고자 한다. 하지만 이주자 자문기구를 통하여 사회통합정책에 영향을 미칠 수 있는 가능성이 전반적으로 결여되어 있다. 이러한 단점을 보완하기 위한 시도를 언급하자면, 일부 시민단체운동[예: 토론토 애향운동(I Love Toronto)]이 지방자치단체의 정치가들과 함께 신이주자(새로 들어온 이주자)를 위한 선거권을 확보하려고 한다.

미국의 경우 귀화를 하기 전까지 이주자가 민주정치생활에 참여할 수 있는 가능성은 거의 없다. 대부분의 새로운 이주자 공동체는 전국적인 규모로 조직할 경우 주로 민간의 지원을 필요로 한다. 그들은 국가의 진흥을 받은 기구나 자문위원회에 의해 대변되지 못하고 있다. 최근에는 일부 도시(New York, Chicago, San Francisco)와 주(Illinois, Massachusetts, New Jersey, Maryland, Washington)에서 사회통합의 의미와 중요성을 인정하고, 이 맥락에서 '신미국인이사회(새로운 미국인을 위한 이사회)'를 마련하기 시작하였다.

(5) 장기체류

독일의 경우 새로 들어온 이주자에 대한 장기체류의 권한 부여는 국적획득에 버금가는 상당히 엄격하고 포괄적인 조건과 결부되어 있다. 일자리를 갖고 있는 사람에 국한하거나 B1 수준에 해당하는 언어지식을 요구하는 나라는 그렇게 많지 않다. 대부분의 나라에서는 법적인 기본소득과 (사회통합시험과 결부되지 않은) 간단한 언어지식으로 족하다. 다른 나라에서는 장기체류를 통하여 더 많은 국제교류학생이 자국에 남아 있도록 유도하는 경향이 있다. 하지만 장기체류가 일단 허가되면 지위의 안정성과 동등한 대우는 다른 북구, 북서부 나라의 높은 수준에 부응한다.

프랑스의 경우 장기체류의 고려대상이 되는 이주자의 범주는 다른 대부분의 유럽국가와 비교해볼 때, 사회통합의 진흥 측면에서 성적이 별로 좋지 못하다. 20년 전만 해도 장기체류는 예외가 아니라 규칙에 더 가까웠다. 많은 직업과 자격에서 국적과 관련된 제한이 여전히 남아 있음에도 불구하고, 일단 장기체류허가를 받은 자는 안정되고 동등한 지위를 누릴 수 있다. 추방의 경우에는 법원이 연령, 체류기간과 같은 개인적인 여건과 상태를 고려한다. 2003년과 2006년의 개정을 통하여 장기체류를 위한 기준이 강화되었으며, 이로 인하여 잠재적인 체류허가 신청자의 수가 줄어들었다. 게다가 신청자는 필요한 경우 프랑스를 잠시 동안만 떠날 수 있다. 따라서 기준의 측면에서 프랑스는 다른 나라에 비해 매우 엄격하다고 볼 수 있다.

캐나다에서는 이주자에게 요구하는 소위 점수체계(point system)에 따라 경제이주자는 일정한 선발조건을 충족시켜야 한다. 영어나 불어를 구사할 수 있는지의 여부는 여러 가지 매우 다른 방식으로 입증될 수 있다. 가족구성원과 난민은 자동적으로 장기체류에 대한 요구를 할 수 있다. 하지만 신청서를 처리하는 기간이 다른 나라에 비해 길기 때문에 여기서 다시금 상당한 취약성이 있음을 확인할 수 있다.

미국에서는 유기한 비자를 갖고 입국하는 많은 사람들이 그린카드

(green card)를 갖고 정착할 수 없는 실정이다. 여기에는 국제교육학생이나 전문인력과 같이 미국이 구하고자 하는 이주자가 포함된다. 장기체류허가를 받은 자는 일단 법적으로 보면 불리하다고 볼 수 없지만, 다른 나라에 비해 비용이 상당히 높은 편이며 절차도 매우 긴 편이다. 그린카드를 소유한 자는 고용되거나 학업을 할 수 있다. 그러나 1996년 이래 많은 사람들이 국가의 급부에 대한 요구를 할 수 없다. 이것은 2010년의 보건관련법의 최종 개정안에서도 역시 개선되지 못했다. 여기에 더하여 장기체류허가를 갖고 있는 주민의 지위는 비교적 안정되지 못하다.

(6) 국적

독일의 경우 국적의 획득이 사회통합을 촉진시킴에도 불구하고, 귀화를 원하는 자가 경제적 측면에서 그리고 언어적 측면에서 이미 잘 사회통합이 되어 있지 않으면 귀화가 거부된다. 그렇지만 다른 한편으로 그동안 법적 절차가 어느 정도 개선되고 귀화시험이 보다 더 전문성을 띠게 되면서 지위의 안정성은 상당히 개선된 것으로 평가할 수 있다.

프랑스의 경우를 보면 국적 획득과 관련된 절차가 법적인 통제를 받고 있고 무국적에 대한 보호장치가 남아 있긴 하지만, 지방자치단체가 상당한 정도로 재량권을 행사할 수 있다. 그래서 각 지방자치단체가 처한 조건의 해석에 따라 이주자의 국적획득 신청이 받아들여지기도 하고 거부되기도 한다. 결국 국적획득의 조건과 지위의 안정성 측면에서 이주자를 위해 그렇게 좋지 못하다는 평가를 내릴 수 있다.

미국의 경우 국적획득을 위한 개선된 시험이 귀화신청의 성공적인 처리를 위해 기본적인 전제조건을 제공하고 있지만, 실제 통용되고 있는 절차의 장벽으로 인하여 권리를 주장할 수 있는 이주민의 귀화에 대한 약속이 이행되지 못하는 경우가 적지 않다. 그렇기 때문에 지위획득의 조건과 지위의 안정성 측면에서 그렇게 높은 점수를 받지 못하고 있다.

이중국적과 출생지주의(ius soli) 원칙을 도입한 이주국가에서는 대개 이주자가 거기에 부응하는 법적인 전제조건을 충족하면, 몇 년의 체류기간이 지난 다음에 귀화를 신청할 수 있다. 이 맥락에서 캐나다에서는 이주자가 과거 4년 중 적어도 3년을 국내에서 보내야 한다. 캐나다는 다른 나라에 비해 전문성이 매우 높은 귀화시험을 갖추고 있다. 시험준비를 위한 모범적인 교재로는 시민의 권리와 의무를 중점적으로 다룬 '캐나다 발견하기(Discover Canada)'가 있다. 하지만 지위의 안정성 측면에 관한 점수는 비교적 낮은 편이다.

(7) 차별금지

캐나다는 국가의 모든 분야에서 '평등의 주류화(mainstreaming of equality)' 정책을 착근시킴으로써, 인권보호와 차별금지의 차원에서 모범을 보이고 있다. 캐나다와 미국은 이미 가장 포괄적인 차별금지법과 가장 광범위한 평등정책을 갖추고 있다. 이에 비해서 다른 유럽국가들은 평등정책의 도입, 개선, 실행의 과제를 이제 다루기 시작하는 실정에 놓여 있다.

프랑스의 경우를 살펴보면 독립적인 평등정책청(HALDE)이 정부에 대한 자문에서 그리고 차별사례의 추적을 통하여 비교적 일을 잘 수행하고 있는 것으로 보인다. 그렇지만 유럽연합 수준의 법을 실행에 옮기면서, 국민의 지위에서 연유한 차별로부터 보호하는 측면은 약화된 경향을 보이고 있다. 2008년 이래 총 219개 민간기업에 수여된 '다양성장려상'은 공공행정 분야에서도 역시 수용될 수 있을 것으로 보인다.

독일의 차별금지법이 별 효과를 보지 못하고 있는 까닭은, 평등정책위원회의 권한이 취약하고 국가 수준의 적극적인 관여가 부족하여 잠재적인 피해자가 필요한 지원을 받기 어렵기 때문이다. 연방 수준의 차별금지담당기관은 다른 나라의 기관과 비교할 때, 피해자에 대한 지원을 하는 데 있어서 권한이 상당히 약한 편이다. 사건의 조사를 제한적으로 수행할 수 있을 뿐이며, 자체의 중재절차를 갖추고 있지 못하며, 피해자를 위한 요구를 법원에 제기하기도 어려운 실정이다.

이상에서 기술한 바와 같이 비교분석의 대상인 4개국에서 관찰할 수 있는 장단점을 중심으로 하여 현황을 좀 더 구체적으로 살펴보았다. 이때 이주·사회통합정책지수(MIPEX)의 근거가 된 분석·평가의 결과를 기초자료로 활용하였다. 상기한 내용에 기초하여 이제 요약하는 차원에서 이주·사회통합의 정책영역별로 비교적 일반적인 정책적 과제와 방안을 도식화하여 제시하면 다음 <표 7-6>과 같다.

<표 7-6> 이주·사회통합 정책영역별 과제와 방안

정책영역(하위차원)	정책과제와 방안
(1) 노동시장의 이동성	- 노동이주자 및 그 가족을 위한 노동시장조건을 주어진 여건이 허락하는 범위에서 가능하면 개방적으로 개선하는 것이 바람직하다. - 외국에서 교육을 받은 상태에서 새로 들어온 사람들의 특정한 문제에 대한 해결방안을 모색함에 있어서 맞춤형 정책과 조치를 마련하여 목표지향 지원을 실현할 필요가 있다. - 정부가 선별적 노동이주정책을 실시하는 경우에도 가능하면 이주자가 기회균등을 경험할 수 있는 범위를 확대하는 것이 바람직하다. - 가능한 범위 내에서 이주자의 자격을 동등하게 인정하고, 인정을 위한 절차를 간소화하는 방향으로 정책과 조치를 강구하는 것이 좋다.
(2) 가족재결합	- 이주자의 편의를 고려하여 가족재결합 정책을 모색하는 데 있어서는 여건이 허락하는 범위에서 가능하면 주거관계나 소득에 대한 일정한 최소요구사항을 제기하는 것이 바람직하다. - 가족의 개념을 가능하면 폭넓게 파악하고, 모든 가족구성원이 신청 당사자와 동등한 권리를 누릴 수 있는 방안을 모색할 필요가 있다. - 경제이주자와 가족재결합 이주자 모두에게 도움을 줄 수 있는 법적·제도적 체계를 강구할 필요가 있다. - 가족재결합을 위해 제출된 신청서를 행정적으로 처리하는 데 있어서, 지나치게 긴 시간을 끌지 않도록 함으로써 신청당사자와 그 친족에게 불확실성을 감소시키는 방안을 고려해야 한다.
(3) 교육	- 여건이 갖추어진 곳에서 가능하면 소외계층 학습자를 위한 일반적인 지원을 할 수 있는 방안을 모색해야 한다. - 교사가 학습자의 특정한 필요를 고려하여 가르칠 수 있는 맞춤형 방안을 마련할 필요가 있으며, 다문화사회에서의 생활과 학습에 관하여 모든 학습자가 간문화교육을 받을 수 있는 기회를 마련하는 것이 바람직하다. - 이주배경을 가진 학생이 자신의 원래 모국어를 외국어로 배울 수 있는 여건을 마련해주고, 또한 필요한 경우 이중언어수업을 제공해줄 수 있는 방안을 모색할 필요가 있다. - 다문화학급을 적절하게 다루기 위한 특별교육을 교사교육의 틀 속에서 실시하는 방안을 강구할 필요가 있다. - 이주배경을 가진 학습자가 정규수업에서 그들의 언어적·문화적 유산에 대하여 지식을 습득하거나 아니면 정규수업에 이어서 그렇게 할 수 있는 방안의 타당성과 적절성을 고려할 필요가 있다.
(4) 정치참여	- 중앙정부나 지방정부 수준에서 이주자와 자문 상담할 수 있는 기회를 제공할 수 있는 방안을 모색해야 한다. - 지방 수준에서 선출된 독립적 자문기구는 장래 국가 수준의 사회통합회의를 위해 유망한 모델로 작용할 수 있다. - 이주자 자문기구를 마련할 때 이주자에 의해 선출되는지의 여부, 이주자가 주도적으로 운영하는지의 여부 등의 문제에 관심을 기울여야 한다. - 국가가 이주민단체를 재정적으로 지원함으로써, 새로운 공동체를 사회통합 차원에서 끌어들이고, 그들과 지속적인 협력을 구축하는 방안을 고려할 수 있다. 또한 이주자 자문기구를 통하여 사회통합정책에 영향을 미칠 수 있는 가능성도 고려해야 한다.

(5) 장기체류	- 새로 들어온 이주자에 대한 장기체류의 권한부여를 국적획득에 해당하는 조건과 차이를 둘 것인지 아니면 유사하게 운영할 것인지의 질문에 주의를 기울여야 한다. - 장기체류의 허가와 관련하여 자격기준을 어느 정도 엄격하게 설정할 것인지 아니면 개방적으로 설정할 것인지의 문제를 현실여건을 고려하여 다루어야 할 것이다. - 장기체류허가가 나기 이전과 이후 지위의 안정성이 어느 정도 차이가 나는지의 문제에도 유의해야 한다. - 추방의 경우 법원이 연령, 체류기간과 같은 개인적인 여건과 상태를 고려할 것인지의 문제를 다루어야 한다. - 이주자에게 점수체계(point system)에 따라 자격을 인정하고, 지위의 안정성을 확보할 것인지의 질문에 주의를 기울일 필요가 있다.
(6) 국적	- 국적의 획득이 사회통합을 촉진시킨다는 전제에서 출발하여, 귀화를 원하는 자가 경제적·언어적 측면에서 이미 잘 사회통합이 되어 있는가를 확인할 것인지의 질문을 다루어야 한다. - 국적 획득과 관련하여 지방자치단체가 어느 정도로 재량권을 행사할 수 있는가의 문제를 다루어야 한다. 왜냐하면 각 지방자치단체가 처한 조건의 해석에 따라 이주자의 국적획득 신청이 받아들여지기도 하고 거부되기도 하는 사례가 있기 때문이다. - 국적 획득을 위한 시험이 귀화신청의 처리를 위해 전제조건이 되는지의 여부, 그리고 절차의 장벽으로 인하여 이주민의 귀화를 어렵게 하는지의 여부 등의 문제에 주의를 기울여야 한다. - 귀화를 위한 시험의 전문성을 제고할 필요가 있으며, 이 맥락에서 또한 시민의 권리와 의무를 중점적으로 다룬 매뉴얼을 개발하는 일에 주의를 기울여야 한다.
(7) 차별금지	- 국가의 모든 분야에서 인권보호와 차별금지를 실현하기 위하여 '평등의 주류화' 정책을 추진할 것인지의 여부에 대하여 폭넓은 담론을 전개하는 것이 바람직하다. - 다른 나라의 모범적인 차별금지법과 평등정책을 참고하여 이와 관련된 정책의 도입, 개선, 실행의 과제를 다룰 필요가 있다. - 독립적인 평등정책을 담당하는 기구나 부서를 설치하여 정부에 대한 자문을 하도록 하고, 차별사례의 추적을 통하여 개선방안을 모색하도록 하는 것이 바람직하다. - 민간, 공공 수준에서 '다양성헌장'을 제정하도록 장려한다든지 아니면 '다양성장려상' 같은 것을 제도화하여 차별금지와 평등정책의 구현에 기여할 수 있는 방안을 모색할 필요가 있다. - 평등정책을 다루는 기구나 위원회의 권한, 국가 수준의 적극적인 관여 여부, 담당기구의 중재절차 등의 문제에 주의를 기울여야 한다.

이 장은 다문화사회로의 전개과정에서 중요한 문제로 등장한 정책적 의제의 하나인 다문화와 집단정체성의 긴장관계에 주의를 기울이

면서, 이 질문에 대한 답을 찾기 위하여 설정한 일차적인 기초연구의 차원에서 4개국 교차국가사례 비교분석을 시도하고, 여기서 이주·사회통합정책의 과제와 접근방안을 도출하는 데 목적을 두었다. 이 목적에 다가가기 위하여 먼저 비교분석의 방법적 틀에 관하여 기술하면서, 한편으로는 교차국가사례 비교분석의 틀과 다른 한편으로 이주·사회통합정책지수에 입각한 교차국가사례 비교분석을 소개하였다.

여기에 기초하여 보다 더 구체적인 수준에서 4개국 교차국가사례 비교분석의 전개과정과 내용을 다루었다. 그다음 이 장에서 연구와 분석의 주요대상으로 삼은 4개국을 중심으로 하여 교차국가사례 비교분석의 결과를 제시하고, 그 적용과 관련하여 비교분석의 결과에서 이주·사회통합과 관련된 정책영역별로 과제와 방안을 도출하였다. 이상의 논의를 바탕으로 하여 이제 마지막으로 요약 및 결론의 차원에서, 이 장에서 강조하고자 하는 사항을 몇 가지 명제로 정식화하여 제시하면 다음과 같다.

첫째, 이주·사회통합정책에 관한 세계적인 동향과 현황을 파악하기 위하여, 본고에서는 최대유사체계분석기법(MSSD)을 적용하여 4개국(미국, 캐나다, 독일, 프랑스)을 중심으로 하여 교차국가사례 비교분석을 시도하였다. 비교분석을 위한 기초자료(데이터)로는 영국이사회 및 그 산하 이주정책연구원이 작성한 이주·사회통합정책지수(MIPEX)를 활용하였다.

둘째, 이 맥락에서 교차국가사례 비교분석의 틀에 맞추기 위하여, 이주·사회통합정책지수에서 각 정책영역별 네 가지 차원에 해당하는 점수(60~100 → 상; 41~59 → 중; 0~40 → 하)를 각각 ○, △, ×의 기호로 변환시켜 활용하였다. 그리고 이주·사회통합정책지수를 도출하는 데 기반이 되었던 원래의 148개 지표를 이 장에서 일일이 소개하는 데에는 한계가 있기 때문에, 어느 정도 간소화하여 재구성함으로써 이주·사회통합 정책영역의 변수로 활용하였다. 다시 말하면 여기서 문제가 되고 있는 7개의 정책영역 및 그 하위차원(정책영역별 4가지 차원)에 포함되어 있는 지표(총 148개 지표)를 묶어 이주·사회통합 정책영역 변수로 설정하였다.

셋째, 비교대상국 최대유사체계분석(MSSD)을 통한 독립변수를 추출하기 위하여 상이점에 초점을 맞추었다. 특히 비교분석의 결과, 노동시장의 이동성 영역에서는 접근성, 목표지향 지원의 차원, 가족재결합 영역에서는 자격, 지위획득을 위한 조건의 차원, 교육 영역에서는 필요지향, 새로운 기회, 간문화교육의 차원, 정치참여 영역에서는 자문기구, 실행조치의 차원, 장기체류 영역에서는 자격, 지위의 안정성 차원, 국적 영역에서는 지위획득의 조건, 지위의 안정성 차원, 그리고 차별금지 영역에서는 평등정책의 차원이 각각 상이점을 나타내는 독립변수로 추출되었다.

넷째, 최대유사체계분석기법(MSSD)에 따르면 각각의 비교사례 속에서 상이한 양상을 나타낼 때, 각각의 사례에서 나타나는 유사점을 상수로 통제시키고 사례 간 나타나는 상이점을 추적하여 일반화(통칙)를 만들게 된다. 이렇게 생산된 일반화의 설명능력과 적용범주를 재확인하거나 확장을 통하여 비교분석의 결과를 구체화시킬 수 있다. 여기에 기초하여 다문화사회에서 요청되는 이주·사회통합정책의 제도화 및 실행을 위한 방안 도출 그리고 정책영역별로 적절한 정책적 과제와 접근방안을 도출하고자 시도하였다.

마지막으로 향후 이주·사회통합정책지수(MIPEX) 체제의 틀 속에 우리나라의 향후 진입문제를 고려할 필요가 있다. 현재 이 체제에 우리가 아직 진입하지 못하였음을 감안한다면, 향후 이주·사회통합정책과 관련된 정부기관, 민간기업, 시민단체, 학계의 전문가로 위원회를 구성하여, 이주·사회통합정책지수의 틀 속에 진입하기 위한 체제개선이 요청된다. 또한 우수한 타국의 사례가 여과 없이 우리 체제에 도입되는 것도 동시에 경계해야 한다. 왜냐하면 한편으로 다문화사회를 향한 사회변동을 경험하고 있다는 공통된 특징을 인정하더라도, 다른 한편으로는 각국이 처한 역사적·지리적·사회적 상황과 여건이 다르기 때문이다. 따라서 외국 사례를 전이시킬 경우 이에 대한 타당성 및 적합성 분석을 통하여 그것이 수반할 수 있는 위험성이나 부작용을 축소시켜 나가야 할 것이다.

<요약>

이 장은 다문화사회로의 전개과정에서 중요한 문제로 등장한 정책적 의제의 하나인 다문화와 집단정체성의 긴장관계에 초점을 맞추어 4개국 교차국가사례 비교분석을 시도하고, 이주·사회통합정책의 과제와 방안을 도출하는 데 그 목적이 있다. 이를 위해 우선 비교분석의 방법론적 분석틀에 관하여 기술하고, 이어서 4개국 교차국가사례 비교분석을 실시하였다. 이 장에서는 특히 다음과 같이 네 가지 사항에 초점을 맞추었다. 첫째, 이주·사회통합정책에 관하여 최대유사체계분석기법(MSSD)을 적용하여 4개국(독일, 프랑스, 미국, 캐나다)에 대한 교차국가사례 비교분석을 실시하였다. 비교분석을 위한 기초자료로 이주·사회통합정책지수(MIPEX)를 활용하였다. 둘째, 다문화사회에서 요청되는 이주·사회통합정책의 제도화 및 실행을 위해 정책영역별로 적절한 정책적 과제와 접근방안을 도출하고자 시도하였다. 셋째, 이주·사회통합정책과 관련된 정부기관, 민간기업, 시민단체, 학계의 전문가로 위원회를 구성하여, 이주·사회통합정책지수(MIPEX)라는 제도적 틀 속에 진입할 수 있는 토대 구축의 과제를 제시하였다. 넷째, 외국사례를 도입 및 전이할 경우 각국이 처한 역사적·지리적·사회적 상황과 여건을 고려해야 하며, 타당성·적절성·실현가능성의 측면에서 장단점, 비용편익분석, 의도하지 않은 결과의 예측이 요청된다는 점을 강조하였다.

▌발문

　최근 세계화·국제화가 전개되면서 인적·물적 자원의 국제적인
교류와 이동이 점점 더 강화되고 있다. 이런 경향과 더불어 사회통합
및 국가정체성과 관련된 문제가 세계 도처에서 중요한 정책의제로 부
상하고 있다. 또한 공적 담론에서 세계화와 문명충돌에 대한 논의가
이루어지고 있으며, 이와 관련하여 사회통합과 평행사회(혹은 평행문
화, 평행세계)의 긴장관계가 거론되고 있다. 이 맥락에서 다문화와 국
가정체성의 긴장관계를 둘러싼 정책과제에 대한 논의를 활성화·구
체화해야 한다. 다시 말하면 다문화성과 집단정체성의 긴장관계를 어
떻게 설정할 것인가 하는 근본문제에 대한 해결방안을 탐색하지 않
으면 안 된다. 이러한 문제의식에서 출발하여, 이 책은 미래지향적이
고 지속 가능한 정책 및 담론을 위한 하나의 대안적 접근방안으로 간
문화주의를 통한 사회통합과 국가정체성 확립을 제시하고 있다.

참고문헌

강희원, "한국 다문화사회의 형성요인과 통합정책", 『국가정책연구』, 제20권 (2007
　　년 여름), pp.5~34.

고숙희, "다문화가족 관련 정부정책의 변화와 과제", 『다문화가족의 정착을 위한
　　거버넌스 구축방안』, 한국행정학회·평택대학교 다문화가족센터·아
　　시아행정포럼 주최 학술대회 자료집, 2009, pp.161~181.

교육과학기술부, 『사회과 탐구』, 서울: 두산동아, 2011.

김시범, "사회적 관점취득(SPT)의 방법을 적용한 인종차별철폐 수업방안", 청
　　주교육대학교 석사학위논문, 2012.

김신·최진식, "지속적 규제개혁 추진을 위한 규제관리체계 정비방안", 『KIPA
　　연구보고서』, 서울: 한국행정연구원, 2009.

김웅진, "비교분석기법의 재조명-공간적 통제양식을 중심으로", 『한국정치학
　　회보』, 제20권 제1호 (1986), pp.265~275.

김지희, "비교정치연구에 있어서 혼합체계분석안의 방법론적 적실성", 『한국
　　정치학회보』, 제35권 제4호 (2002), pp.265~275.

박재의·강현석, "다문화 교육과정 개발 방향 탐색", 『사회과교육』, 제48권 (2009
　　년 봄), pp.27~43.

양영자, "한국 다문화교육의 개념 정립과 교육과정 개발 방향 탐색", 이화여자
　　대학교 박사학위논문, 2008.

오정은, "네덜란드의 외국계 주민 통합정책 연구: 틸부르크(Tilburg)시의 상호문화
　　사업을 중심으로", 『유럽연구』, 제29권 제3호 (2011년 겨울), pp.189~215.

육주원·신지원, "다문화주의에 대한 반격과 영국 다문화주의 정책 담론의 변

화", 『EU연구』, 제31호 (2012년), pp.111~139.

이송호, "비교정책연구에 있어서 전통적 방법론의 재검토", 『한국행정학보』, 제29권 제2호 (1995), pp.339~360.

이윤복, "사회적 관점취득 전략을 통한 통일교육의 효과분석", 청주교육대학교 석사학위논문, 2009.

장준호, "독일에서 애국주의 개념과 변천: 애국주의 패러독스를 극복하는 헤겔의 인륜적 애국심과 현재의 유쾌한 애국심을 중심으로", 『한독사회과학논총』, 제22권 제2호 (2012년 여름), pp.85~106.

정상희 외, "EU 사회정책의 역내 시민에 대한 객관적 적용과 다원주의 정책 심화", 『한독사회과학논총』, 제20권 (2010년 가을), pp.213~242.

정창화·허영식, "다문화사회에서 사회통합의 착근을 위한 다양성관리", 『유럽연구』, 제29권 제3호 (2011년 겨울), pp.217~243.

정창화·허영식, "다문화사회에서 이주·사회통합정책 교차국가사례 비교분석", 『EU연구』, 제31호 (2012년), pp.55~81.

정한기, "일상생활에 대한 비판적 성찰과 고통공감에 기초한 통일교육", 한국교원대학교 박사학위논문, 2004.

최신융, "비교규제연구의 지평, 초점 그리고 방법론", 『한국사회와 행정연구』, 제21권 제4호 (2011), pp.429~457.

한상우, "독일의 다문화사회 통합정책과 시사점", 『한독사회과학논총』, 제20권 제3호 (2010년 가을), pp.65~86.

허영식, 『지구촌관리와 지구촌학습』, 서울: 원미사, 2004.

_____, 『현대사회의 시민교육: 이론과 실제』, 서울: 원미사, 2006.

_____, 『다문화사회와 간문화성』, 서울: 강현출판사, 2010.

_____, 『다문화·세계화시대의 시민생활과 교육』, 서울: 강현출판사, 2011.

허창수, "한국 내 인도네시아 이주민 다문화지도 제작과 교육과정적 함의", 『다문화-세계화 교육환경에 따른 학교 교육과정의 대응』, 한국교육과정학회·한국초등교육학회 주최 학술대회 자료집, 2008, pp.75~104.

헌팅턴(Huntington) S., 『문명의 충돌』, 이희재 역, 서울: 김영사, 1997.

Adick, C., "Inter-, multi-, trans-kulturell: ueber die Muehen der Begriffsarbeit in kulturuebergreifenden Forschungsprozessen", Hirsch, A. and Kurt, R. (eds.), *Interkultur - Jugendkultur, Bildung neu verstehen*, Wiesbaden: VS, 2010, pp.105~133.

Ahlheim, K., "Die Paedagogik des Thilo Sarrazin", *Journal fuer Politische Bildung*, No. 1 (2011), pp.46~48.

Akguen, L., "Gesellschaftliche Integration - vor welchen Herausforderungen stehen wir?", 『한국과 독일의 사회통합과 다문화사회』, 한독사회과학회·프리드리히에버트재단 공동주최 심포지엄 자료집, 2011, pp.64~74.

Akguen, L. and Bouffier, V., "Migration und Integration", Lange, D. and Polat, A. (eds.), *Unsere Wirklichkeit ist anders, Migration und Alltag,* Bonn: Bundeszentrale fuer politische Bildung, 2009, pp.107~125.

Anders, V. et al., *Diversity and Diversity Management in Berliner Unternehmen, Im Fokus: Personen mit Migrationshintergrund,* Muenchen: Mering, 2008.

Auernheimer, G., "Grundmotive und Arbeitsfelder interkultureller Bildung und Erziehung", Bundeszentrale fuer politische Bildung (ed.), *Interkulturelles Lernen, Arbeitshilfen fuer die politische Bildung,* Bonn: bpb, 1998, pp.18~28.

Auernheimer, G., *Einfuehrung in die interkulturelle Paedagogik,* Darmstadt: WBG, 2010.

Banks, J., "Diversity, group identity, and citizenship education in a global age", Banks, J. (ed.), *The Routledge International Companion to Multicultural Education,* New York: Routledge, 2009, pp.303~322.

Bennett, M., "A Developmental Approach to Training for Intercultural Sensitivity", *International Journal of Intercultural Relations,* Vol. 10. No. 2 (1986), pp.179~195.

Boecker, A. and Thraenhardt, D., "Erfolge und Misserfolge der Integration - Deutschland und die Niederlande im Vergleich", *Aus Politik und Zeitgeschichte,* No. 26 (2003), pp.3~11.

Bommes, M., "Kommunen: Moderatoren der sozialen Integration?", *Aus Politik und Zeitgeschichte,* No. 46~47 (2010), pp.36~41.

Bongrand, P., "Zones d'éducation prioritaires. Integration im Spiegel der neuen ZEP-Politik", http://www.dfi.de/de/bibliothek_doss.shtml (2011년 11월 6일 검색).

Conrad, N.(2011a), "Frankreich verbietet Gebete auf der Strasse", http://www.dw-world.de (2011년 9월 17일 검색).

_____.(2011b), "Erste Geldstrafen fuer Nikab-Traegerinnen", http://www.dw-world.de (2011년 9월 23일 검색).

Crul, M. and Vermeulen, H. "The Second Generation in Europe", *International Migration Review,* Special Issue, (2003).

Demorgon, J. and Kordes, H., "Multikultur, Transkultur, Leitkultur, Interkultur", Nicklas, H. et al. (eds.), *Interkulturell denken und handeln, Theoretische Grundlagen und gesellschaftliche Praxis,* Frankfurt/M.: Campus, 2006, pp.27~36.

Eckardt, "Frankreichs Schwierigkeiten mit den Banlieue", *Aus Politik und Zeitgeschichte,*

No. 38 (2007), pp.32~39.

Eder, K., "Ethnien, Nationen, Zivilisationen, Interkulturalitaet", Nicklas, H. et al. (eds.), *Interkulturell denken und handeln, Theoretische Grundlagen und gesellschaftliche Praxis,* Frankfurt/M.: Campus, 2006a, pp.37~46.

_____., "Konzepte der Partikularitaet und der Universalitaet", Nicklas, H. et al. (eds.), *Interkulturell denken und handeln, Theoretische Grundlagen und gesellschaftliche Praxis,* Frankfurt/M.: Campus, 2006b, pp.83~92.

Elvers-Guyot, J., "Norwegen trauert um die Toten der Anschlaege", http://www.dw-world.de (2011년 7월 26일 검색).

Feil, R., "Der Beitrag der Integrationskurse zur politischen Partizipation von Zuwanderten", Lange, D. and Polat, A. (eds.), *Unsere Wirklichkeit ist anders, Migration und Alltag,* Bonn: Bundeszentrale fuer politische Bildung, 2009, pp.270~280.

Finkelstein, K., *Eingewandert, Deutschlands Parallelgesellschaften,* Berlin: Christoph Links, 2006.

Friesenhahn, G., "Multikulturelle Gesellschaft als paedagogische Aufgabe?", Franke, K. et al. (eds.), *Aufbruch zur Demokratie, Politische Bildung in den 90er Jahren,* Opladen: Leske+Budrich, 1994, pp.54~79.

Geissler, R., "Multikulturalismus in Kanada - Modell fuer Deutschland?", *Aus Politik und Zeitgeschichte,* No. 26. (2003), pp.19~25.

Georgi, V., "Citizenship and Diversity", Georgi, V. (ed.), *The Making of Citizens in Europe: New Perspectives on Citizenship Education,* Bonn: Bundeszentrale fuer politische Bildung, 2008, pp.79~86.

Goddar, J. and Huneke, D. (eds.), *Auf Zeit, Fuer immer, Zuwanderer aus der Tuerkei erinnern sich,* Bonn: Bundeszentrale fuer politische Bildung, 2011.

Griese, H. and Sievers, I., "Bildungs- und Berufsbiografien erfolgreicher Transmigranten", *Aus Politik und Zeitgeschichte,* No. 46~47 (2010), pp.1~11. http://www.bpb.de/publikationen/UTZ8Y6.html (2011년 4월 1일 검색).

Grosch H. and Leenen, W., "Bausteine zur Grundlegung interkulturellen Lernens", Bundeszentrale fuer politische Bildung (ed.), *Interkulturelles Lernen, Arbeitshilfen fuer die politische Bildung,* Bonn: bpb, 1998, pp.29~46.

Gundara, J., "Civilizational Knowledge: Complex Issues for Intercultural and Citizenship Education", Georgi, V. (ed.), *The Making of Citizens in Europe: New Perspectives on Citizenship Education,* Bonn: Bundeszentrale fuer politische Bildung, 2008, pp.191~203.

Habermas, J., "Fundamentalismus und Terror. Antworten auf Fragen zum 11. September 2001", *Blaetter fuer deutsche und internationale Politik,* Vol. 47. No. 2. (2002), pp.165~178.

Halm, D. and Sauer, M., "Parallelgesellschaft und Integration", *Politische Bildung,* No. 3 (2006a), pp.46~65.

_____., "Parallelgesellschaft und ethnische Schichtung", *Aus Politik und Zeitgeschichte,* No. 1~2 (2006b), pp.18~24.

Heitmeyer, W., "Fuer tuerkische Jugendliche in Deutschland spielt der Islam eine wichtige Rolle", *Die Zeit,* August 23, 1996.

Holzbrecher, A., "Interkulturelles Lernen", Sander, W. (ed.), *Handbuch politische Bildung,* Schwalbach/Ts.: Wochenschau, 2005, pp.392~406.

Huddleston, T. et al., "Migrant Integration Policy Index", http://www.mipex.eu (2011년 11월 11일 검색).

"Intercultural City", http://www.interculturalcity.com/about.htm (2009년 8월 검색).

Juchler, I., "Interkulturalitaet als Herausforderung an die politische Bildung: theoretische Grundlagen und ein Beispiel aus der Praxis in Suedafrika", Overwein, B. and Rathenow, H.-F. (eds.), *Globalisierung fordert politische Bildung, Politisches Lernen im globalen Kontext,* Opladen: Barbara Budrich, 2009, pp.251~259.

Keskin, H., "Verfassungspatriotismus anstelle einer Leitkultur", Lammert, N. (ed.), *Verfassung · Patriotimus · Leitkultur, Was unsere Gesellschaft zusammenhaelt,* Hamburg: Hoffmann und Campe, 2006, pp.92~101.

Kiehl, M. and Werner, H., "Die Arbeitsmarktsituation von EU-Buergern und Angehoerigen von Drittstaaten in der EU", *IAB-Werkstattberichte,* No. 7 (1998).

Kleber, R., "Burkaverbot in Frankreich in Kraft getreten", http://www.dw-world.de (2011년 4월 12일 검색).

Klose, A., "Grundlagen und Struktur des deutschen und europaischen Gleichbehandlungsrechts", *Politische Bildung,* No. 4 (2009), pp.46~61.

Kordes, H. and Demorgon, J., "Interkulturelle Geschichte zwischen Aussonderung und Verschmelzung", Nicklas, H. et al. (eds.), *Interkulturell denken und handeln, Theoretische Grundlagen und gesellschaftliche Praxis,* Frankfurt/M.: Campus, 2006, pp.55~62.

Kordes, H. et al., "Einleitung: Interkultureller Wandel - Probleme, Handlungsfelder, Methoden", Nicklas, H. et al. (eds.), *Interkulturell denken und handeln, Theoretische Grundlagen und gesellschaftliche Praxis,* Frankfurt/M.: Campus, 2006, pp.15~24.

Krell, G. and Sieben, B., "Diversity Management", *Politische Bildung,* No. 4 (2009), pp.33~45.

Kurt, R. and Hirsch, A., "Interkultur - Bildung - Schule", Hirsch, A. and Kurt, R. (eds.), *Interkultur - Jugendkultur, Bildung neu verstehen,* Wiesbaden: VS, 2010, pp.9~17.

Lammert, N., "Europaeische Leitkultur", *Welt,* December, 13, 2005.

Lammert, N. H. "Gewissheiten und Zweifel. Zur deutschen Debatte ueber einen umstrittenen Begriff und einen wachsenden Konsens", Lammert, N. (ed.), *Verfassung · Patriotimus · Leitkultur, Was unsere Gesellschaft zusammenhaelt,* Hamburg: Hoffmann und Campe, 2006, pp.134~145.

Lau, J., "Was fuer eine gelungene Integration wichtig ist: Abschied von den Lebensluegen", *Das Parlament,* No. 3 (2007a), p.1.

_____., "Migranten und das nationale Geschichtsbild: Eine Leitkultur muss immer neu ausgehandelt werden", *Das Parlament,* No. 3 (2007b), p.5.

Leenen, W. et al., "Interkulturelle Kompetenz in der Sozialen Arbeit", Auernheimer, G. (ed.), *Interkulturelle Kompetenz und paedagogische Professionalitaet,* Wiesbaden: VS, 2010, pp.101~123.

Leibold, J. et al., "Abschottung von Muslimen durch generalisierte Islamkritik?", *Aus Poliitk und Zeitgeschichte,* No. 1~2 (2006), pp.3~10.

Massing, P., "Einleitung", *Politische Bildung,* No. 4 (2009), pp.5~8.

Mecheril, P., "Diversity Mainstreaming", Lange, D. and Polat, A. (eds.), *Unsere Wirklichkeit ist anders, Migration und Alltag,* Bonn: bpb, 2009, pp.202~210.

Mecheril, P. and Seukwa, L., "Transkulturalitaet als Bildungsziel? Skeptische Bemerkungen", *Zeitschrift fuer internationale Bildungsforschung und Entwicklungspaedagogik,* Vol. 29. No. 4. (2006), pp.8~13.

Merkle, T., "Lebenswelten in Deutschland. Ergebnisse aktueller Studien von Sinus Sociovision", Lange, D. and Polat, A. (eds.), *Unsere Wirklichkeit ist anders, Migration und Alltag,* Bonn: bpb, 2009, pp.62~79.

Merz, F. "Deutsche Leitkultur", *Welt,* October, 25, 2000.

Michalowski, I., "Vom nationalen Integrationsmodell zum europaweiten Pragmatismus?", *Politische Bildung,* No. 3 (2006), pp.26~45.

Moussaoui, N., "Deutschland im Visier des Oslo-Attentaeters?", http://www.dw-world.de (2011년 7월 26일 검색).

Mueller, H., *Wie kann eine neue Weltordnung aussehen? Wege in eine nachhaltige Politik,* Frankfurt/M.: Fischer, 2008.

Mueller-Haerlin, M. "Integrationsdebatten in Frankreich und Deutschland. Unterschiedliche Konzepte fuer dieselben Probleme?", http://www.dfi.de/de/bibliothek_doss.shtml (2011년 11월 6일 검색).

Neumann, W., "Kommunen und Integrationspolitik im franzoesisch-deutschen Vergleich", http://www.dfi.de/de/bibliothek_doss.shtml (2011년 11월 6일 검색).

Ortlieb, R. and Sieben, B., "Diversity strategies focused on employees with a migration background. An empirical investigation based on resource dependence theory", *Management Revue,* Vol. 19. No. 1~2 (2008), pp.70~93.

Piontek, R., "Interkulturelles Lernen als Schnittstelle zwischen Wirtschaft und politischer Bildung-Wer kann was von wem lernen?", *kursiv-Journal fuer politische Bildung,* No. 3 (2004), pp.38~47.

Prevezanos, K. "Ein Jahr nach Sarrazins Integrationsdebatte", http://www.dw-world.de (2011년 9월 9일 검색).

Przeworski, A. and Teune, H., *The Logic of Comparative Social Inquiry*, Malabar: Robert E. Krieger Publishing Company, 1982.

Riedel, S., "Einwanderung: das Ende der Politik der Chancengleichheit", *Aus Politik und Zeitgeschichte,* No. 38 (2007), pp.40~46.

Ripperger, S., "2010 war das Jahr der Integrationsdebatte", http://www.dw-world.de (2011년 9월 9일 검색).

Rollmann, A., "Migration: Editorial", *Das Parlament,* January 15, 2007.

Santel, B., "In der Realitaet angekommen: Die Bundesrepublik Deutschland als Einwanderungsland?", *Politische Bildung,* No. 3 (2006), pp.9~25.

Scherr, A., "Fremdheitskonstruktion und politische Bildung", *kursiv-Journal fuer politische Bildung,* No. 4 (2005), pp.14~21.

Schrader, M., "Merkel erklaert 'Multikulti' fuer gescheitert", http://www.dw-world.de (2011년 9월 9일 검색).

Stuve, O., "Kein Wir, kein Nicht-Wir. Intersektionalitaet in der politischen Bildung", Lange, D. and Polat, A. (eds.), *Unsere Wirklichkeit ist anders, Migration und Alltag,* Bonn: Bundeszentrale fuer politische Bildung, 2009, pp.257~269.

Terkessidis, M., *Interkultur,* Berlin: Suhrkamp, 2010.

Thomas, A., "Kulturelle Identitaet und interkulturelles Lernen", Franke, K. et al. (eds.), *Aufbruch zur Demokratie, Politische Bildung in den 90er Jahren,* Opladen: Leske+Budrich, 1994, pp.37~53.

Thraenhardt, D., "Integrationsrealitaet und Integrationsdiskurs", *Aus Politik und Zeitgeschichte,*

No. 46~47 (2010), pp.16~21.

Thraenhardt, D., "Integrationsrealitaet und Integrationsdiskurs", http://www.bpb.de (2011년 4월 1일 검색).

Todorov, T., *Die Angst vor den Barbaren, Kulturelle Vielfalt versus Kampf der Kulturen*, Bonn: Bundeszentrale fuer politische Bildung, 2011.

Vinz, D., "Der weiterbildende Masterstudiengang Gender- und Diversity-Kompetenz an der Freien Universitaet Berlin", *Politische Bildung,* No. 4 (2009), pp.106~108.

_____. and Schiederig, K., "Gender und Diversity: Vielfalt verstehen und gestalten", *Politische Bildung,* No. 4 (2009), pp.9~32.

Waldenfels, B., "Fremderfahrung, Fremdbilder, Fremdorte. Phaenomenologische Perspektiven der Interkulturalitaet", Hirsch, A. and Kurt, R. (eds.), *Interkultur - Jugendkultur, Bildung neu verstehen,* Wiesbaden: VS, 2010, pp.21~35.

Welsch, W., "Transkulturalitaet. Zur veraenderten Verfasstheit heutiger Kulturen", *Zeitschrift fuer Kulturaustausch,* No. 1 (1995), pp.39~44.

Wilhelm, O. et al., "Empirische Grundlagen zum Einbuergerungstest", Weisseno, G. (ed.), *Buergerrolle heute, Migrationshintergrund und poliitsches Lernen,* Opladen: Barbara Budrich, 2010, pp.49~64.

Woerner, F., "Hintergrund: 'Multikulti' wird unterschiedlich interpretiert", http://www.dw-world.de (2011년 9월 9일 검색).

Wood, P., *Intercultural Cities: Towards a Model for Intercultural Integration,* Strasbourg: Council of Europe, 2009.

Yan, M., "The Canadian Multiculturalism Act and Beyond: Managing Diversity through a Human Rights Approach", Peace and Democracy Institute, Korea University (ed.), *Multicultural Challenges and Sustainable Democracy in Europe and Asia,* Seoul: PDI, 2012, pp.1~30.

찾아보기

허영식

서울대학교 독어교육과 및 동 대학원 사회교육과 졸업
독일 프랑크푸르트(Frankfurt) 대학교 사회과학부 철학박사(Dr. phil.)(사회과학교육학 전공)
현) 청주교육대학교 사회교육과 교수

『과학기술과 현대사회: 이상향과 암흑향 사이에서』(2004)
『국제관계와 현대사회 그리고 시민교육』(2007)
『다문화사회와 간문화성』(2010)

e-mail: huhyousi@cje.ac.kr

정창화

한국외국어대학교 독일어과 졸업
독일 슈파이어(Speyer) 국립행정대학교 행정학 석·박사(Dr. rer. publ.)
한국행정연구원 수석연구원
현) 단국대학교 행정학과 교수

『Behinderung in Asien und Europa im Politik-und Rechtsvergleich』(2003, 공저)
『독일사회복지론』(2005, 공저)
『독일의 입법평가지침에 관한 연구』(2009)
『유럽각국의 정치』(2011, 한국학술정보(주), 공저)

e-mail: speyerjung@dankook.ac.kr

간문화주의를 통한
사회통합과
국가정체성 확립

초 판 인 쇄 | 2012년 11월 9일
초 판 발 행 | 2012년 11월 9일

지 은 이 | 허영식·정창화
펴 낸 이 | 채종준
펴 낸 곳 | 한국학술정보㈜
주   소 | 경기도 파주시 문발동 파주출판문화정보산업단지 513-5
전   화 | 031) 908-3181(대표)
팩   스 | 031) 908-3189
홈 페 이 지 | http://ebook.kstudy.com
E-mail | 출판사업부 publish@kstudy.com
등   록 | 제일산-115호(2000. 6. 19)

ISBN   978-89-268-3917-1 93330 (Paper Book)
          978-89-268-3918-8 95330 (e-Book)

이담 books 는 한국학술정보㈜의 지식실용서 브랜드입니다.